이남식 총장의

디자인경영 리더십

이남식 총장의

디자인경영 리더십

정상권 지음

HUNIVERSITY 휴니버시티

HUN
IVER
RSITY

장서가

"위험을 무릅쓰고 창조하라!"

필자는 이남식 총장이 보여준 대학경영능력을 '리더십'으로 규정한다. 장단기 비전을 제시하고 마인드와 시스템의 변화를 이끌면서 캠퍼스의 변화는 물론, 대학구성원들의 의식구조의 변화를 선도해온 모습은 마치 백지 위에 그림을 그려 나온 것처럼 느껴진다.

이 총장은 창의적인 일에 집중해왔다. 이 글을 쓰면서 다시 한 번 깨달은 사실이다. 대체의학대학과 문화산업대학의 설립도 차별화 된 대학, 경쟁력 있는 대학을 만들기 위한 고뇌의 산물이었다.

또 이 총장은 대학경영에 있어서 타당성과 합리성을 최우선으로 삼는다. 다른 대학에서 펼치는 사업을 무조건 따라 하기보다는 전주대만이 할 수 있는 일이 무엇인가를 꼼꼼하게 따져왔다.

그리고 방향이 결정이 되면 놀라운 추진력을 발휘했다. 필자는 아직 첫 삽을 뜨지 못한 음식문화체험관이 조만간 어떤 형태로든 가시적인 성과를 거둘 것이라 판단한다. 그의 놀라운 추진력을 믿기 때문이다.

필자가 이남식 총장의 '디자인경영리더십'을 주제로 글을 쓰겠다고 마음먹은 이유가 있다. 하나는 이 총장이 재임기간에 펼친 리더십을 '디자인경영학'이라는 다소 생소한 용어에 초점을 맞춰 정리하자는 것이었다. 다른 하나는 이 총장이 대학 경영에 나선 이후 가져온 놀라운 변화 요인들을 규명함으로써 대한민국의 고등교육 운영이나 변화에 다소나마 교훈이 되기를 바라는 마음에서였다.

한때 범 대학 종합 주간신문인 한국대학신문 편집장으로 재임하면서 우리나라의 수많은 대학들을 취재 차 방문한 적이 있었다. 당시에도 대학에 닥쳐올 위기에 대한 논의는 팽배했지만 변화는 참으로 더디기만 했다. 이후 고향 전주로 돌아와서 지켜본 전주대는 달랐다.

일찍이 어느 대학도 경험해보지 못한 변화를 전주대는 불과 7년이라는 짧은 기간 동안에 이끌어냈다. 필자는 기자 경험을 지닌 경영학도로서 전주대의 변화를 널리 알려서 대학들이 처해있는 위기상황을 돌파하고 거듭날 수 있도록 도와주고 싶었다. 그래서 글쓰기를 준비했다.

그러나 본격적인 글쓰기 작업에 돌입하기까지에는 용기가 필요했다. 비록 경영학을 공부했다고는 하지만 전공분야가 광고 홍보였던 탓에 경영전략이라든가 리더십 분야는 매우 생소한 영역이었기 때문이다.

그럼에도 불구하고 만용에 가까운 용기를 내어 두 계절을 투자해서 집필에 매달렸다. 그리고 두려운 마침표를 찍었다.

글을 마치면서 감사의 말을 전하고 싶은 사람은 많다. 먼저 '전주대의 기적'을 일구고 있는 이남식 총장은 여러 차례의 인터뷰를 허락하며 시간을 내주었고, 대학경영을 하면서 느껴왔던 소회들을 진솔하게 술회하면서 격려해주었다.

그리고 전·현직 비서실장과 비서진, 산학협력단 관계자들은 많은 자료를 제공해주었을 뿐만 아니라 시간을 쪼개어 초고를 읽어주는 노고를 마다하지 않았다. 모두에게 감사의 인사를 드린다.

끝으로 이남식 총장과 전주대에 이 책이 누가 되지 않길 바라면서 서번트 리더십, 즉 섬김의 리더십의 대가 로버트 K. 그린리프의 말로 머리말을 마무리한다.

"위험을 무릅쓰고 창조하라."

2010년 9월 천잠산 자락에서

정상권

● 추천사

대학경영의 새로운 지평을 여는 리더십

대한민국의 교육열은 세계적이다. 단적인 예로 일본은 고등학교 졸업생 53% 정도가 대학에 진학하는데 반해 대한민국은 83% 이상이 대학에 진학하고 있다. 이 정도 교육열을 지녔으니 광복 후 불과 60여 년 만에 세계 10위권의 경제대국으로 성장할 수 있었을 것이다.

1980년~90년대의 한국 대학들은 양적 팽창에 집착했다. 대학들은 몸집 키우기 경쟁에 사활을 걸었고, 전국 각지에 대학들이 신설되었다. 학생 감소에 따른 대학의 위기를 경고하는 목소리가 터져 나오던 1990년대 후반에도 대학들은 저마다 백화점식 경영에 골몰했다.

그리고 21세기를 맞았다. 대학의 위기를 경고하는 목소리에 선진국 대학들은 구조조정, 행정체계 혁신, 비전 제시 및 발전 전략 수립을 통해 자구책을 찾았다.

그러나 대응책을 마련하지 못했던 우리나라 대학들은 비명을 지르기 시작했다. 우려가 현실로 나타나기 시작한 것이다. '부익부 빈익빈' 현상은 대학에서도 예외는 아니었다.

소수 명문대학들과 특성화된 일부 대학들을 제외한 다수의 지방대학들과 소규모 대학들은 뒤늦게 몸살을 앓게 되었다. 바야흐로 경쟁력을 상실한 대학들이 문을 닫는 시대가 도래한 것이다.

물론 예외가 없지 않다. 전주대가 바로 그 경우다. 전주대는 야간대학으로 출발해서 1980년대에 주간대학으로 전환하고 캠퍼스를 이전하는 등 도약을 위한 노력을 기울여왔다. 하지만 마이너리티의 한계를 뛰어넘지 못하는 수많은 지방대학 중 하나였다. 더구나 재단 인수인계 과정에서 비롯된 학내분규의 내홍을 거치면서 심각한 위기상황에 처하기도 했다.

어려운 상황에서 단기필마로 전주대 경영에 뛰어든 이남식 총장은 쾌도난마처럼 질주하면서 전주대를 일약 '가능성 있는 대학' 으로 발돋움 시켰다.

사람들은 말한다. 아무리 뛰어난 능력자라도 혼자서 성과를 이룰 수는 없다고. 옳은 얘기다. 전주대가 지난 7년 동안 보여준 성장과 발전, 변화와 혁신을 이남식 총장 개인의 몫으로만 치부할 수는 없다.

그러나 분명한 것은 '구슬이 서 말이라도 꿰어야 보배'라는 속담처럼, 이 총장의 역할과 능력을 간과할 수는 없다. 대한민국이 2002년 월드컵 4강을 이룩한 배경에는 거스 히딩크 감독의 빼어난 용병술이 자리 잡고 있었던 것처럼.

전주대는 400여 개의 대한민국 대학들 중에서 2000년대 들어서 가장 일취월장 성장한 대학으로 지목 받고 있다. 전주대가 전국 20위권 대학으로 발돋움하기까지에는 이 총장의 비전제시와 추진력이 가장 핵심적인 역할을 담당했음을 어느 누구도 부인하지 않으리라 생각한다.

한국 대학들이 공통적으로 안고 있는 위기의식을 돌파한 이남식 총장의 경영능력은 다른 대학들의 벤치마킹 대상이 되어 왔다. '마인드 디자인', '시스템 디자인', '미래 디자인'으로 요약되는 이 총장의 디자인경영은 대학경영의 새로운 지평을 여는 리더십으로 주목받는다. 비전을 제시하고 변화를 이끌면서 대학을 재창조했기 때문이다.

이 책 「이남식 총장의 디자인경영 리더십」에는 이남식 총장이 전주대에 재임하면서 놀라운 변화를 일구어낸 과정들이 상세히 담겨있다. 위기를 뛰어넘어 변화와 도약을 꿈꾸는 대학들의 입장에서는 좋은 '대학경영지침서'가 될 것이라 믿는다. 한계상황에서 위기감을 느끼고 있거나 변화를 통해 도약을 꿈꾸는 대학과 기업 관계자들, 그리고 대학 수험생들과 진학 지도교사들의 일독을 권한다.

2010년 9월

이기수

(고려대 총장, 한국대학교육협의회 회장)

| 목차 |

전주대

휴니버시티의 창조

"하나님이 세상을 이처럼 사랑하사 독생자를
주셨으니 이는 저를 믿는 자 마다 멸망치 않고
영생을 얻게 하려 하심이니라.(요한복음 3:16)"

디자인경영리더십

이남식 총장을 처음 만난 때는 4~5년 전이었다. 당시 이 총장은 전주대에 '음식문화체험관'을 구상하고 있었다. 이 총장은 테마 파크인 음식문화체험관을 세우기 위해서 용역과 설계를 위한 시드머니 2~3억 원이 필요하다고 생각하고 있었다.

필자는 전주출신 국회의원을 만나 예산 배정을 부탁했다. 국회의원은 "음식문화체험관 예산을 새롭게 세우기는 어렵지만, 마침 관광공사에 '호텔사관학교'를 세우려는 예산이 20억 원 정도 있는 것 같으니 전주대가 배정 받을 수 있도록 노력해보겠다"고 했다.

기쁜 마음으로 달려가서 국회의원이 전주대에 예산을 확보해준다고 했으니 호텔사관학교를 해보도록 이 총장에게 권유했다. 하지만 이 총장은 "고맙지만 사양하겠다"는 말로 거절했다. 대학 총장이 예산을 준다는데 싫다는 것이었다.

이유는 명확했다. "호텔사관학교는 제주나 경주, 서울 같은 곳에 가야 옳다. 음식의 본고장인 전주에는 음식문화체험관이 절실하다. 그래야 경쟁력이 있다"는 것이었다. 업적지상주의에 사로잡혀서 돈을 타다가 적당히 시늉만 내는 일은 하지 않겠다는 생각이었다. 옳은 말이었다. 그리고 무안했다.

이남식 총장을 인터뷰하기 위해 다시 전주대 총장실을 찾은 건 2009년 12월 말이었다. 필자 나름대로 이 총장의 대학 경영의 키워드 key word라고 생각한 '디자인 경영 리더십'을 주제로 하는 인터뷰는 2주일 전쯤 확정되어 있었다.

이미 비서실과는 총장의 오후 일정을 완전히 비워 오직 인터뷰에만 시간을 할애키로 사전 약속이 되어 있었다. 만약, 시간이 모자라면 이날 서울로 올라가야 하는 총장 차에 동승, 인터뷰를 계속하자는 조율도 되어 있었다.

그러나 비서실의 예상과 달리 총장을 면담하러 온 외부 손님들과 결재를 위해 찾아오는 교직원들로 인해 인터뷰는 시작되지도 못 했다. 미안해하는 비서실 관계자들에게 걱정하지 말라는 눈짓을 보냈지만, 기다리는 시간은 자꾸만 흘러갔다. 그런 사이, 배경 취재를 위해 전 · 현직 비서진들과 만나서 들었던 얘기가 떠올랐다.

"우리 총장님은 남의 얘기를 진지하고 충분히 들어주기도 하지만, 본인의 생각을 잘 정리해서 전달하는 분입니다. 커뮤니케이션 스킬 communication skill이 뛰어난 분이시죠. 그러다 보니 면담시간이 길어지는 경우가 많습니다. 비서 입장에서는 다음 일정을 맞춰야 하기 때문에 애가 탈 때가 한 두 번이 아닙니다."

일기예보는 이날 오후부터 중부지방에 폭설이 내릴 거라고 예고하고 있었다. 내일 서울에서 회의가 예정되어 있는 이 총장은 반드시 오늘 상경해야만 했다. 폭설예보를 감안하면 출발 시간을 앞당겨야 할 텐데, 이러다 오늘 인터뷰는 무산되거나 의례적인 수준으로 축소되지나 않을까, 조금씩 필자의 마음은 초조해졌다.

급히 비서진과 일정을 조정키로 했다. 지금 진행되고 있는 면담이 끝나면 곧바로 서울행 차량에 동승해서 인터뷰를 시작하고 미진한 부분은 서울에서 식사를 하면서 인터뷰하기로 일정을 바꿨다.

이렇게 4시30분부터 차안에서 시작된 인터뷰는 서울로 올라가는 시간 내내, 그리고 총장 자택 인근의 음식점으로 이어졌다. 저녁 9시, 그렇게 이 총장과의 첫 인터뷰가 마무리됐다. 일기예보와는 달리 폭설은 없었다.

4시간 반 동안 진행 된 인터뷰를 통해 이 총장은 성장배경, 학업과정, 종교관, 철학관, 총장업무 수행과 관련된 이야기를 담담하게 풀어냈다. 미국 방문 일정을 막 소화한 뒤끝이기도 했고, 쉬지 않고 쏟아내는 질문들로 인해 조금은 피로한 기색을 보이기도 했지만 어떤 질문에도 답변은 막힘이 없었다.

그리고 다음날, 어제 인터뷰 내용을 정리하고 있을 즈음, TV에서 이 총장의 세 번째 연임을 알리는 뉴스가 나왔다. 학교법인 신동아학원이 12월 30일 개최된 이사회에서 만장일치로 이 총장을 11대 총장에 중임키로 했다는 것이다.

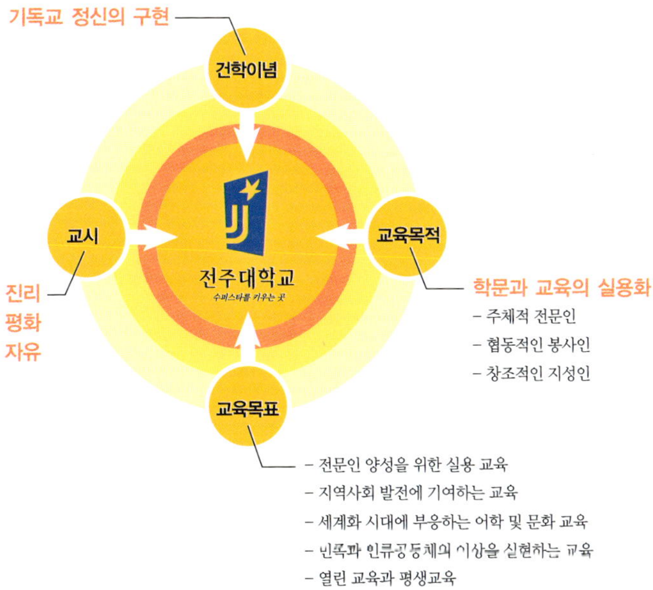

이로써 이 총장은 2003년 4월 16일 9대 총장에 취임한 이래, 10대에 이어 11대까지 3연임을 하는 전주대 최초의 총장으로 기록되게 되었다. 11대 총장의 임기는 2010년 4월 16일부터 2014년 4월 15일까지 4년.

이남식 총장 부임이래 전주대는 상전벽해에 가까운 변화를 겪었다. 인터뷰 과정에서 자연스럽게 드러나게 될 지난 8년 동안 변화해온 모습은 이제 어엿한 전주대 역사의 한 장이 되었다. 시간이 지나다 보면 변화의 결과를 당연시하게 되는 경향이 있다.

하지만 출발과 그 경과에 담긴 진행 과정이야말로 우리가 더욱 주목해야 할 것인지도 모른다. 원인 없는 결과가 있겠는가. 마찬가지로

3연임을 시작하는 시점에서 피력되는 이 총장의 교육 철학은 4년 후에는 구체적인 결과로 가시화 할 것이다.

꿈을 꾸고, 그 꿈을 현실로 만들어 가는 드라마틱한 과정이야말로 필자가 가장 큰 관심을 두는 부분이다. 한 사람의 꿈과 한 조직의 변화, 그리고 합의된 미래의 창출에 이르는 그 과정 속에 전주대의 과거와 현재, 미래가 모두 담겨 있을 터….

'돈 키호테의 꿈'을 향해

꿈을 찾아 달려와 여기 여기에 서 있네
쉰다는 건 생각할 필요도 없었어
세상의 아픔을 발견할 때
더욱 큰 힘으로 날 이끌던 꿈
세상의 슬픔을 느꼈을 때
더욱 찬란히 빛나는

그 꿈이 깨어지리라곤 상상할 수도 없었어
너무도 아름다웠던 꿈이
후회도 하지 않는다면 거짓이겠지
하지만 잊을 수 없어라

그 꿈이 나를 속일지라도
인생은 또 다른 꿈을 향한 여행

꿈의 연속일지니

더 이상 꿈을 찾을 수 없을 때
우리의 인생도 함께 사라지겠지
꿈은 우리의 삶, 삶은 우리의 꿈
삶이 끝나는 날까지
꿈을 찾아가리라 꿈을 찾아가리라

미국에서 만들어진 전통 브로드웨이 뮤지컬 「맨 오브 라만차Man of La Mancha」에 나오는 명곡 '이룰 수 없는 꿈The Impossible Dream'의 일부다.

"왜 이런 미친 짓을 하고 있냐"는 알돈자의 비난성 질문에 답하는 돈키호테의 노래로, 극중에서 돈키호테뿐만 아니라 여러 사람들의 입을 통해 불려진다. 돈키호테는 순수한 열정으로 신념을 향해 매진하는 인간의 아름다움을 은유와 상징에 담아 표현한 인물이다.

사람들은 누구나 꿈을 지니고 있다. '꿈을 향해 노력하는 모습'은

그것의 성사 여부와 관계없이 그 자체로 충분히 아름답다.

필자가 이남식 총장의 대학경영 리더십을 탐구하면서 가장 감명을 받았던 것은 이미 충분하게 성공적으로 도출해 낸 성과가 아니라, '꿈을 향해 노력하는 모습' 이었다. 그것은 인간적이고 숭고하며 용기 있고 열정적인 노력이었다.

사실 이 총장에게도 질곡의 인생사가 없었던 것은 아니다. 대학원에서 열심히 공부하고 있던 시절, 갑작스레 찾아온 부친의 작고 소식은 평온한 삶을 일시에 빼앗아 갔다. 외아들이었던 그는 학업을 중단하고 부친이 운영해오던 사업들을 정리하느라 동분서주할 수밖에 없었다. 하지만 그 와중에도 그는 자신의 꿈을 잊지 않았다. 이뿐 아니었다.

젊은 시절 아내가 유방암에 걸려 병마와 싸울 때도 그는 절망하지 않았다. 현대의학이 지닌 치유능력을 믿으면서, 한 순간도 기도하는 생활을 잊지 않았던 덕분에 다행히 아내는 완치될 수 있었다. 이 총장은 이때 경험을 바탕으로 병원에 가지 않고도 유방암을 진단할 수 있는 기기를 발명해 특허까지 얻었다.

그는 대학경영에 있어서도 돈키호테처럼 꿈을 포기하지 않았다. 총장에 취임했던 2003년은 대학 진학 예정자 수가 눈에 띄게 감소하고 있었던 때였다.

모든 대학들이 대학 경영이 어려워질 것이라고 보고 입학정원을 감축시키는 결정을 내렸지만, 이 총장은 위기가 곧 기회라는 신념을 가지고 학과와 학부 구조 조정을 통한 비전 제시에 몰두했다.

결과적으로 다른 대학들은 입학 자원의 감소를 감내해야 했지만, 전주대는 오히려 입학 충원율이 증가하는 결과를 얻어냈다.

4H와 유니버시티의 결합
University

이 총장의 디자인경영리더십을 한마디로 표현한다면 '휴니버시티 Huniversity'라 할 수 있다. 휴니버시티는 필자가 4개의 H로 시작하는 단어Humanity, High, Heart, Hot와 유니버시티University를 조합해 만든 합성어이다.

Humanity는 '인간의', '인간으로 이루어지는', '인간다운', '인간적인'이라는 사전적 의미를 지니는 말로써 이 총장이 대학 경영인으로서, 또는 기독교인으로서 보여주는 인간애적인 경영관을 의미한다.

High는 사상과 문화 등이 '숭고하고', '고매하며', '고상하다'는 의미를 지니는 단어로 이 총장이 전주대의 가치를 품격 높게 성장 발전시키고자 했던 경영관에서 따왔다.

Heart는 의욕적인 측면에서의 '기운', '용기', '열의', '흥미'를 의미하는 단어로 침체의 길을 걷던 전주대에 단기필마로 뛰어들어 새로운 변화의 바람을 일으킨 경영관을 표현한 것이다.

끝으로 Hot는 '맹렬한', '강렬한', '열망하는', '매우 하고 싶어하는'의 의미를 지닌 단어로 이 총장이 전주대를 경영하면서 보여준 의

지와 열정의 경영관을 지칭하는 것이다.

이 총장이 전주대에 부임하자 40대 총장의 등장이 큰 화제가 되었다. 그러나 이 총장의 경력을 살펴보면 40대 총장이라는 사실이 그다지 놀랄 일이 아니었다. 40대에 이미 디자인 분야와 인간공학 분야, 창의교육 분야 등에서 우리나라 최고의 전문가로 손꼽히는 사람이었기 때문이다.

이 총장은 기업체와 연구소에 근무하면서 남다른 아이디어로 놀라운 성과를 거두었듯이 전주대 총장으로 재임하면서 놀라운 변화와 혁신을 이끌어냈다.

지방대학교육역량강화사업, HUNIC사업 등의 국책사업 선정과 캄보디아 국립기술대학의 운영, 지역과 더불어 발전해야 한다는 사명과 역할 등 다른 대학과 차별화 된 전략을 충실히 수행함으로써 대학가의 시선을 집중시켰다.

1,500억 원 규모의 교육재원을 집중 투입하여 대학을 업그레이드

시켰고, 대학의 브랜드를 제고하여 대내외적으로 대학의 위상을 높였다. 또한 87억 원의 대학발전기금을 모금하여 대학의 활로를 열게 만들었다.

대학에서의 성과는 당연지사라 하겠지만 지역대학을 표방하면서 지역사회에서의 활동도 눈부셨다. 그는 전주시지역혁신협의회 공동의장, 전라북도지역혁신협의회 공동의장, 전북발전협의회 의장 등을 맡아 지역사회에 봉사했다.

또한 사단법인 한지산업기술발전진흥회장, 남원세계허브산업엑스포 조직위원장, 전주세계난산업박람회 조직위원장, 익산돌문화프로젝트 조직위원장, 전주한지문화축제 조직위원장, 실버미인선발내회 대회장 등 지역사회의 대형 이벤트event를 성공적으로 치르기도 했다.

그리고 새만금위원회 위원으로 활동하면서 새만금사업을 통해 대한민국과 전라북도의 미래를 디자인하는 역할을 담당하고, 신발전위원회 위원으로 활동하면서 전남북발전의 기초가 되는 J프로젝트 등에 참여하여 국가의 균형발전을 위해 노력해왔다.

이처럼 활발한 활동으로 이 총장은 2004년에는 디자인분야 공로로 정부로부터 홍조근정훈장을 받았고, 2006년에는 대학혁신 공로로 정부가 선정한 혁신리더 8인에 선발되었으며, 2008년에는 미국 브롬필드대학Bloom Field University에서 명예박사를 수여 받았다.

경영학적 탐구의 대상

물론, 이 총장의 경영 성과를 정리하는 일은 이 총장의 임기가 완전히 종료된 이후의 과제라 할 것이다. 세 번째 임기를 시작하는 상황에서 이 총장의 업적을 평가하는 일은 자칫 성급한 일이 될 수도 있다. 그러나 단순한 경영성과 정리나 업적평가가 아니라, 단기간 동안 변화와 혁신을 일군 이 총장의 열정과 변화의 과정을 경영학적인 측면에서 탐구해보는 것은 나름대로 의미있는 작업이 될 것이다.

특히 '기록'을 게을리하거나 등한히 여기는 우리 사회의 특성을 감안해볼 때, 이 총장의 디자인경영리더십을 탐구하면서 부수적으로 얻게 되는 대학의 발전과정을 정리하는 일은 후일로 미룰 일이 아닐 것이다. 한 가지 예를 들어보자.

이 책을 쓰는 과정에서 많은 자료와 사료들을 접했다. 하지만 불과 개교 50주년도 안 된 대학의 자료들이 제대로 정리되어 있지 않은 점을 발견하고, 이 책이 훗날 대학의 사료로써도 가치를 지닐 수 있으리라는 생각을 하게 되었다.

전임 총장들의 이·취임 일자들은 자료마다 다를 정도로 대학의 역사자료는 허술했다. 대학이 발전해 가는 과정에서 빈번하게 본부가 옮겨지고, 캠퍼스가 이전되고, 재단이 교체되는 상황 속에서 완벽하게 인수인계 되지 못했던 것이다. 놀랍고 어이없는 일이 아닐 수 없었다. 심지어 대학의 역사를 기록해온 대학신문은 상당 부분 분실되거나 훼손된 상태였다.

이 글은 이 총장의 대학경영을 바탕으로 디자인경영리더십을 탐구하는 목적을 지니고 시작되었다. 리더십 측면에서 살펴보자면 이 총장이 전주대에서 거둔 성과와 지역사회에서 맡아온 활동들의 밑바탕에는 하나같이 4H, 즉 Humanity, High, Heart, Hot를 바탕으로 한 디자인경영리더십이 자리 잡고 있었다. 이를 한 문장으로 요약하면 다음과 같다.

> **섬김과 나눔의 리더십을 바탕으로 인류발전을 위해 열정적으로 학문을 탐구하고, 진리 · 평화 · 자유라는 대학의 숭고한 이상을 실현시키기 위해 노력하고, 국가와 사회를 위해 용기를 가지고 봉사하며, 맹렬한 기상으로 꿈과 희망을 실현시키기 위해 힘을 쏟아온 7년의 기록.**

짐작컨대 이 총장이 앞으로 그려나갈 전주대의 미래 디자인 역시, 지난 7년 동안 실행해왔던 '휴니버시티Huniversity철학'이 밑바탕 될 것임이 분명하다.

신임 총장의 조건

"비록 무화과나무가 무성치 못하며 포도나무에 열매가 없으며 감람나무에 소출(所出)이 없으며 밭에 식물이 없으며 우리에 양이 없으며 외양간에 소가 없을지라도 나는 여호와를 인하여 즐거워하며 나의 구원의 하나님을 인하여 기뻐하리로다.(하박국 3:17~18)"

'연부역강'한 CEO형 총장

年富力强

양적 팽창에만 매달렸던 대학

대한민국 대학의 역사에서 1980년대와 1990년대는 질보다 양에 충실했던 시기이다. 입학정원은 예산과 직결되기 때문에 대학의 양적 팽창은 모든 대학의 바람이었다.

이 시기는 베이비붐 세대들을 부모로 둔 대입 수험생들이 증가추세를 보였고, 대한민국은 경제발전으로 인해 5천년 역사 이래 가장 풍요로운 시대를 맞고 있었다.

일제강점기와 한국전쟁을 거치면서 가난을 경험해본 세대들인 대한민국의 학부모들은 세계적으로 가장 뜨거운 교육열을 지니고 있었다. 학부모들은 자녀들을 어떻게든 대학에 진학시키려 했다. 정통성이 결여된 정부는 이에 부응해서 표를 얻으려는 생각으로 정치적인 판단을 통해 대학의 양적 팽창을 위한 직·간접적인 지원을 아끼지 않았다.

하지만 2000년대가 되자 상황은 급변했다. 1970년대 이후 산아제한

운동이 펼쳐지면서 태어난 세대들이 대학에 진학하는 시기가 시작되었기 때문이다. 사실 대학진학 예정자가 급격히 줄어들게 될 것은 이미 충분히 예견되고 있었지만 대학들은 사전 준비에 게을렀다. 양적 팽창에만 신경을 써왔던 대학들은 하나씩 둘씩 휘청거리기 시작했다.

대학들은 양적 팽창에 따른 취약하고 부실한 재정구조 뿐만 아니라, 일부 비효율적인 행정체제와 학사운영, 급감하는 학생 수, 낮은 취업률, 거센 대학 간 구조조정 바람 등으로 위기에 직면하게 되었다.

실제로 1990년대 후반부터 대한민국 대학들의 환경은 총장이 직접 뛰지 않으면 안 되는 상황으로 바뀌어 있었다. 새롭게 취임하는 총장들은 이러한 요구에 부응하고자 갖가지 아이디어를 제시하면서 대학발전기금 모금에 운명을 걸어야만 했다. 대학순위와 총장들의 리더십을 평가하는 기준이 대학발전기금 모금 규모에 달려 있다고 생각했기 때문이다.

사실 대학의 재정문제는 대학이 존재하는 한 해결하지 않으면 안 될 절체절명의 과제였다. 그러나 대한민국 사회는 미국이나 유럽처럼 기부문화도 정착돼 있지 않고, 예산의 대부분을 등록금과 학교법인의 전입금에 의존할 수밖에 없는 실정이었다.

따라서 대학을 이끌어가야 할 총장들 앞에는 나침반 없이 사막이나 망망대해에서 자신의 능력만으로 재정난을 타개해야 하는 고군분투의 상황만이 펼쳐져 있었다.

CEO형 총장 시대의 개막

상황이 이렇게 바뀌자 대학에서는 변화와 혁신을 통해 위기를 극복하고, 국제경쟁력을 갖춘 경영 마인드와 경영 능력이 검증된 CEO형 총장' 이 필요하다는 목소리가 커졌다.

과거의 총장들에게 요구되는 리더십의 요체는 '탁월한 학문 연구 성과와 고매한 인품' 으로 풀이할 수 있는 '지성과 덕망'이었다. 그러나 현재의 총장들에게 요구되는 리더십은 달랐다. 1994년 삼성그룹의 이건희 회장이 '천재 경영론'을 펼치면서 "좋은 인재 1명이 10만 명을 먹여 살릴 수 있다"고 했던 것처럼 '천재 총장'을 원하고 있었다.

대학들은 CEO형 총장을 찾아 나서는 것이 유행이 되었다. 대학들마다 겪고 있는 재정난을 타개해야했고, 시대의 변천에 따라 변화된 대학의 역할 때문에 대학은 더 이상 '학문의 전당'으로만 머물 수 없게 되었다.

총장의 자질 중 '경영 능력'이 최우선적으로 고려되기 시작했다. 이에 따라 총장에게 비전 제시는 물론, 장기 발전전략, 교육시설 확충, 대외활동, 자금조달 등을 요구하고 있었다.

전주대는 개교 30주년을 넘어서면서 중상위권 대학으로 발돋움하기는 했지만, 종합대학 승격과 재단 인수인계 과정을 거치면서 혼란과 시행착오를 범하고 있었다.

더구나 뚜렷한 마스터플랜을 갖추지 못한 채 새로운 세기인 21세기를 맞아야만 했고, 때로는 총장이 임기를 채우지 못하고 중도에 하차함으로써 풍전등화의 위기상황에 놓여있었다.

총장에게 필요한 리더십

외부 환경 변화와 도전적 상황에서 생존하려면 새로운 조직의 패러다임을 받아들이고 적응해야 한다. 이러한 순간을 맞고 있는 전주대와 학교법인 신동아학원의 고민은 깊어졌다.

전진과 후퇴의 갈림길에 서 있는 전주대는 새로운 총장 선임에 앞서, 시대상황과 대학상황에 부합하는 총장의 리더십 요건들에 대해 세밀한 검토를 시작했다.

총장 대상자를 놓고 우열을 따져서 총장을 선임하기보다는, 총장이 갖춰야 할 리더십 조건을 검토한 후에 이러한 조건들을 가장 많이 갖춘 사람을 선임하겠다는 판단 때문이었다.

사실 총장의 리더십은 대학조직 전체 리더십의 핵심 요소이자 촉매제라 할 수 있다. 리더십은 조직의 모든 계층이 공유하고 분담하는 것이 사실이지만 조직의 비전 · 정책 · 전략 등 대학 운영 기조와 방향 설정 및 조직 관리의 최종 책임은 대학 총장 리더십의 몫일 수밖에 없다.

이러한 고민을 바탕으로 신동아학원은 전주대 총장에게 필요한 리더십을 세 가지로 꼽았다.

첫 번째 리더십 요건은 뚜렷한 비전이었다. 꿈은 비전을 낳고, 비전은 변화를 낳는다. 창조적 사고는 총장이 변화를 유도할 수 있는 아이디어 창출과 개혁을 위한 키워드가 된다. 창의적 사고 없이는 개혁을 유도할 수 없고 타 대학과의 차별화나 블루오션 전략 수립 또한 불가능하다. 때문에 교육목표 및 꿈과 비전이 분명해서 대학의 변화를 이끌어 낼 수 있는 사람을 총장으로 선임해야 한다고 생각했다.

두 번째 요건은 대학의 생존 전략을 최적으로 수립할 수 있는 전문가적인 자질을 지녀야 한다고 보았다. 차별화 없이 백화점식으로 양적 팽창만 거듭해온 대한민국 대학들의 상황에서 전주대가 살아남으려면 특성화가 무엇보다도 중요하다고 생각했기 때문이다.

따라서 새로 선임될 총장에게는 교육에 대한 진솔한 이해와 대학교육에 대한 종합적인 안목이 필요하다고 보았다. 특히 문화 · 교육 · 기술 · 산업 등의 측면에서 지구촌화 하고 있는 세계화의 흐름 속에서 대학 패러다임 변화를 유도해야만 하기 때문에 국제적 감각과 어학능력을 반드시 갖춘 총장이라면 금상첨화라고 생각했다.

세 번째 요건은 교육경영자로서의 CEO형 자질이었다. 대학은 인간을 만들고 인력을 배출해 인재를 양성하는 소우주나 다름없기 때문에, 일반 회사나 행정부의 CEO적 자질과는 다른 교육경영자로서의 CEO형 자질이 필요하다고 보았다.

풍부한 연륜, 그리고 신언서판

학교법인 신동아학원 법인 이사회는 위의 세 가지 조건을 두루 갖춘 사람을 '연부역강(年富力强)하면서도 경영능력을 두루 갖춘 CEO형 총장'으로 규정지었다.

연륜도 풍부하고 근력도 좋다는 의미를 지닌 연부역강이라는 말은 나이 든 분에게 듣기 좋게 하느라 의례적으로 사용하는 경우가 많다. 그러나 연부역강이라는 단어는 두 가지 의미를 담고 있다.

하나는 나이가 많으니 경륜도 풍부하고 근력이 좋으니 일도 많이 할 수 있다는 뜻이다. 또 다른 의미는 나이가 젊으니 장차 쓰일 수 있는 시간적 여유가 풍부하고, 아울러 역량을 발휘할 수 있는 힘도 있다는 뜻으로 사용된다.

하용조 이사장은 후자의 경우에 해당하는 '연부역강한 CEO형 총장'에 적합한 사람을 찾아 나섰다. 총장 적임자는 의외로 가까운 곳에 있었다. 신동아학원 이사로 그동안 전주대를 관심 있게 지켜보기도 했고, 국제디자인대학원대학교 부총장을 역임한 이남식 박사였다.

이 박사는 독실한 크리스천으로서 기독교대학의 이념을 구현해나가고, 침체된 대학을 살려낼 수 있는 능력도 겸비한 CEO형 총장으로서 안성맞춤이었다.

더구나 하용조 이사장이 오랫동안 지켜본 이 박사는 동양적인 인사 기준인 신언서판(身言書判), 즉 신체건강하고 몸가짐이 단정한가, 문장

구사력을 갖추고 있는가, 그리고 문제 해결 능력과 상황 판단력을 갖추고 있는가라는 측면에서도 분명한 사람이었다.

사실 하용조 이사장은 전임 이시영 총장을 선임할 당시 이남식 박사에게 부총장을 맡아달라고 부탁한 적이 있었다. 평생을 외교관 생활만 했던 이시영 총장을 보좌하기 위해 대학 사회를 이해할 수 있는 사람이 필요하다고 여겼기 때문이었다.

그러나 이남식 박사는 "총장과 부총장을 외부인사가 맡게 되면 전주대 내부의 박탈감이 적지 않을 것이므로 부총장만큼은 내부에서 발탁하는 것이 좋겠다"면서 그 제안을 정중히 사양한 바 있었다.

하용조 이사장은 다시 전주대 총장직을 맡아달라고 요청했다. 이남식 박사는 올 것이 왔다는 생각이 들었다. '전주대와 나 사이에는 나도 모르는 어떤 예정이 준비되어 있었던 것일까?'

젊은 나이에 정년이 보장된 교수직을 버리고, 임기직인 총장취임 제안을 받아들이는 것은 쉬운 결정이 아니었다.

선택과 결단

거듭된 사양과 기도

하용조 이사장이 이남식 박사에게 전주대 총장직을 제안하고 이를 수락하기까지에는 '선택과 결단'의 과정이 남아있었다. 갑작스런 제안을 받은 이 박사는 고민과 기도를 거듭했다.

이미 부총장직 제안을 한 번 사양했던 터라 또다시 거절하기도 어려웠지만, '총장'이라는 직책이 지니는 무거움에서 밀려오는 부담감과 책임감이 결단을 미루게 만들었다. 그러나 전주대의 상황은 마냥 결단을 미루어도 좋을 만큼 여유있는 상황이 아니었다.

날이 밝기 전에 마음을 정해야 했다. 하용조 목사가 얘기를 꺼낸 지도 일주일이 다 되어가고 있었다. "학교 입장에서는 이남식 장로님이 꼭 전주대 총장으로 오셨으면 합니다. 어려움에 처해 있는 전주대학교를 살려낼 수 있는 분은 장로님뿐입니다."
전주대 재단 이사장인 하용조 목사의 간곡한 부탁이었다. 여느 때 같았으면 지체 없이 '예스'라고 말해야 했지만, 그는 아무 말 없이 듣기만 했다. 그리고 결국 답변을 유보한 채 돌아오고 말았다.

사실 이미 전주대 재단 이사직을 맡아 학교 일에 관여하고 있던 그는 누구보다 '전라북도'와 '전주대'가 처한 현실을 안타까워하고 있었다. 오랫동안 이어진 인구의 감소 여파는 대학 운영에 적잖이 타격을 주고 있었기 때문이다. 이렇다 할 공업지역 하나 없는 전라도 지방의 문제는 더욱 심각했다. 계속되는 지방인구 감소 현상은 지자체의 재정자립까지 어렵게 만들고 있어 자치단체 조직을 축소하거나 폐지해야 한다는 말이 나오고 있는 형편이었다. 상황이 이렇다 보니 지방대의 앞날은 더욱 어둡게 조망될 수밖에 없었다.

전국의 대학들은 저마다 돌파구 마련에 혈안이 돼 있었고, 재정난으로 허덕이던 대학들이 통합 움직임을 보이는가 하면 정부의 구조개혁을 기다리고 있는 곳도 생겨났다. 이대로라면 머지 않은 장래에 지방대학이 자취를 감추게 될지도 모를 일이다. 결코 과장 섞인 우려가 아니었다.

이러한 정황을 가까이서 지켜보던 그에게 지역과 학교 걱정은 점점 불어만 갔다. 그는 학교가 위급 상황에 처할 때 생각지 못한 묘안을 내놓기도 하고, 하용조 목사와 머리를 맞대고 학교를 살릴 자구책을 논의하기도 했다. 하지만 근시안적인 것에 불과했다. 문제해결을 위한 근본적인 대책 마련이 필요함을 느끼고 있었다.

그러나 덜컥 총장직을 제의 받으니 앞이 캄캄해졌다. '총장'은 분명 '이사'와는 그 이름에서 느껴지는 존재감부터 확연히 다른 것이었다.

40여 년 전통의 한 대학이 그의 손에 의해 운명을 달리할 수 있다고 생각하니 자신이 처한 현실의 무게가 이전과는 비교할 수 없을 정도로 크게 다가왔다. 게다가 그의 나이는 아직 50줄에도 들어서지 않았다.

"장로님은 젊지만 비전을 가지고 있기 때문에 하실 수 있습니다."

그를 향한 깊은 신뢰가 담겨 있는 말이었다. 1999년 이남식 총장이 국제디자인대학원대학교 부총장으로 있을 당시 하용조 목사는 '뉴 밀레니엄 과정'을 통해 그의 강의를 들을 기회가 있었다. 그때 하용조 목사는 그의 폭넓고 깊이 있는 식견, 비전과 신앙에 깊은 감동을 받았다.

이후 그와 접할 기회를 자주 가지면서 학자로서, 강연자로서, 행정가로서의 면모를 알아갈 수 있었다. 이남식 총장은 달란트가 많은 사람이었다. 그의 온유한 외모와 성품은 사람들을 자신의 편으로 만드는 묘한 힘을 갖고 있었다. 어려운 순간 그가 내놓는 묘책은 판단력과 아이디어가 돋보이는 것들이었다. 그러나 하용조 목사가 그를 전주대 총장감으로 생각하고 있는 이유는 따로 있었다. 그에게는 학교와 지역을 향한 진심 어린 애정과 비전이 있었다.

"지금 가지고 계신 것만으로도 이미 충분합니다. 이 장로님이 대학과 지역사회에 가지고 계신 비전을 하나님이 채워주실 겁니다." 이제 그는 마음을 정하고 있었다. 미래가 불투명한 지역과 대학의 내일을 열고, 비전을 갖게 하는 일에 그의 달란트가 사용될 수 있다면 그보다 값진 일이 없을 것이었다.

–『희망, 함께 사는 대한민국』 pp.178-180

결단의 순간까지 "젊고 부족한 점이 많은 제가 어떻게 총장직을 수행할 수 있겠습니까. 재고해주십시오"라고 사양했다. 하지만 더 이상

피해갈 길이 없다는 것을 깨달은 이 박사는 전주대 총장직 제안을 하나님의 명령으로 받아들이기로 했다.

그리고 QT Quiet Time, 묵상를 통해 하나님을 만났다.

"하나님! 제가 전주대에 가서 당신의 종으로서 사명을 감당하도록 지혜와 능력을 주시옵소서."

이 박사가 결단을 내리자 하용조 이사장은 딱 한마디의 당부를 했다.

"목회하듯이 총장직을 수행해 달라."

거칠 것 없는 행보, 빛나는 이력

언론은 때로 스포트라이트를 받는 사람에 대한 인터뷰에서 과대 포장하는 경우가 많다. 또한 직접 자서전을 쓰는 정치인이나 경제인, 연예인들은 자화자찬이 지나친 경우도 많다. 인간 이남식을 보다 상세히 이해하기 위해서는 그의 프로필이 담겨 있는 글을 살펴볼 필요성이 있다.

순조롭게 서울대에 진학할 수 있었던 그는 대학에서 농화학을 전공했다. 그가 공부한 농화학은 농작물을 기르는 데 필요한 농약이나 비료 및 발효 미생물, 생화학과 유전공학 등을 연구하는 학문이었는데, 훗날 이것은 전주대 총장 부임 후 지역 혁신을 이끌어가는 데 든든한 동력이 되어주었다. 지역에 새로운 형태의 농업이 가능하도록 적절하게 아이디어를 제공할 수 있었던 것이다.

대학을 마치고는 카이스트로 진학해 석사와 박사 과정을 차례로 밟았다. 전공은 산업공학 중 인간공학 분야. 디자인이 중요한 비중을 차지하는 인간공학은 사람을 다루는 기구, 기계, 설비 등을 사람이 사용하기에 적합한 형태로 설계, 제작하기 위해 연구하는 학문이다. 인체의 특성을 고려한 디자인, 혹은 사람들의 실수를 예측하여 안정성을 감안한 디자인 등이 모두 인간공학적인 영역이다.

대학원을 졸업한 그는 미국 미시간대 자동차연구소의 연구원으로 첫 직장을 갖게 됐다. 그 후 한국표준과학연구원의 책임연구원과 한국과학기술원 교수, 한성대학교 교수를 거쳐 전주대에 오기 바로 전까지 국제디자인대학원대학교의 부총장과 학장으로 일했다. 그야말로 거칠 것 없는 행보, 빛나는 이력이었다.

직장을 옮길 때마다 남겨지는 그의 족적 또한 선명했다. 미국 미시간대 자동차연구소의 연구원 시절에는 닛산자동차 측으로부터 40만 달러에 달하는 프로젝트를 따냈고, 한국표준과학연구원 책임연구원 재직 당시 정부의 국책 연구개발 사업이었던 G7 프로젝트 중 하나인 '감성공학기술개발' 이라는 700억 원 규모의 사업을 기획하는 성과를 냈다.

국제디자인대학원대학교에서 7년여 동안 학장으로 일할 때에는 국내 최초로 디자인혁신센터(DIC)와 국제디자인트렌드센터(IDTC)를 만들었다. 이곳을 통해 세계의 디자인정보가 국내 디자이너들에게 제공될 수 있었다. 그는 또 '뉴밀레니엄 과정'과 '뉴비전 과정'을 개설하여 기업이나 정부의 중요 의사결정자들에게 디자인의 중요성을 알려나갔다. 전경련에 '산업디자인특별위원회'가 만들어진 것도 이곳에서 교육을 받은 이들이 디자인의 중요성을 절감했기 때문이었다. 뿐만 아니라 국내 최초로 '디자인경영학과'를 개설, 주임교수로 재직하며 디자인경영 전문석사를 배출해 냈다.

이곳에서의 경험은 누구보다 자신에게 요긴하게 활용되었다. 디자인을 경영적인 차원에 접목시켜 전주대를 새롭게 가꾸는 데 효과를 톡톡히 보았기 때문이다. 의미 있는 최초의 시도들과 그로 인한 파급효과는 2004년 정부로부터 홍조근정훈장을 수상하면서 그의 영향력을 다시 한 번 확인시켜 주었다.

–『희망, 함께 사는 대한민국』, pp.181–184

전공이 '전공불문'인 사람

이남식 총장의 전공은 아이로니컬Ironical 하게도 '전공불문'이라 해야 설명이 가능하다. 워낙 다양한 분야에서 다양한 활동을 펼쳐왔기 때문에 무엇 하나를 꼭 집어서 전공이라고 부르기가 곤란하기 때문이다.

이화여대 최재천 교수가 "진리는 한 학문의 영역에 머물지 않고 여러 영역을 넘나든다"고 했던 말은 어찌 보면 그를 두고 한 말인지도 모른다.

그는 서울대 농화학과를 나와 카이스트에서 국내 최초로 인간공학으로 박사 학위를 땄다. 그리고 표준과학연구소를 거쳐 한성대 교수 시절에는 산업안전공학을 연구했고, 국제산업디자인대학에서는 부학장으로 디자인과 인연을 맺었다. 또 벤처기업을 직접 운영하기도 했다.

이 박사는 태생적으로 도전적이고 혁신적인 인물이었다. 프로젝트를 기안하고 수주하는 데도 남다른 재능을 발휘했다. 미시간대 자동차연구소 연구원으로 있을 때는 닛산자동차에 '의자의 불편함' seating discomfort을 개선하는 프로젝트를 제안해 40만 달러짜리 연구비를 따낸 적도 있었다. 인간공학을 통해 자동차사고 피해 실험을 실시하는 연구였다.

귀국 후에는 한국표준과학연구원의 체위 측정실에서 일하게 되었다. 그곳은 5년 단위로 국민 체위를 측정하는 곳이었는데 각 부서에서 밀려난 연구원들이 주요 구성원이었다. 연구실 분위기는 "식사 후 족구나 한 판 하지요"란 말이 쉽사리 나왔을 만큼 어둡기만 했다.

당시 한국표준과학연구원의 체위 측정실의 연구비는 연간 4,000만 원으로 산하 42개 연구실 중 꼴찌였다. 이 박사는 연구실 이름을 인간공학연구소로 바꾸고 과감한 도전을 시작했다. 그가 국가 연구사업에 뛰어들어 맹렬하게 뛰어다닌 덕택에 2년 후에는 연구비가 25억 원으로 늘어나면서 42개 연구소 중 연구비 외부수탁 실적 1위를 차지했다.

로마는 하루아침에 이루어지지 않는다. 뭔가 축적된 결과가 지금 나타나는 것이다. 그는 계속 무언가 바꾸고 도전을 했다. 안정된 표준연구소를 그만두고 한성대 산업시스템 공학과로 자리를 옮긴 것도 그렇고, 편한 교수 생활을 접고 생소한 디자인 쪽에 도전한 것도 그렇다.

어느날 국제디자인대학원대학이란 신설대학에서 부학장을 뽑는다는 말을 들은 그는 거기에 도전해 부학장이 됐다. 그는 디자인경영학과를 개설하고 자신만의 방법으로 학교를 운영해 신선한 파장을 일으켰다.

디자인과 경영, 공학을 결합시킨 인재를 뽑아 훈련하는 것이 목표인데, 시험을 이틀동안 보고 그룹토의를 평가에 반영했다. 어떤 학교도 해본 적이 없는 시도였다. 학생 전원을 6개월 동안 해외로 보내기도 했다. 입학생의 전공도 묻지 않았다.

그의 커리어는 연구원과 교수이지만, 핏속에는 벤처기업가의 정신이 흐른다. 남들이 안 한 것을 해보고 이를 상용화시키는 데 관심이 많다. 기업을 만들기도 하고 투자를 받기도 했다. 그는 메디슨의 흥망성쇠를 지켜본 경험이 있다. 카이스트 시절 메디슨을 창업한 이민화 회장과 함께 일했고 자회사인 메디다스의 프로젝트도 직접 진행했다.

이처럼 이남식 박사는 그야말로 거칠 것 없는 행보, 빛나는 이력을 지닌 인물이었다. 마이너리티minority라는 태생적 낙인을 지울 수 있는 총장, 난파선처럼 표류하고 있는 전주대 총장으로는 그야말로 최적임자였던 것이다.

폭넓은 인간관계

대한민국은 인적 네트워크 사회라고 한다. 대부분의 사람들은 지연, 학연, 혈연을 자산으로 여길 만큼 소중하게 생각한다. 그러나 이 총장의 인적 네트워크는 지연, 학연, 혈연에 국한되지 않는다. 이 총장의 인적 네트워크는 그 넓이와 깊이를 가늠할 수 없을 만큼 넓고도 깊다.

물론 중심축이 없지는 않다. 하나는 장로 직책을 맡고 있는 온누리교회를 중심으로 형성되어 있다. 이 총장의 정신적 지주가 교회이기 때문이다. 교회의 여러 가지 선교방법들을 대학에 접목시키기도 하고, 교회의 인적자원들을 활용하여 대학에 도움을 줄 수 있는 방법들을 찾아내곤 한다.

다른 하나는 IDAS 사람들이다. 부총장을 역임했던 국제디자인대학원대학IDAS : International Design school for Advanced Studies에서 이 총장은 최고경영자과정을 개설하고, 혼자서 강사섭외와 수강생 모집을 도맡아 해내면서 성공적 운영을 도출해낸 바 있었다.

이 과정이 얼마나 성공적이었느냐 하는 것은 국정감사에서 "IDAS 최고경영자과정에 누구는 입학할 수 있고 누구는 왜 안 되느냐"는 민원성 질문이 나왔던 것에서도 입증된다.

이 총장은 최고경영자과정에 참여한 CEO들에게 디자인경영의 중요성을 설파하면서 전국적인 명성을 얻게 되었고, 졸업생들 모임의 좌장역할을 담당하게 되었다. IDAS모임은 기수별 모임과 지역별 모임 등 활발한 활동을 펼치는데, 해외에도 모임이 있을 정도다.

또한 벤처캐피탈을 경험한 덕분에 김택진, 이재웅, 변대규 사장 등 벤처 1세대들과 함께 운영했던 '벤처 리더스 클럽'도 빼놓지 못할 인적 자산이다.

이 총장의 인적 네트워크는 관계, 경제계, 문화계, 종교계 등에 폭넓게 형성되어 있어 전주대가 새로운 프로젝트를 시도할 때마다 든든한 자원으로 활용되고 있다.

또한 이처럼 폭넓은 인적 네트워크는 때로 이 총장으로 하여금 매치메이커match-maker 역할을 하게 만든다. 전주대 일 뿐만 아니다. 대학 구성원들이나 주변 사람들의 고민과 문제점들을 듣고, 다양한 인적 네트워크를 최대한 동원해서 해결해주는 역할을 마다하지 않는다.

보통사람들이라면 자신의 이익과 관련된 일이 아니면 선뜻 나서지 않으려 하지만, 이 총장은 주위 사람들에게 조금이라도 도움을 주려고 노력하는 오지랖 넓은 사람인 것이다.

그러다 보니 이 총장 주변에는 따르는 사람이 많다. 분야도 대학뿐만 아니라 종교계, 문화계, 경제계 등 다양하다. 그는 이들과 교류하면서 자문과 매치 메이커 역할을 마다하지 않고 있다.

불혹不惑은 바람에 흔들리지 않는다

"내 이름으로 일컫는 내 백성이 그 악한 길에서 떠나 스스로 겸비(謙卑)하고 기도하여 내 얼굴을 구하면 내가 하늘에서 듣고 그 죄를 사하고 그 땅을 고칠찌라. 이곳에서 하는 기도에 내가 눈을 들고 귀를 기울이리니 이는 내가 이미 이 전을 택하고 거룩하게 하여 내 이름으로 여기 영영히 있게 하였음이라. 내 눈과 내 마음이 항상 여기 있으리라.(역대하 7:14-16)"

HUNIC
사업단

‘나는 왜 크리스천인가’

전주대 총장에 부임하기 이전과 이후 수많은 인터뷰를 통해 이남식 총장을 묘사한 글은 많지만, 자신이 스스로 “나는 이런 사람이다”라고 고백한 글은 많지 않다. 국민일보가 연재하는 ‘나는 왜 크리스천인가’라는 코너에 게재된 ‘하나님과 동행하는 삶을 통해 얻는 평강’이라는 글은 이 총장의 신앙적 고백이다.

누구나 마찬가지겠지만 돌이켜보면 나 역시 크리스천이 된 것은 전적으로 하나님의 은혜이다. 유교적 전통을 이어가는 집안에서 태어나 하나님의 말씀을 듣거나 교회에 나갈 기회를 갖지 못했다. 그러나 어릴 적 다닌 유치원이 교회 안에 있었고, 이웃들이 충현교회에 출석하셔서 많은 성도들이 오고가며 서로 심방하는 모습을 보곤 하였다.

우리 집안에 복음의 씨앗이 뿌려지게 된 것은 외조부님의 회심에서부터다. 장년이 된 외조부님이 서울 불광동에서 천막교회로 시작한 순복음교회에 다니기 시작하셨다.

서대문에 신축한 성전에서 장로로 장립되신 외할아버님께서는 후일 캐나다로 이민 가셔서 목사 안수를 받으시고 선교사로 활동하셨다. 멀리 떨어져 계셨지만 우리 가정이 믿음의 길로 들어서기를 오랜 세월 기도하셨다. 이런 기도의 열매로 이제 우리 가족 모두는 고귀한 하나님의 자녀가 되었다.

대학에 진학해서 우연한 기회에 이화여자대학교 기독교학과의 장원 교수님(작고)을 만나게 되었다. 그분은 나를 여러 모임에 초대해 주셨다. 교수님께서는 당신의 삶을 통하여 예수 그리스도의 사랑을 전하셨으며 청년들에게 기독교적인 세계관을 심기 위하여 노력하셨다.

당시 모임에 나왔던 대부분의 청년들이 지금은 성숙한 크리스천 교수, 의사, 변호사 등으로 사회에서 제 몫을 다하고 있다. 한 알의 밀알을 통해 수백 배의 열매를 맺게 하시는 놀라운 하나님의 역사가 나타나고 있다.

아내는 모태신앙으로 어려서부터 교회에 다녔다. 권사이신 장모님의 권유로 결혼과 더불어 세례를 받았다. 하지만 당시 대부분의 교회들은 주일예배와 1년에 한두 번의 심방 이외에는 체계적인 양육 프로그램을 가지고 있지 않았다. 그러던 가운데 마침 지금의 교회 인근으로 이사하게 되었다. 어머님과 아내와 아이들, 우리 가족 모두는 집에서 가까운 교회에 출석하게 되었다.

하용조 목사님을 만났다. 그 만남은 우리 인생의 방향을 크게 변화하게 하였다. 성경중심의 명쾌한 강해설교를 통하여 하나님의 음성을 들으며 온전한 믿음을 가지게 되었다. 정기적인 순모임, 1대1 양육, QT를 통하여 하나님의 사랑과 하나님의 계획을 깨달아 가는 새로운 삶이 시작되었다.

성령님의 역사하심을 알게 되었고 예수님과의 인격적인 만남을 통하여 우리 안에 넘치는 평강을 누리게 되었다.

하나님께서는 부족한 나를 전주대학교로 인도하시어 하나님의 역사하심을 알게 하셨다. 미약한 힘이나마 하나님께 영광을 돌리고 하나님 보시기에 좋은 대학을 만드는 데 사용하고 계신다. 지난 5년간 하나님께서는 너무나 많은 것들을 보여주셨다. 우리들을 회개하게 하시고 대학이 학생과 지역사회를 섬기게 하셨다.(중략)

하나님은 살아 계시며 언제나 나와 전주대학교와 동행하고 계심을 깨닫게 한다. "내가 너희에게 분부한 모든 것을 가르쳐 지키게 하라 볼지어다. 내가 세상 끝날 때까지 너희와 항상 함께 있으리라 하시니라"(마28:20)는 말씀처럼 항상 우리와 함께하시는 하나님과 더불어 사는 감동과 특권이야말로 내가 누리는 상급이요, 내가 크리스천임을 온 세상에 선포하게 하는 당위가 아닌가.

-「국민일보」, 2007년 7월 18일자

이 총장은 이 글을 통해 성장배경부터 사상적 · 철학적 원동력인 기독교정신의 배양 과정, 그리고 전주대 총장으로 부임해서 이룩한 성과들이 어떻게 도출될 수 있었는지에 대해 진솔하게 고백하고 있다.

명예와 능력을 겸비하고 '바른생활 청년'의 이미지를 지닌 이 총장은 가끔씩 겸손한 파격으로 주위를 놀라게 만들곤 한다. 이 총장이 교회에서 금요일에는 구역장으로, 주일에는 '주차요원'으로 봉사한다. 누군가 "대학총장이 주차요원으로 일하는 이유가 무엇인가"를 질문했다. 그는 이렇게 대답했다.

"하나님께 받은 은혜가 크기 때문입니다."

파격, 파격, 파격
破格

개교 40년, 즉 불혹(不惑)의 연륜을 쌓아가던 2003년 4월. 전주대 제9대 총장에 40대인 이남식 박사가 선임되었다.

전주대에 '불혹의 리더'가 등장했다는 소식은 학내외에 커다란 반향을 불러 일으켰다. 40대 총장 선임은 파격(破格)이었다. 그러나 이남식 총장은 파격으로 받아들이는 분위기를, 대학사회에서 일찍이 경험해 보지 못한 또 다른 파격을 통해 우호적 분위기로 변화시켰다.

파격은 취임식에서부터 시작되었다. 취임식에서는 파워포인트 Power point 프로그램을 활용해 프리젠테이션presentation을 할 수 있는 빔 프로젝터가 동원되었고, 출퇴근할 때는 직접 차를 운전했다.

무미건조하던 대학 본관건물에는 컬러풀한 대형휘장이 등장했고, 학내도로에는 캠페인 문구를 담은 홍보용 배너 깃발이 나부꼈다.

파워포인트를 활용한 취임식

'3대 비전'으로 새로운 출발

2003년 4월 25일 오전 11시에 열린 취임식 장면은 두고두고 화제가 되었다. 취임식장인 학생회관 대강당 안에는 저마다 깔끔한 양복 차림을 한 내빈들과 교수·교직원·학생들이 일찌감치 자리를 잡고 앉아 있었다.

단상에는 하용조 이사장, 이시영 전임총장, 이남식 신임총장 등이 객석을 향해 자리하고 있고, 그 뒤편 대형 현수막에는 'See, Feel, & Change' '전주대학교의 새로운 출발'이라는 글귀가 앞으로 전주대에 불어 닥칠 변화의 바람을 예고하듯 선명히 적혀 있었다.

700명이 참석한 가운데 열린 취임식은 김선기 목사의 기도로 시작되었다. 신동아학원 이사장인 온누리교회 하용조 목사는 설교를 통해 "하나님의 리더십을 갖기 위해 동역자의 확보, 장애 극복, 목표 설정, 고난 극복" 등을 예로 들며 "진정한 리더는 고난을 각오해야 한다"고 강조했다.

이사장의 설교가 끝나고, 임용장 수여식, 특송, 내외빈 축사가 이어졌고, 외부 인사들의 영상메시지가 전달되었다. 이어서 취임사 순서였다.

이남식 총장이 단상으로 나와 자리를 잡는다. 순간 분산돼 있던 사람들의 시선이 한곳으로 집중된다.

"……"

그런데 이어져야 할 취임사가 바로 나오지 않는다.

"……"

좌중이 술렁이는가 싶더니 순간 이 총장의 모습을 비추던 스크린 화면이 '대학의 3대 비전'이라고 쓰인 프레젠테이션 화면으로 바뀐다.

'하나님의 비전대학, 세계적인 지역대학, 따뜻한 디지털대학.'

진중한 목소리로 잘 정리한 취임사가 이어질 거라 예상하고 있던 사람들의 눈에서 당황의 빛이 역력하게 나타난다. 그러나 정작 이 총장 자신은 아무 일도 아니라는 듯 스크린으로 시선을 향한다.

–『희망, 함께 사는 대한민국』, p.185

학술 세미나를 연상하게 만든 취임사

이 총장은 자신에게 주어진 취임사 기회를, 자신이 갖고 있는 전주대 발전 비전을 직접 프리젠테이션하는 파격을 선보이며 지식정보화 사회의 첨단을 걷는 디지털마인드를 유감없이 발휘하는 시간으로 사용하였다.

파워포인트를 동원해서 대학경영의 전략적 접근, 캠퍼스 마스터플랜 실천, 교육의 기본에 충실하기, 대학의 연구력 향상, 멀티버시티 multiversity로의 역할, 사랑과 감동이 넘치는 캠퍼스 운영 등 중점과제 등 자신의 대학경영전략을 조목조목 설명했다.

전례를 찾아보기 힘든 이색적 취임사는 하객들로 하여금 학술 세미나에 참여하고 있는 듯 것 같은 착각에 빠져들게 만들었다. 그러나 분위기는 전혀 딱딱하지 않았다.

대학의 위기를 턱을 괸 자신의 모습으로, 섬기는 총장이 되겠다는 메시지를 학교 구성원을 떠받드는 모습으로, 일하는 총장이 되겠다는 다짐을 포대를 진 모습으로 그려낼 때마다 참석자들 사이에서는 폭소가 터져 나왔다.

그러면서도 새로운 변화의 요구를 당당히 수용하자는 취임사는 진지했다. 노트북을 열 때 잠시 술렁였던 취임식 참석자들은 젊은 신임 총장의 취임사에 흠뻑 빠져 들었다.

"오늘날 한국 대학은 위기를 맞고 있습니다. 200여 개의 대학들은 인구감소로 말미암아 신입생 모집에 곤란을 겪어야 하는 상황입니다. 식당을 예로 들어 보겠습니다. 주요 도시의 유명 식당 중에는 '전주회관'이라는 식당이 많습니다. 메뉴도 거의 동일합니다. 경쟁력도 차별성도 찾아볼 수 없습니다. 저는 오늘날 한국 대학들이 식당들과 비슷한 상황에 놓여 있다고 생각합니다.

대학발전을 위해서는 교수·교직원·학생 등 대학 구성원의 치열한 노력을 필요로 합니다. 그러나 이러한 노력이 분산되면 별 효과를 얻을 수 없습니다. 구성원 모두가 한 방향으로 힘을 합쳐야만 훌륭한 결과를 도출할 수 있습니다. 전주대는 전주서부신시가지라는 훌륭한 위치와 좋은 시설을 갖춘 대학입니다. 이러한 입지적·환경적 요인들을 효율적으로 활용해서 잠재력을 발휘해 나갑시다.

젊은 만큼 섬기는 총장이 되겠습니다. 구성원들의 말을 새겨듣겠습니다. 그리고 한 방향으로 몰아가겠습니다. 땀 흘리며 일하는 총장, 솔선수범하는 총장이 되겠습니다. 대학경영은 이론이 아닌 실제입니다. 충실히 본분을 다하는 총장이 되겠습니다.

부탁말씀을 드리겠습니다. 우리는 머리로써 대학위기를 잘 알고 있습니다. 그러나 머리만으로는 변화가 되지 않습니다. 저는 '보고, 공감하고, 마음으로 느낄 때' 대학의 변화가 가능하다고 생각합니다.

저에게 마음을 주십시오. 우리는 해낼 수 있다고 믿습니다. 우리의 미래는 무한대로 뻗어 나갈 수 있습니다. 하나님의 비전과 우리의 열정을 더하면 전주대의 미래는 영원토록 발전할 것입니다.

지난 10년 다져온 장기발전계획을 바탕으로 공감대 형성을 통해 하나님의 비전을 실천하는 대학으로 만듭시다. 전주라는 지명을 사용하는 대학으로 자부심을 갖고 지역사회로부터 사랑받는 대학을 만듭시다. 지역경제 활성화의 견인차 역할을 하는 대학을 만듭시다. 따뜻한 디지털 대학을 만듭시다. 사랑과 감동이 넘치는 대학을 만듭시다. 마음을 주십시오."

디지털 대학, 디지털 총장

이 총장에게는 젊음이나 의욕만큼 목소리를 높이지 않으면서도 신뢰를 갖게 하는 유연한 힘이 넘쳐났다. 취임식 참석자 700여 명의 주목을 단번에 이끌어낸 후, 젊은 총장은 분명한 비전도 제시했다. '하나님의 비전대학', '세계적인 지역대학', '따뜻한 디지털 대학' 등 3대 비전을 가지고 사랑과 감동이 넘치는 캠퍼스를 만들겠다고 약속했다.

이같은 장면은 젊다는 이유만으로 우려의 눈길을 보내던 사람들을 단번에 우호적으로 변하게 만들었다. "역시 젊으니 무언가 다르다", "기대해도 좋을 것 같다"는 속삭임이 취임식장에서 오가기 시작한 것이다.

취임식을 새로운 출발의 선포식으로 여겼던 이 총장의 생각이 들어

맞은 것이다. 프레젠테이션 기법을 활용한 취임식으로 '전주대는 디지털 대학, 이남식 총장은 디지털 총장'의 새로운 이미지를 얻게 되었다.

본관을 뒤덮은 대형 휘장

이 총장은 취임 직후 캠퍼스에서 비교적 고지대에 위치해 있는 본관 건물에 대형 휘장을 내걸도록 했다. 본관 건물에 대형 휘장이 내걸린 것도 파격이었지만, 대형 휘장의 색상도 독특했다.

고대 석축 양식으로 지어진 본관 건물의 중앙 8개의 석주들 사이에 '2003 전주대학교의 새로운 출발'을 담은 다섯 장의 노란색 대형 휘장이 카드섹션처럼 펼쳐졌다.

고답적이고 보수성이 강한 대학의 분위기에서 일반적으로 내걸던 현수막이나 걸개그림들의 색상들은 대부분 흰색을 사용하던 것과는 차원이 다른 미적 감각이 바라보는 사람들로 하여금 파격으로 받아들여졌다.

때문에 학생과 교직원은 물론, 전주대를 방문하는 사람의 시선이 자연스럽게 본관에 내걸린 대형 휘장에 멈추게 되었다. 대형 휘장에는 이렇게 적혀 있었다.

See!

Feel!

Change!

캐치프레이즈는 전달력이 생명이다. 캐치프레이즈는 내용이 길어도, 문장이 어려워도 문제다. 간단명료하게 하고 싶은 말을 전달해야 한다. 그러면서도 의미심장하면 금상첨화다.

이남식 총장 시대를 맞아 처음으로 내건 캐치프레이즈인 'See! Feel! Change!'는 초등학생도 읽을 수 있는 영어 단어이지만, 이 단어들이 담고 있는 의미와 철학은 심오했다. 이 총장은 'See! Feel! Change!'를 이렇게 설명했다.

"우리 사회는 어떤 분야를 막론하고 새로운 변화를 요구받고 있습니다. 그중에서도 대학은 가장 큰 변화와 발전이 필요한 조직이지요. 물론 대학은 그동안에도 변화를 위한 노력을 오랫동안 해왔고 연구했습니다. 대학 구성원들은 문제에 대한 이해나 분석하는 능력은 대단히 뛰어납니다.
그러나 중요한 것은 머리로서는 변화가 일어나지 않는다는 사실이지요. 모든 문제를 직시하고(See) 마음으로 느끼고 공감할 때(Feel) 비로소 변화(Change)가 따릅니다. 저는 개인적으로 대학 구성원들의 공감의 장을 만들어낼 수 있느냐 없느냐에 따라 대학 성패가 달려있다고 생각합니다."

–「전북일보」, 2003년 5월 13일

혜택을 모두 되돌려 놓다

총장 선임 소식을 듣고 난 직후부터 이 총장의 발걸음은 바빠졌다. 직접 차를 몰고 전주로 내려가서 전주대 현황파악에 돌입했다. 취임식전 이미 100여 명의 교수들을 일일이 만났다. 교직원들과 학생, 동문들도 만났다.

교수와 교직원들에게는 "젊음을 바탕으로 실제 발로 뛰는 세일즈 총장이 되겠다"면서 대학 발전을 위한 견해들을 청취하고 간절하게 협조를 당부했다.

취임 전 직접 차를 몰고 다니던 모습은 취임 후에도 계속되었다. 이 총장은 SUV 차량인 소렌토를 직접 운전하면서 학내외를 순방했다. 출근 시간 전에 학교에 도착해서 직접 차를 몰고 캠퍼스 곳곳을 돌아보며 밤새 어떤 변화가 있었는지를 점검했고, 불 켜진 연구실과 사무실에 들어가서 교직원 및 학생들과 잠깐씩이라도 대화를 나누었다.

때로는 서울을 비롯한 전국 각지로의 출장길도 직접 운전하고 다녔다. 모친과 아내, 그리고 자녀들이 거주하는 서울을 떠나 전주에서 생활하는 이 총장은 금요일마다 상경하는 주말부부다. 그런데 금요일에 서울에 갔다가 월요일에 전주에 돌아올 때는 직접 차량을 운전한다.

비서실에서 아무리 만류해도 "운전이 재미있다"며 운전대를 잡는다. 한 주일 내내 운전하느라 고생하는 운전기사로 하여금 주말이라도 편하게 휴식할 수 있도록 하겠다는 배려 때문이 아니겠는가.

일부에서는 쇼맨십으로 바라보는 시각도 없지 않았지만 젊은 총장은 아랑곳하지 않았다. 오히려 이 총장은 대학에서 제공하는 여러 가지 혜택들을 반려했다. 이 총장은 자신의 소렌토 차량을 계속 타겠다면서, 전용차량인 체어맨을 매각하여 학생들을 위한 장학금으로 활용토록 지시했다.

이후에도 평균 2년마다 차량을 새로 구입하면서 "교비로 사드리겠다"는 총무처장의 권유를 마다하고, "내가 타는 차량이니 내가 살 수 있도록 해줘라"면서 자비를 들여 구입하고 있다.

총장업무를 수행하다 보면 하루 종일 차에 타고 있어야 하는 경우가 많아서 안전과 편의성이 중요함에도 불구하고, 이 총장은 비용절감에 더 큰 의미를 부여했다.

서울과 전주를 왕복할 경우 휘발유 차량은 10만 원 정도의 유류비가 소요되는데 반해 경유차는 6만 원 정도면 충분히 왕복이 가능한데 왜 과소비를 하느냐고 생각하는 것이다.

때로는 SUV차량을 타고 호텔이나 관공서를 출입할 때 소홀한 대접을 받게 되는 경우도 없지 않았다. 그러나 이 총장은 이에 대해 별로 대수롭지 않게 생각했다.

또 총장관사의 전기료와 수도료 등 제세공과금과 가사 도우미의 급여 등을 학교예산에서 지출하던 관행도 없애버렸다. 관사를 제공받는 것도 적잖은 혜택을 보는 셈이기에 나머지 혜택을 누리기를 스스로 마다한 것이다.

뿐만 아니다. 공무원 출장 규정을 근거로 만들어진 전주대 출장규정에 의하면 총장은 해외 출장을 갈 때 퍼스트 클래스 좌석을 탑승할 수 있도록 되어 있다. 그러나 이 총장은 비즈니스 클래스 좌석에 탑승을 일상화하고 있다. 장거리 비행의 경우에도 자신의 항공 마일리지를 사용해서 이코노미 좌석을 업그레이드 시켜 이용하기도 한다.

출장하고 남은 경비도 반드시 환입시키거나 실비 정산하고 있다. 비용절감에 관한 이 총장의 비즈니스 마인드가 얼마나 철저하게 체질화되어 있는지를 엿볼 수 있는 대목이다. 왜 총장이 누릴 수 있는 혜택들을 스스로 반려했는지에 대해 이 총장은 이렇게 답변하고 있다.

제 나이에 대한 나름대로의 부담감이 있었습니다. 그래서 취임할 때 밝혔던 것처럼 '섬기는 총장'의 모습이 되고자 했습니다. 또한 제게 주어진 무엇인가를 포기하지 않고선 대학의 구성원들과 어려움을 나눌 수 없다고 생각했습니다.

–「빛과 소금」, 2004년 9월호

수시로 부하들에게 자기희생과 헌신을 강요하면서도 스스로는 조금의 양보도 하지 않는 리더들을 수없이 보아온 현실을 감안하면, 그는 공과 사를 구분할 줄 알고 자기희생과 헌신을 실천하는 리더였다.

취임식에서 '섬기는 총장'이 되겠다고 했던 말은 구두선(口頭禪)이 아니었다. 이 총장은 의례적인 인사치레로 '섬기는 총장'이 되겠다고 했던 것이 아니라 자기희생과 헌신이 있는 리더의 참모습을 몸소 실천하는 모습을 보여주고 싶었던 것이다.

인간미 넘치는 리더

때로 유능한 리더들은 인간미 없는 사람으로 묘사되곤 한다. 그릇된 정책 판단의 오류를 범하게 되는 이유 중 하나가 온정주의라면서, 인간미는 리더에게 별로 필요치 않은 덕목이라고 말하는 경우도 있다.

그러나 이 총장은 인간미 넘치는 리더다. 시시때때로 교직원들에게 직접 쓴 카드를 보내거나 식사자리를 만들어 격려와 위로를 하는 모습을 보여준다.

홀로 관사 생활하면서도 참모진들이 불편하지 않도록 행동한다. 평범한 사람이라도 혼자서 식사하는 것을 꺼리는데도, 7년째 혼자서 아침식사를 해결하고 있다. 월요일 새벽 서울에서 전주로 내려오면서 일주일 동안 먹을 음식을 가지고 내려와서 냉장고에 넣어두었다가 식사 때마다 꺼내서 혼자 데워 먹고 있다. 점심과 저녁식사는 대부분 행사나 회의 일정으로 인해 외부에서 해결한다.

특별한 약속이 없는 경우에는 기사와 수행비서의 입장을 고려해서 혼자서 식사하는 것을 마다하지 않는다. 그런 날이라도 기사와 수행비서가 가족들과 단란하게 저녁식사를 할 수 있도록 배려하는 마음에서다.

이 총장의 인간적인 면은 '열린 전화'에서 확인할 수 있다. 대부분의 기관장들의 휴대전화 번호는 비밀에 붙여지는 것이 관례다. 시도 때도 없이 걸려오는 민원성 전화로부터 기관장을 보호하기 위한 궁여지책일 것이다. 그러나 이 총장은 스스로 휴대전화 번호를 공개하고 다닌다. 명함에도 휴대전화 번호가 적혀있다.

번호만 공개된 것이 아니라 누구라도 전화를 하면 직접 전화를 받는다. 그래서 비서실에서는 이 총장의 휴대전화를 열린 전화라 부른다.

한 번은 이런 일이 있었다. 어느 날 아침 운전기사와 수행비서가 출근을 하기 위해 관사로 갔는데 총장이 나오질 않는 것이었다. 확인해 보니 간밤에 걸려온 전화로 아침식사 약속을 해서 식사장소에 나가 있다는 것이었다.

운전기사나 수행비서에게 전화를 해서 조금 일찍 나오도록 하면 될 것이지만, 참모들에게 불편함을 끼치지 않기 위해서 택시를 타고 약속장소에 나간 것이다. 열린 전화로 말미암아 어쩔 수 없이 비서실에서 총장의 일정을 놓치게 된 것이다.

3C를 강조한 보직교수 인사

취임 한 달 만인 2003년 5월 26일 이 총장은 첫 보직교수 인사를 단행했다. 스스로 세일즈총장이 되겠다고 선언하고 나선 만큼 학교를 비우는 시간이 많을 것을 감안해서 처음으로 부총장제도를 도입했다. 또한 보직 교수의 과대 임용에 따른 비효율성을 줄이기 위해 겸직제도를 최대한 활용하는 인사원칙을 세웠다. 이에 따라 신입생 모집의 중요성을 감안해서 부총장은 입학처장을 겸하도록 했다.

이 총장은 3C, 즉 인품Character, 능력Competence, 친화력Chemistry 등을 고려해 부총장 겸 입학처장에는 한상효 교수를 발탁하고, 학생생애개발처장 겸 취업개발센터 원장에는 이재운 교수, 기획조정처장에는 오영택 교수, 교무연구처장에는 전일환 교수, 대학원장 겸 국제상담대학원장에는 이병훈 교수를 임명했다.

이밖에도 교목처장 겸 학생생활관장 라준석, 선교신학대학원장 이신형, 정책사업지원본부장 겸 EM연구개발단장 김종국, 기독교학부장 김은수, 문화관광학부장 한복진, 신문방송국장 최중열, 평생교육원장 한태종, 학술정보관장 겸 출판부장 김승수, 사회과학종합연구소장 은종성 교수 등이 새로운 보직을 맡게 되었다.

과거에 없던 부총장 제도를 도입한 데는 분명한 이유가 있었다. 전국 169개의 4년제 대학 중 전주대는 편제정원의 규모로 31위의 대규모 대학에 속했다. 전주대와 비슷한 대규모 대학의 경우 80%이상이 대학행정의 효율화를 위하여 부총장제도를 두고 있었다.

더구나 자신이 총장으로서 대학의 비전을 만들고 10년 앞을 내다보면서 변화를 주도하기 위해서는 대학의 학사, 즉 교무, 학생, 입학 업무를 역할 분담 할 수 있는 경륜과 인품을 갖춘 부총장이 필요하다고 생각한 것이다.

첫 여성 학생생애개발처장 임명

보직교수 인사를 발표하자 학내외에서는 '적절한 인사' 라는 평가와 함께 '파격적인 인사'라는 평가가 나왔다. 적절한 인사로 보는 사람들은 "신임총장을 보좌하기 위해서는 소신과 능력, 그리고 경륜이 있는 인재들이 뒷받침되어야 하는데 짧은 인사 준비기간에도 불구하고 적절하게 발탁한 인사였다"는 평가를 내렸다.

이에 반해 파격적 인사로 보는 사람들은 전주대 사상 첫 여성처장이 임명된 것에 대한 놀라움을 금치 못했다. 늘어나는 여학생과 여성 교수 비율을 고려했다고는 하지만 학생처장 직책에 여교수를 낙점한 것을 파격으로 받아들인 것이다. 하지만 전주대 이재운 교수를 학생처장에 발탁한 이후 많은 대학들이 여교수를 학생생애개발처장에 임명한 것에서 이 총장의 선견지명이 드러난다.

'희망홀'에서 희망을 보다

궁하면 변하고, 변하면 통한다

이 총장은 전주대에 대형 컨벤션홀이 필요하다고 생각했다. 특히 전주대가 기독교 대학이긴 하지만, 입학생의 60%가 교회에 한 번도 출석해 본 적이 없다는 사실을 알고서는 더더욱 대규모 다목적홀의 필요성을 느꼈다. 2,000명 이상을 동시에 수용할 수 있는 공간이 있다면 열린 채플도 실시할 수 있으리라 생각되었다.

그러나 전주대에는 500명 정도를 수용할 수 있는 학생회관 대강당이 최대 규모의 공간이었다. 따라서 500명 이상이 참석하는 졸업식과 입학식은 물론, 대학 자체적으로 주최하는 대규모 행사와 지역사회가 필요로 하는 대규모 문화행사를 위한 공간이 절실히 필요했다.

수 천 명이 동시에 입장할 수 있는 대규모 행사장이 있다면 학내 행사는 물론, 국내외 대형 행사의 유치를 통해 지역경제 활성화에도 기

여할 수 있을 것으로 생각했다. 그러나 대형 건물을 짓기 위해서는 만만치 않은 예산이 소요되기 때문에 열악한 대학 재정으로 엄두를 낼 수 없었다.

이 총장은 지역사회에서 대학의 역할을 위해서 반드시 컨벤션장이 필요하다면서 재단 관계자들을 설득했다. 다행히 하용조 이사장이 긍정적으로 받아들였다. 궁하면 통한다던가. 하용조 이사장이 아이디어를 냈다. 유럽여행을 하면서 독일 맥주축제에서 보았던 대형 텐트가 번개처럼 뇌리를 스쳤던 것이다. 하용조 이사장 은 수소문 끝에 독일제 로더텐트 Star Ship 30-50을 4억5,000만 원에 구입해 전주대에 전달했다.

길이 101m, 폭50m로 설치 기간만 10일이 걸리는 세계 최대 규모의 천막이었다. 아시아에서는 전주대가 처음 구입한 대형 천막은 반영구적으로 사용할 수도 있지만 이동 설치할 수 있는 장점도 지녔다. 이 총장은 대형 텐트를 설치하고 '희망홀'이라 명명했다.

그러나 처음 텐트형 컨벤션홀이 설치된다는 얘기가 나왔을 때, 전주사람들은 물론 전주대 구성원들도 반신반의했던 것이 사실이었다. "도대체 크다고 해도 텐트가 얼마나 크다고 컨벤션 운운 한단 말인가?"라는 비아냥도 있었고, "세계 최대 텐트라는 것에 의지한 깜짝 이벤트 아닐까?"라는 의구심도 샀던 것이 사실이었다.

희망을 새롭게 쓰는 희망의 공간

설치된 지 6년이 흐른 지금 희망홀에서는 이 총장이 처음 의도했던 '열린 채플'이 실시되고 있다. 2,000명 이상이 참여하는 열린 채플을 통해 신세대의 감각에 맞는 예배가 열리는 것이다.

어디 그뿐이랴. 희망홀은 지역사회에 전주대를 알리는 전초기지가 되어 효자노릇을 하고 있다. 이제 전주사람들이라면 희망홀을 모르는 사람은 거의 없을 만큼 전주의 명소가 된 것이다.

매년 전주대 입학식과 졸업식은 물론, 전주시민을 초청해서 펼치는 '시민감사축제'를 비롯해서, 세계난산업박람회, 전라북도북 페스티벌, 실버미인선발대회 등의 행사가 희망홀에서 개최되고 있기 때문이다.

고정관념을 깨는 파격적인 생각이었던 희망홀은 전주대의 희망을 넘어 전주와 전라북도의 희망을 새롭게 쓰는 희망의 공간으로 너무나 잘 활용되고 있는 것이다.

청바지차림 총장의 꼭짓점 댄스

대학의 입학식과 졸업식은 태극기와 교기를 앞세우고 박사 가운을 입은 총장과 보직교수가 줄지어 입장하고, 권위에 찬 축사와 격려사, 의례적인 식순으로 진행되는 것이 일반적이었다.

그러다 보니 입학생이나 졸업생이 3,000명이나 되어도 영광과 축복이 함께 해야 할 식장에 참석하는 주인공은 고작 300명 정도에 불과했다.

이 총장은 학생들이 호응하지 않는 틀에 박힌 입학식 풍경을 바꾸기로 마음먹었다. 입학식은 주인공인 신입생들이 관심과 축복을 받으며 즐길 수 있는 축제의 장으로 기획되어야 한다고 생각했다.

권위를 없애고 신바람을 불러일으킬 수 있는 프로그램으로 확 뜯어고쳤다. 신입생 대표가 입학선서를 하는 것으로 공식적인 행사는 끝내고, 신입생들을 환영하는 퍼포먼스와 공연들로 입학식 프로그램을 구성했다.

반응은 폭발적이었다. 총장을 비롯한 전체 교수들이 식장에 청바지를 입고 입장하는가 하면 리듬에 맞춘 총장의 꼭짓점 댄스가 멋들어지게 이어졌다. 그 후 입학식 풍경은 예전과 확연히 달라져 있었다. 더 이상 식장에 들어오지 않는 학생들을 강제로 입실시키는 일도 생기지 않았다.

그러나 입학식을 바꾸자는 얘기가 처음 나왔을 때 반응은 그리 호

의적이지 않았다.

"그래도 입학식은 대학의 전통의식과도 같은 건데, 그걸 바꾸면 되나?"

"체신 떨어지게스리. 상아탑의 권위가 땅으로 떨어지고 말 거야."

이때 그가 강조한 것은 '창의성'이었다. 그는 입학식이나 졸업식을 즐거운 축제로 만들고 있는 외국과 우리나라 대학의 성공적인 사례를 소개하면서 구성원들을 설득해나갔다. 타성에 젖어 답습만 한다면 결코 변화와 발전은 기대할 수 없다는 걸 그는 알고 있었기 때문이다.

이 총장이 바꾼 것은 입학식장 풍경만이 아니었다. 회의문화도 획기적으로 바꿔버렸다. 탁자에 둘러앉아 딱딱하게 진행되던 회의를 없앴다. 스탠딩 미팅, 칵테일파티 형태의 회의를 열어 음료를 들고 자유롭게 오가면서 의견을 교환할 수 있도록 만들었다.

협의사안이 있는 사람들끼리 옹기종기 모여 안건을 나누고, 자유롭게 오가면서 대화를 나누는 사이 논의가 집중적으로 이루어졌다. 칵테일파티로 회의문화를 바꾸자 경직되지 않은 분위기에서 더 많은 정보를 나눌 수 있게 되었다. 과거와 비교해서 회의 내용도 더욱 풍부해졌고 시간도 단축할 수 있게 되었다.

참모보다 한 발 앞서가는 리더

전주대를 방문해본 사람은 안다. 이 총장이 얼마나 겸손하고 부지런 한 사람인지를. 전주대를 처음 찾은 손님들은 총장이 직접 나서서 무선 마이크를 들고 캠퍼스투어를 시키는 모습을 보고 깜짝 놀라곤 한다. 대학마다 학생홍보 도우미들을 두고 시키는 일을 이 총장은 마다하지 않는다.

총장 집무실 앞 로비에 설치되어 있는 캠퍼스 미니어처miniature에서 설명을 시작해서, X-edu 영상미디어센터, Hunic관, 순영관, 대체의학대학, 창조관, EM연구개발단을 거치는 캠퍼스투어에 참가한 사람들은 전주대의 첨단시설들에 한 번 놀라고, 이 총장의 해박하고 성실한 설명에 두 번 놀라게 된다.

가끔씩 출장길에 오르면 비서진은 이 총장의 재빠른 동작에 혀를 내두르곤 한다. 미국 출장길에 동행했던 수행비서의 후일담을 들어보자.

“2004년 총장님과 X-edu사업단 교수님들을 모시고 미국 출장길에 오른 적이 있었다. 그런데 LA공항에 도착해서 수화물을 찾는 곳에서 총장님이 보이질 않았다. 모두들 어디에 가셨는지 모르고 있었다.
아마도 화장실에 가신 것이겠거니 생각했는데, 총장님이 나타나셨다. 총장님은 혼자서 화물운반용 카트 2개를 끌고 우리 앞에 나타나셨다. 우리는 직접 카트를 챙겨 오신 총장님께 충격을 받았다. 그런데 충격은 그게 전부가 아니었다.
차량을 렌트해서 짐을 싣고 출발하려는 순간 총장님께서 뒷좌석을 마다하고 조수석에 오르시는 것이었다. 총장님께서는 내비게이션에만 의지해서 운전하기에 쉽지 않다면서 조수석에 앉아 지도를 보아가며 길 안내를 해주셨다. 일주일 정도 출장기간 내내 총장님께서는 조수석에 앉아 길 안내를 하시면서, 운전하는 제게 간식들을 일일이 챙겨주시는 자상함을 보여주셔서 일행들을 감동시켰다.
특히 미국의 렌트카는 내비게이션이 선택사항이라 많은 돈을 지불해야만 한다는 사실을 잘 알고 있는 총장님은 자비를 들여 내비게이션을 구입해서 미국 출장 때마다 필수품으로 사용할 만큼 준비성과 절약정신이 철저한 분이다.
호텔에 도착해서도 총장님께서는 직접 체크인을 하셨다. 미국여행 경험이 많지 않은 교수들을 비롯한 수행원들을 대신해서 미국 생활 경험자인 총장이 수행원들보다 한 발 앞서 자질구레한 일들을 처리한 것이다.”

미국에서의 출장 일정을 소화하면서도 이 총장의 합리주의적 성격은 잘 드러났다. 해외 출장의 경우 수직적인 상하관계보다 수평적인 동료관계가 되는 것이 좋다는 이 총장의 지론은, 목표했던 업무수행을 기대 이상으로 이끌어내게 만들곤 했다.

전문가도 혀를 내두른 건축지식

전국 최대 규모의 대학기숙사인 스타 타워의 골조 공사가 마무리되고 실내 인테리어가 한창 진행되고 있을 즈음 이 총장이 공사현장을 방문했다. 이곳저곳 유심히 둘러보던 총장의 눈길이 전등에 머물렀다.

전등을 유심히 바라보던 총장은 현장소장에게 교체해줄 것을 요구했다. 디자인이 실내인테리어와 어울리지 않았던 것이다. 현장 소장은 이미 모두 설치했는데 난색을 표시했지만, 총장은 “만약 당신의 집이라면 이 전등을 설치했겠느냐”면서 교체를 지시했다.

이 총장은 설계도면을 읽어내는 것은 물론, 공사현장에서 사용되고 있는 건축용어까지 꿰고 있을 만큼 건축에도 일가견이 있는 사람이다. 총장 취임이후 7년 동안 해마다 새로운 건물을 신축하고 기존 건물들을 리모델링하는 과정에서 어느 건물 하나 이 총장의 땀이 배지 않은 곳이 없다.

이 총장은 매일 아침 출근해서 공사현장부터 찾아가서 어제의 공사 진척 상황을 점검하고 오늘의 예정된 공사 현황을 파악하면서, 구체적인 지시를 내리곤 했다. 아무리 추운 겨울날도, 아무리 더운 여름날도 예외가 아니었다. 이 총장은 시간만 나면 공사현장으로 발걸음을 해서 디자인이며, 교구재들의 기능과 성능을 일일이 챙기는 수고를 감내했다.

때문에 전주대가 발주한 공사를 맡은 건설사들은 이익이 나지 않는 공사를 하고 있다고 울상을 지었고, 공사현장에 총장이 나타나면 현장 소장을 비롯해서 인부들은 긴장할 수밖에 없었다.

건축현장에서 내리는 이 총장의 지시는 딱 두 가지 원칙을 지니고 있었다. 건물을 이용하게 될 교수 · 학생의 편의성과 미적 아름다움이었다. 편의성이 떨어진다고 생각되면 마무리된 공정이라 할지라도 뜯어내고 새로 공사하도록 만들었다. 즉 심미성이 결여된 느낌이 들어도 마찬가지였다. 비록 예산이 조금 더 투여된다고 할지라도 미적 아름다움을 지닌 건물이 될 수 있도록 조치했다.

1990년대까지 직사각형 모양의 흰색 건물들로 일관되어 마치 병원 같은 인상을 주었던 전주대는 이 총장이 20여 동의 건물을 리모델링하거나 신축하면서 디자인감각을 발휘함으로써 전혀 새로운 모습의 캠퍼스로 변신하게 되었다.

그러나 마지막 하나, 전주대 캠퍼스에서 최첨단 시설의 혜택을 누리지 못하는 불모지가 있다. 바로 총장과 부총장, 그리고 처장들을 비롯한 핵심직원들이 근무하는 대학본부와 교수연구동이다.

상징적인 의미에서 외형을 꾸민다한들 누가 뭐랄 사람이 없을 것인데도 대학본부에 대한 투자는 후순위로 밀려나 있다. 집무도 해야 하고 손님을 접견해야 하는 공간이지만, 직접 교육이 이루어지는 강의실과 연구실 투자를 우선순위로 생각하는 이 총장의 고집 때문이다.

새로운 게임메이커의 등장

40대 리더의 탄생

발로 뛰는 세일즈 총장

이남식 총장의 임명을 둘러싸고 전주대 내부에서는 교수협의회를 주축으로 적지 않은 반발이 있었던 것이 사실이다. "낙하산 총장 물러가라"는 현수막도 내걸렸다. KAIST 후배로 전주대에 재직 중인 교수조차도 "선배만 아니었다면 1인 시위라도 할 생각이었다"면서 곱지 않게 바라보았다.

이 총장은 "마흔 여덟이라는 나이는 대학총장으로서는 가벼운 연륜이다. 또 나는 전주대를 한 차례도 방문해본 적도 없었다. 처음부터 호의적인 분위기를 기대하기는 어려울 것이다"고 생각했다.

그리고 마태복음에 나오는 "남에게 대접받고자 하는 대로 너희도 남을 대접하라"는 경영의 황금률을 떠올리며 발품을 팔기로 했다. 존중받고 싶은 만큼 남을 먼저 존중하라는 가르침대로 취임식이 치러지기 전에 교수들과 동문들을 일일이 찾아가서 만나고 의견과 협조를 구했다.

젊음을 바탕으로 발로 뛰는 세일즈 총장이 되겠으니 지켜봐달라고 부탁했다. 서로의 의견이 다르기 때문에 필연적으로 뒤따를 수밖에 없는 오해와 갈등 요소를 대화로 풀자고 제안했다. 다행히 많은 대화를 바탕으로 공감대가 형성되었다.

'전주의 세 총장'

이 총장은 40대의 젊은 총장이라는 세간의 눈길에 대해 조금은 부담감을 느끼고 있었다. 그러나 한 가지 다행이었던 것은 외롭지만은 않다는 것이었다. 이 총장의 취임보다 조금 앞서 이웃 전북대에도 40대의 두재균 총장이 선출되었다. 40대 리더그룹 탄생하자 언론이 주목하기 시작했다.

두 사람은 대학총장으로서는 약관(弱冠)이라는 점에서 대학 내부로부터는 기대와 질시를 한 몸에 받아야만 했고, 대학 외부로부터는 협력과 경쟁을 펼치는 라이벌로 자주 비교의 대상이 되곤 했다. 지방신문에 실렸던 '전주의 세 총장'이라는 칼럼을 읽어보자.

> 전북대 두재균 총장과 전주대 이남식 총장은 전북에서는 드물게 40대의 대학총장들이다. 그들은 공통점이 많다. 우선 젊다는 것이고 젊은 만큼 생각과 행동도 진취적이라는 점이 그렇다. 이들과 함께 도내 대학 최초로 대기업의 전문경영인 출신으로 화제를 모았던 우석대 김영석 총장도 무

척 흥미로운 요소를 가진 인물이다. 이미 공공연한 비밀이 되어버린 지방대학의 극심한 위기를 뚫고, 남다른 이력을 갖고 있는 이들 세 총장이 과연 어떻게 이 난관을 극복할 것인지는 초미의 관심사가 되었다.

이들 중 가장 먼저 등장한 인물은 전북대 두재균 총장이었다. 그의 등장은 그 자체가 충격이었다. 그의 야심만만함을 아는 이들은 많았지만 그렇게 빨리 대망을 이룬 것은 뜻밖이었다. 두재균 총장의 취임으로 전북대학교는 그야말로 박진감 넘치는 변화를 기대 받았다. 그의 당선에 대해서 신문에서는 "교수들의 변화에 대한 갈망과 학자이미지를 탈피한 새로운 총장상에 대한 기대가 여실히 반영"된 것이라고 썼다. 사람들은 거기서 시작되는 변화가 나아가 지역사회 전체를 뒤흔드는 속 시원한 반전으로 이어지기를 기대했다.

과연 두재균 총장은 특정사안에 대한 강력한 집중력과 지역사회에 대한 폭넓은 영향력을 보여주었다. 권위를 내세우지 않고 몸으로 뛰며 필요한 곳이면 어느 곳이든 찾아가는 그를 바라보며 사람들은 신선함을 느꼈다. 지난해 가을 발효식품엑스포의 대대적인 성공은 그의 성가를 한껏 드높였다. 그러나 문제는 그가 너무 지나치게 골 넣는 스트라이커의 역할을 즐긴다는데 있다. 지금 전북대 총장에게 요구되는 가장 적절한 포지션은 공격형 미드필더 정도가 아닐까. 적절하게 공을 배급하되 조직 전체를 공격적 성향으로 바꾸어, 궁극적으로는 그 사업의 작풍이 지역사회 전체에 영향을 미치게끔 하는 것이 아닐까. 하기야 4년 내내 골문만 지키다 만 골키퍼 총장보다야 백번 낫지만.

전주대 이남식 총장은 어떨까. 전주대학교는 지난해 10월 개교 40주년을 기념하며 이름도 생소한 '시민감사축제'를 열었다. 축제의 한마당에서 그는 교수들과 함께 직접 춤을 추고 노래 부르며 축제를 이끌었다. '지역대학, 지역사회에 기여하는 대학'의 기치를 들고 나서며 지역사회와의 연대 및 교류에 각별한 관심을 표방해온 이남식 총장에게는 회심의 이벤트였다. 더구나 그가 총장으로서는 보기 드물게 이벤트 연구의 전문가라는 점에서 더욱 이채로운 행사였다.

그동안 전주대와 재단이 지역사회와의 교통을 특별히 중시하지 않았다는 점에서 전주대의 변신은 관심을 모았다. 피상적인 관찰에 불과하지만 어쨌든 전주대의 노력은 매우 다양하게 나타나고 있다. 지역사회의 곳곳에 간섭하며 대학의 영향력을 키우고 있다. 총장은 때와 장소를 가리지 않고 직접 노트북을 들고 다니며 학교의 비전을 설파하고 있다. 그런 의미에서 이남식 총장은 두재균 총장보다는 처진 스트라이커이자 공격을 주도하는 게임메이커의 역할을 동시에 수행하고 있는 것 같다. 다만, 아직은 전체적인 조직력보다는 몇몇 선수들의 개인기에 의존하고 있다는 것이 문제.

그렇다면 마지막으로 우석대 김영석 총장은 어떨까. 가장 화려한 이력으로 세간의 이목을 집중시켰지만 안타깝게도 그는 지역사회에 본격적으로 얼굴을 내밀지 않고 있다. 우석대는 전주대에 비해 확실한 카드를 쥐고 있지만 문제는 그것말고는 달리 내세울 게 없다는 것이 문제인 대학이다. 가장 화려한 공격력을 보여줄 것으로 기대했던 김영석 총장은 어쩌면 흐트러진 수비조직력에 발목을 붙잡혀 있는 것인가.

-「새전북신문」, 2004년 1월 13일자

처진 스트라이커

총장은 게임메이커

'처진 스트라이커'는 축구경기에서 최전방 스트라이커보다 약간 뒤에 쳐져서 스트라이커를 지원하는 형태의 공격수 역할을 하는 선수를 영어로는 섀도 스트라이커shadow striker라고 한다.

처진 스트라이커의 역할은 최전방 공격수의 공격을 돕고 자신도 직접 공격하는 게임메이커라 할 수 있다. 처진 스트라이커로 대표적인 선수가 바로 브라질의 호나우딩요다.

호나우딩요는 상대 수비선수를 제치고 최전방에 나가있는 자기 팀의 히바우두나 호나우두에게 패스를 연결해줌으로써 골을 넣도록 하는 역할을 한다. 처진 스트라이커는 패스가 여의치 않거나 기회다 싶으면 직접 슛을 날려 골로 연결 짓기도 한다. 박지성은 맨체스터 유나이티드에서는 주로 윙백의 역할을 담당하지만 대한민국 국가대표로 뛸 때는 처진 스트라이커 겸 게임메이커 역할을 한다.

취임 초기의 이 총장을 처진 스트라이커이자 공격을 주도하는 게임메이커의 역할을 동시에 수행하고 있다고 평가한 것은 참으로 적절한 비유였다. 이 총장이 전주대의 변화와 발전을 위한 밑그림을 그리는 처진 스트라이커 역할과 함께, 변화와 발전을 주도하는 게임메이커 역할을 동시에 담당했기 때문이다.

그러나 축구경기와 마찬가지로 대학경영을 혼자서 할 수 있는 일이

아니었다. 대학경영은 전체적인 조직력을 갖추지 못하고 몇몇 선수들의 개인기에 의존해서는 승리할 수 없는 축구경기와 마찬가지였다.

이 총장은 취임 직후 전주대의 현황을 파악하면서 게임메이커로서 게임을 이끌고 갈 복안을 동료 선수들에게 가능한 한 빨리 전파해야 할 필요성을 절감하고 있었다.

취임 후 처음으로 새로운 학기가 시작하기 직전인 2003년 8월 21일 500여 명의 교직원이 한국소리문화의 전당 연지홀에 모여들었다. 이날은 취임한지 정확히 100일째가 되는 날이었다.

'전주대 비전 컨퍼런스'로 명명된 행사에서 이 총장은 "대학의 위기를 기회로 만들자"고 호소하는 한편, 향후 5년간의 전주대 발전 방향을 담은 비전을 선포했다. 국민소득 2만 달러 시대를 대비하고, 국가균형 발전차원에서 지역대학이 발전되어야 한다는 것을 전제로 6가지의 전략과 비전을 발표했다.

6가지 전략과 비전 제시

이 총장이 제안한 첫 번째 비전은 '특성화building identity'였다. 전주대는 지역대학이지만 세계적 대학으로 발돋움하기 위해서는 지역대표 학과 만들기는 물론 남들이 하지 않는 틈새 분야에 대한 특성화가 필요하다고 주창했다. 또한 교육과정도 특성화시키고 지역사회와 산업과의 연계를 통한 특성화, 캠퍼스라이프를 비롯한 문화적 특성화를 시켜나가자고 제안했다.

두 번째로 강조한 것은 '구성원의 화합organizational harmony'이었다. 전주대 구성원 모두가 한 가족이라는 생각으로 비전과 정보를 공유하자고 호소했다. 또한 의사결정과정의 명료화와 인사의 객관성 및 공정성을 약속했다. 그리고 개인과 조직의 역량을 강화하기 위해 리더십과 동료의식을 갖출 것을 요구했다. 특히 긍정적인 마인드, 솔선수범하는 적극적인 자세를 통해 전주대에 신바람을 불러일으키자고 제안했다.

세 번째로는 '캠퍼스 문화 만들기new campus culture'를 이야기 했다. 역동적인 캠퍼스 문화를 창조하기 위해 캠퍼스의 마스터플랜을 세워서 지역경제에 중심이 되는 대학, 동창이 함께하는 대학, 캠퍼스

생산성의 향상, 호텔과 같은 대학을 만들어 나가겠다는 의지를 표명했다.

네 번째로는 무엇보다 중요한 '재정 확보 방안fund raising에 대한 구상을 밝혔다. 견실한 경영을 통한 내부 유보 재정을 증대시키고, 향후 5년 동안 500억 원 규모의 대학발전 기금을 조성하겠다고 약속했다. 이남식 총장은 동문 100억 원, 기업 · 지자체 · 교계 100억 원, 중앙정부 100억 원, 대학 100억 원, 재단 100억 원 등 대학발전 기금 500억 원에 대한 세부 조달 계획까지 발표했다.

다섯 번째는 '대학본부 건물 활용 방안'에 대한 구상이었다. 대학본부 건물을 성경박물관이나 선교박물관으로 만들거나 전통체험박물관이나 운보-우향미술관으로 만드는 방안에 대해서 적극 검토해보자고 제안했다. 특히 전주가 맛의 고장이라는 점에서, 박물관이나 체험관이 들어서면 전주 최고의 레스토랑을 만들어서 한류 열풍에 따라 높아진 한국음식에 대한 세계적인 관심을 전주대가 선점하자는 아이디어도 내놓았다.

여섯 번째로는 '양질의 교육환경'을 갖추는 문제였다. 휘트니스센터Fitness center와 수영장, 스쿼시장, 골프연습장 등 종합 스포츠 시설을 갖추는 것은 물론, 대학로와 인접한 캠퍼스부지에 동문회관과 사회교육원, 컨퍼런스 시설 등이 들어설 수 있도록 노력하겠다는 것이다.

방관자에서 동반자로

처음 이 총장이 '전주대 비전 컨퍼런스'를 열고 전주대 발전을 위한 전략과 비전을 발표하겠다고 했을 때만 해도 교직원들의 반응은 무덤덤했다. 전주대 개교 40여년 만에 캠퍼스 이전을 제외하고는 이렇다 할 비전과 마스터플랜을 지녀보지 못한 교직원들로서는 당연한 반응이었다.

그러나 컨퍼런스에 참석해 있는 동안 교직원들의 얼굴 표정이 점차 밝아졌다. 새로운 비전, 새로운 전략들에 구체적 제안이 담겨있다는 것을 조금씩 감지할 수 있었기 때문이었다. 특히 자신이 내세운 제안들을 교직원들에게 수행하도록 명령하거나 지시하는 것이 아니라, 스스로 솔선수범하겠다는 이 총장의 강력한 의지 표명에 대해서는 박수가 잇따랐다.

취임 100일 만에 처진 스트라이커 역할과 함께 변화와 발전을 주도하는 게임메이커 역할을 동시에 담당하겠다는 자신의 제안이 받아들여지는 것 같아서 컨퍼런스를 이끌던 이 총장도 안도했다. 교직원들의 표정에서 방관자의 모습보다는 동반자의 모습을 읽어낼 수 있었기 때문이다.

"전북인이 되자!"

서울뜨기의 시골생활

이남식 총장은 자신의 이름이 지니고 있는 의미를 곰곰이 생각해보았다. 이남식(李南植)이라는 이름의 한자를 풀이하면 "남녘전주에 뿌리를 내리다"는 의미로 해석할 수 있었다.

처음부터 의도적으로 지은 이름은 아니지만 한국전쟁으로 인해 북한에서 피난 내려와 남한에서 뿌리를 내린 것도, 서울에서 전주로 내려와 경륜을 펼칠 수 있게 된 것도, 자신의 이름 속에 선견지명 같은 혜안이 담겨 있다고 생각되었다. 이 총장은 자신의 이름에 담긴 의미

가 부친의 뜻이라기보다는 하나님의 명령이라고 해석했다.

자신의 인생 대부분을 보냈던 풍요로운 서울을 떠나 낯설고 물 설은 전주에서의 생활은 하나님의 명령이라고 하지만 고난이었다. 대한민국 주류사회에 포함되어 있던 최고의 엘리트가 그동안 쌓아온 기반을 하루아침에 허물고, 지방 중에서도 가장 낙후된 전북에서 새로운 생활은 참으로 불편하기 그지없었던 것이다.

하물며 전라북도 전주는 서울과는 참으로 먼 곳이었다. 서울과 떨어진 실제거리로는 제주, 부산, 대구, 광주보다 훨씬 가까운 곳에 위치하고 있지만, 체감거리로는 전주가 가장 먼 곳이었다. 다른 도시들에는 항공이나 KTX 등이 교통편으로 활용될 수 있지만, 전주는 오로지 승용차나 고속버스로 이동해야만 하는 곳이었기 때문이다.

서울에서 나고 자란 이 총장이 지방인 전북으로 생활권을 바꾸면서 다가온 변화는 '불편함'이란 말밖에는 다른 어떤 말로도 표현할 수 없었다.

가장 먼저 꼽을 수 있는 것이 교통 문제였다. 교통문제는 경기도 지역은 물론, 중심지로부터 조금 만 떨어진 서울 외곽지역의 사람들조차 체감거리에서 느끼는 불편함을 호소하는 것이 일반적인 상황이 아니던가. 띄엄띄엄이라도 대중교통이 배차시간 되는 곳은 그나마 다행이지만, 아직도 대중교통편이 닿지 않는 곳이 많아 자가용 없이 이동하는 일은 생각보다 많은 인내심을 요구하는 것이 현실이다.

의료시설도 마찬가지다. 서울 변두리만 해도 넘쳐나는 피부과가 지방에서는 종합병원에서조차 별도의 진료과목으로 분리되어 있지 않고, 다른 과에 통합되어 있는 경우가 많다. 그나마 독립된 전문병원을 찾는 것은 포기해야 할 일인지도 모른다.

문화와 편의 시설의 부족은 더욱 심각하다. 예를 들어 백화점은 전국의 백화점 숫자를 다 합쳐도 서울 시내의 백화점 숫자에 못미치고 있는 형편이다. 금융권도 마찬가지다. 어디 그뿐이랴! 무엇 하나 배우려고 마땅한 사설 교육기관을 찾아보려 해도 하늘의 별 따기만큼 어렵다.

서울에 살던 보통 사람이 지방으로 옮겨가서 겪을 수 있는 불편함을 몇 가지만 살펴봐도 이럴진대, 주류사회를 이끌면서 잘나가던 사람인 이 총장에게 전라북도의 실제 생활이 주는 느낌은 어떠했을까?

> "서울에 사는 사람들은 지방의 문제가 뭔지 몰라요. 저도 전주에 내려가기 전까지는 크게 다르지 않았지만요. 수도권과 지방사이의 문화 ? 환경 · 의료 · 교육 등 삶의 질의 격차는 생각보다 굉장히 큽니다. 그래서 지역의 토박이들조차 고향을 버리고 서울로 향하게 되는 거죠."

이 총장은 지금까지 막연하게 가지고 있던 지역격차의 문제들을 전주대 총장으로 부임해서 몸으로 체득하게 되었다.

"무언가를 스스로 만들어간다는 게 얼마나 힘든 일입니까? 그러다 보니 지방에 사는 사람들은 스스로 지역을 바꿔보겠다는 의지가 생기기보다는 이미 잘 만들어진 곳으로 옮겨가는 편을 택하는 거죠."

지역에서 태어난 사람이 그 안에서 성장하여 뿌리를 내리고 살 수 있는 터전을 마련할 수 없다는 지역의 대학도 설자리를 잃을 수밖에 없다는 사실을 그는 전주에 내려와 거듭 확인하게 된 것이다.

> 총장 취임식에 앞서 24일 기자간담회를 가진 전주대 이남식 총장은 지역 친화적 대학을 거듭 강조해 눈길을 끌었다. 전주시장과 전주시민들에게 전주대를 전주시립대로 생각해달라고 부탁하겠다는 말한 것도 같은 맥락에서다.
>
> **-「전북일보」, 2003년 4월 25일자**

지역의 서포터즈가 되자

이 총장은 전주대를 지역 친화적 대학으로 만들기 위해서는 스스로가 전북인이 되어야한다고 마음먹었다. 정치인들이 선거를 앞두고 주소지를 옮기는 방식이 아니라, 사고방식과 행동거지를 철저히 전북인의 의식구조와 밀착시켜 나가겠다고 결심한 것이다. 물론 주민등록도 전주로 옮겼다.

이 총장은 지역사회가 대학으로부터 원하는 것이 무엇인지 귀담아 듣고, 경제를 살릴 수 있는 방법을 함께 모색하고, 그것을 키워갈 핵심 인력을 양성하고. 그의 머릿속은 지역과 대학을 살리기 위한 구상들로 하루하루 바쁘게 돌아가고 있었다.

그러던 2005년 여름 어느 날, 새벽예배를 마치고 집에 돌아온 이 총장은 거실 테이블에 성경책을 내려놓고 곧장 서재로 향했다. 지난밤도 자는 둥 마는 둥 한 탓에 오늘 일정을 치러내려면 잠깐이라도 눈을 붙여야 한다고 생각했지만, 생각과는 달리 몸은 어느새 책상 앞에 자리를 잡고 있었다.

그는 골똘하게 생각에 잠겼다. 전라북도에는 모두 21개의 대학이 있다. 이들 대학의 입학정원을 모두 합치면 2만4,000여 명이다. 지난 2001년 전북 지역 고교 졸업생의 숫자는 3만2,000여 명이었다. 그러나 4년이 지난 2005년 현재 고등학교 졸업생 수는 2만3,000여 명에 불과했다. 대학 입학정원은 변함이 없지만, 고교 졸업생의 수는 4년 전과 비교해 4분의 3 이하로 줄어들었다. 결국 전북 지역의 고교 졸업생 모두 대학 진학을 희망한다 해도 대학 입학정원을 채울 수 없다는 의미이다. 전주에 둥지를 튼 지 2년여, 그는 어느 때보다 문제의 심각성을 절감하고 있었다.

"대학이 경쟁력을 갖기 위해서는 지역을 활성화해야 한다. 지역이 활기를 띠어야 대학이 살아날 수 있다."

부임 이후 그는 줄곧 '대학과 지역의 공생'을 위한 혁신적인 시도들을 해왔다. 이러한 노력은 학교 안팎에 긍정적인 변화의 바람을 몰고 왔고, 지역 주민과 전주대에 희망을 갖게 만들었다. 그 결과 대학에 진학하고자 하는 전북지역의 학생 수가 급격하게 감소하는 상황에서도 전주대는 오히려 4대1에 가까운 경쟁률을 보일 정도로 학생들의 지원이 증가하고 있다. 이 총장이 부임한 이후 대학의 경쟁력과 브랜드 가치가 높아졌음을 입증하는 결과였다.

그러나 그것만으로 만족할 수는 없었다. 대학과 지역을 함께 엮을 수 있는 더 강력한 무엇이 있어야 했다. 대학이 지금까지 쌓아온 마일리지를 가지고 지역의 싱크탱크 역할을 제대로 해내야 지역 경제가 더욱 탄력을 받고 살아날 수 있을 것이었다. 이 총장은 좀 더 능동적이고 적극적인 방법을 모색할 필요성을 느끼고 있었다.

그는 이 문제를 가지고 몇날며칠 밤잠을 설치고 있는 중이었다. 지난밤도 역시 이 문제를 끌어안고 있었다. 메마른 안구가 팍팍하게 조이는 느낌이 들었다. 이 총장은 냉장고에서 물을 꺼내 한 모금 마시고는 식탁에 놓여 있는 신문을 가지고 다시 책상 앞에 자리를 잡았다. 실효를 거두지 못하는 부동산 정책을 비판하는 내용으로 정치면이 가득 메워져 있고, 그 한 편으로는 부동산 거품론에 주목해야 한다는 사설이 실려 있다. 평양을 방문 중인 정동영 통일부 장관의 불발될 뻔 했던 김정일과의 면담 소식, 날짜, 그리고…. 머리기사들을 대강 훑고 신문을 덮으려는 순간 이남식 총장의 눈에 돋보기를 갖다 댄 듯 크게 들어오는 기사 하나가 있었다.

"소득 3만 달러 시대, 여성 벤처인들이 앞당기도록 우리가 응원한다."

여성 벤처기업의 성장을 돕기 위해 사회 각계에서 활동하는 실무진들이 서포터즈 발대식을 가졌다는 내용이었다.

'서포터즈.'

'앞당긴다.'

그의 시선이 이 대목에서 한참을 머물고 있었다.

"대학이 지방자치단체의 서포터즈가 된다? 그래, 지역의 발전을 앞당기도록 우리 대학이 응원하는 거야!"

왜 진작 그걸 생각하지 못했을까? 그동안 지자체에서 추진하는 일들에 누구보다 관심을 가지고 지원해온 그였다. 그러나 공식적으로 대학이 서포터즈를 꾸린다면 지금보다 훨씬 체계적으로, 그리고 실질적으로 접근할 수 있을 것이다. 그의 생각이 바쁘게 움직여나갔다.

이러한 그의 생각은 2006년 4월 전주대 전체 전임교원이 참여하는 '전주대 지역혁신지원단'이라는 대학 내 유래 없는 단체를 탄생시켰다. 이것은 대학이 지역의 지식기반센터로서 학내 인력과 연구시설을 지방 정부의 정책을 뒷받침하는 데 지원하겠다는 선언과도 같은 것이었다.

-『희망, 함께 사는 대한민국』, pp.205-209

스스로 전북인이 되려고 마음먹고, 전주대인 모두가 전북을 위한 서포터즈가 되기로 결심하자 거칠 것이 없었다. 이 총장은 전북 출신이 아니면서도 어떤 전북인보다도 전북인스러운 역할을 수행하고 있다.

전주시 지역혁신협의회 공동의장, 전북도 지역혁신협의회 공동의장을 맡아 지역사회에 봉사하는 것은 물론, 사단법인 한지산업기술발전진흥회장, 남원세계허브산업엑스포 조직위원장, 전주세계난산업박람회 조직위원장, 익산돌문화프로젝트 조직위원장, 전주한지문화축제 조직위원장, 실버미인선발대회 대회장 등을 맡아 전북지역 문화예술발전의 견인차로서의 역할을 도맡고 있다.

작은 물길이 모이면 거센 강물을 만들 수 있듯이 '대학과 지역의 공생' 이라는 과제를 함께 풀어나가기로 의견을 모으니 성원과 지지가 잇따른 것이다.

기독교대학의 원형을 만들자

기독교정신 구현을 위해 학원복음화운동에 매진하기를 바라는 하용조 이사장의 뜻에 따라 이남식 총장은 기독교대학의 원형을 만들겠다는 꿈을 하나씩 일궈나가고 있다.

이 총장은 언제나 전주대가 하나님의 은혜를 주변에 전하는 대학, 졸업생과 재학생 모두가 세상의 '빛과 소금'이 되는 대학, 성령이 임재하는 대학으로서 기도하는 대학이기를 소망한다.

열린 채플

전주대에서 진행되고 있는 채플은 열린 채플로 유명하다. 채플은 학생들로 하여금 주님의 자녀로 거듭나게 하고 그리스도의 향기를 갖고 세상을 향하여 나아가 빛과 소금의 사람이 되게 함으로써 기독교 대학으로서의 사명을 다하기 위해 진행된다.

신자와 불신자, 헌신자와 초신자들이 함께 채플을 드리기 때문에 발생하는 신앙의 평균하향의 문제를 극복하고 기신자와 헌신자들을 대상으로 '부흥채플'을 실시하여 예배의 부흥을 꾀하며, 불신자 중심의 '열린 채플'을 통해 보다 효과적으로 복음을 전할 수 있게 한다.

특히, 부흥채플은 신자 중심의 예배이기 때문에 캠퍼스를 위해 중보하고 열린 채플의 비신자 학생들을 중보하는 역할을 한다. 또한 직장인들과 야간학생들을 위한 인터넷채플과 테마채플이 진행된다. 앞으로 영어채플과 중국어 채플도 개설할 예정이다.

부흥채플은 워십찬양을 통한 찬양문화를 고양시키고, 기도를 통한 신앙의 열정을 키우며, 말씀 강조를 통해 신앙을 성장시키며, 삶의 문제를 터치하는 예배를 지향한다. 방송국 같은 산뜻한 분위기 속에서 개최되는 열린채플은 주제 있는 문화공연 등을 통해 환영받는 예배가 되도록 만들어 나가고 있다.

채플은 학생과 교직원의 영성을 강화함으로써 기독교 대학으로서 정체성 확립과 선교 마인드에 대한 확고한 의지와 인식을 확대함으로 찬양과 복음이 충만한 캠퍼스를 조성하고, 비전에 대한 열정을 회복하는데 기여하고 있다.

전북지도자홀리클럽 재창립

지역사회에서 기독인들의 빛과 소금의 역할을 다할 수 있도록 크리스천 지도자들이 앞장서 기도와 삶의 모범을 보이자는 취지아래 2001년 창립된 전북지도자홀리클럽은 한동안 휴면상태에 놓여있었다.

이를 안타깝게 여긴 이남식 총장은 2006년 10월 홀리클럽을 재창립하고 회장직을 맡았다. 스스로 전북인이 되겠다는 이 총장의 생각이 전북지도자홀리클럽의 재건을 가능케 했다.

홀리클럽은 그리스도인으로 부름 받은 우리 기독교 평신도 지도자

들이 예수님의 지상명령인 “내가 너희에게 분부한 모든 것을 가르쳐 지키게 하라”(마태 28:20)는 말씀에 따라 각자의 영역에서 빛과 소금의 역할을 감당하여 솔선수범하는 기독교윤리 실천자로서 정신적인 구심점역할을 담당하고 있다.

이남식 전주대학교 총장을 비롯, 김동건 원로 목사, 박규선 전라북도교육위원회 의장, 박삼봉 전주지방법원 법원장, 송영선 진안군수, 정장복 한일장신대학교 총장, 서광수 예수대학교 총장, 김영만 전주비전대학 총장, 손호상 기독교전북방송 본부장등 30여 명의 기관장들이 매주 목요일 오전 7시에 열리는 목요기도회는 2007년 3월 시작되었다.

목요기도회에서는 강연과 조찬기도회를 통해 기관들의 유대관계와 신앙적 도전과 영적인 교류, 전북의 성시화와 전북 발전을 도모하고, 질서 바로 세우기 및 도덕성 함양 운동을 위한 노력을 기울여 왔다.

총장은 경영자가 아니라 디자이너다

"맑은 물로 너희에게 뿌려서 너희로 정결케 하되 곧 너희 모든 더러운 것에서와 모든 우상을 섬김에서 너희를 정결케 할 것이며, 또 새 영(靈)을 너희 속에 두고 새 마음을 너희에게 주되 너희 육신에서 굳은 마음을 제하고 부드러운 마음을 줄 것이며, 또 내 신(神)을 너희 속에 두어 너희로 내 율례를 행하게 하리니 너희가 내 규례를 지켜 행할찌라.(에스겔 36:25-27)"

소비자를 감동시키는 디자인

2006년 8월 30일 오전 8시 서울 소공동 삼성그룹 28층 회의실에서 윤종용 부회장삼성전자 대표이사, 이학수 부회장 등 삼성그룹 임원 50명을 대상으로 특강이 실시되었다. 강사는 이남식 총장이었다.

대한민국 최고의 기업을 넘어 세계 최고의 기업들과 어깨를 나란히 하고 달려 나가는 기업인 삼성그룹의 최고위직 임원들을 대상으로 펼쳐진 특강에 국내 유수의 대학 총장이 아닌 지방대 총장이 강사로 초청받는 경우는 그리 흔한 일이 아니었다. 그만큼 이 총장과 전주대의 브랜드 가치가 높아진 것.

특강의 주제는 '창의력과 디자인'이었다. 이 총장은 "기업이 세계적인 경쟁력을 갖고 초일류가 되기 위해서는 좋은 아이디어로 새로운 바람을 일으켜야 한다"고 전제하고, "창의력이 발휘되는 시대에 양보다는 질적으로 우수한 제품을 만들기 위해서는 소비자를 감동시키는 디자인이 필수적이다"고 강조하며 다양한 사례를 들어 세계적인 트렌드를 설명했다.

이 총장은 좋은 아이디어로 전주대에 새로운 바람을 일으켜야 한다고 생각했다. 또한 질적으로 우수한 인재를 배출해야 하고 우수한 연구결과를 내놓아야 한다고 생각했다. 그리고 학생과 학부모는 물론, 지역사회와 국가를 감동시켜야 한다는 과제를 해결해야 한다고 생각했다.

경영자 총장, 디자이너 총장

지성과 덕망보다 경영능력이 우선

교육이 국가발전의 명운을 좌우하고 교육의 핵심이 대학에 있다고 하지만, 지방대학들이 처해 있는 현실은 우선 당장 살아남기 전략을 세우는 일도 버거울 정도로 어려운 상황이었다. 대학들은 양적 팽창과 취약하고 부실한 재정구조, 일부 비효율적인 행정체제와 학사운영, 급감하는 학생 수, 낮은 취업률, 거센 대학 간 구조조정 바람 등으로 위기를 맞고 있다.

특히 지방대학의 가장 큰 어려움은 입시자원의 감소와 재정난이었다. 1980년대까지 양적 팽창을 거듭해온 대학들은 1990년대에 접어들면서 학령인구의 감소로 위기를 맞고 있었다. 특히 지방대학들이 겪는 문제는 더욱 심각했다.

그러나 인구감소 구조를 대학이 해결할 수는 없는 일이었다. 대학들은 다른 지역에서 더 많은 학생들이 올 수 있도록 매력적인 학교를 만들고, 해외 학생들을 끌어들이는 개방 전략을 적극적으로 모색할 수밖에 없는 상황에 놓이게 되었다. 부실한 재정구조 역시 대학들이 쉽게 타개할 수 있는 문제는 아니었다.

바야흐로 변화와 혁신을 통해 위기를 극복하고, 국제경쟁력을 갖춘 경영 마인드와 경영 능력이 검증된 'CEO형 총장'이 필요한 시대가 온 것이다. "총장도 CEO가 돼야 대학을 살린다"는 명제 아래 대학마다 총장 선임의 최우선 조건으로 '경영 능력'을 내걸었다.

지성과 덕망도 여전히 중요하지만, 대학 재정난과 대학의 역할 변화에 따른 총장의 역할을 더욱 중요시하기 시작한 것이다.

"대제학 하나가 삼정승에 못지않다"

대학총장은 조선시대 관직에 비유하면 대제학(大提學)과 비슷하다. 직급으로만 보면 대제학은 관학계(官學界)를 공식적으로 대표하는 직위로 학자로서 최고의 명예로 여겨졌다. 품계는 6조판서와 동등한 정2품이었지만 판서보다도 높은 대우를 받았으며 사회적 존경도를 따지면 삼정승에 맞먹는 영예로운 자리이기도 했다.

온 나라의 학문을 바르게 평가하는 저울이라는 뜻으로 '문형(文衡)'이라고 평가를 해 "대제학 하나가 삼정승에 못지않다"는 말이 있기도 했다. 그러나 상황은 변했다. 대학총장에 대제학형(型) 교수 출신 외에 재계 및 관계 출신인 이른바 CEO형들이 속속 임명되기 시작한 것이다.

삼성그룹과 전경련 부회장 출신의 손병두 서강대 총장을 비롯, 체신부장관과 건설교통부장관·과학기술부총리를 역임한 오명 건국대 총장, 정보통신부장관과 한국통신 사장을 역임한 이상철 광운대 총장 등은 대표적인 외부 영입 CEO형 총장이라 할 수 있다.

교수 출신 CEO형 총장도 있다. 어윤대 고려대 총장, 송자·정창영 연세대 총장, 이경숙 숙명여대 총장 등이 그들이다. 또한 설립자가 직접 총장직을 맡은 경우로는 이길여 경원대 총장을 들 수 있다.

어윤대 고려대 전 총장은 재임기간(2003~2007년) 동안 3,500억 원이 넘는 발전기금을 모금, 고려대 발전의 견인차로서의 역할을 담당했다. 이경숙 전 숙명여대 총장은 1994년 이후 14년 동안 숙명여대 총장으로 재임하며 1,000억 원을 모금해 대표적인 CEO 총장으로 불렸다.

'디자인 경영'의 본격적 실험

그러나 이 총장은 CEO형 대학총장으로 만족할 수 없었다. "대학도 경영해야 산다"는 의미에서 CEO형 총장이 대세를 이루고 있다고는 하지만, 기업과 대학은 분명 다르다고 생각했다.

기업은 이윤극대화라는 목표를 얼마나 달성했나에 초점을 맞춘 조직이지만, 대학은 조직문화의 습성상 과정을 중요시하는 조직이기 때문이다. 대학은 인재 양성부터 교육, 연구 등 다양한 목표들을 지니고 있으므로 변화와 개혁을 아우르는 디자이너 총장이 되어야 한다고 생각했다.

이 총장은 전주대에 새바람을 불러일으키는 밑그림을 직접 그려나갔다. 서울대를 나와 국제디자인대학원대학교 부총장을 지내기도 했던 경험을 바탕으로 전주대 총장에 취임하자마자 UI시스템을 개편했다.

'See, Feel & Change'란 캐치프레이즈를 내걸고 전주대의 변화를 주도했다. '디자인 리더십design leadership'의 선두 주자인 이 총장에 의해 전주대 경영에 '디자인 경영'이 본격적으로 실험되기 시작한 것이다.

이 총장의 '디자인 경영'은 일반적으로 기업에서 행해지고 있는 디자인 경영과는 차원과 의미가 달랐다. 기업들이 생산제품에 디자인요소를 강화한 1차원적 디자인 경영을 펼치고 있다면, 이 총장은 구성원들의 마음가짐과 시스템을 변화시킴으로써 조직의 현재뿐만 아니라 미래까지도 바꿀 수 있도록 만드는 3차원적 디자인 경영을 구상하고 있었다.

결과론적 해석이지만 전주대가 단기간 내에 전국적으로 주목받는 대학으로 발돋움할 수 있었던 것은 이 총장의 리더십에 힘입은 바 크다. 그렇다면 이 총장의 리더십은 어디에서 비롯되는가를 살펴볼 필요성이 있다. 그것을 한마디로 요약하자면 '창의적 도전 정신'이었다. 이 총장은 창의적 도전정신의 발휘를 위해 자신 스스로에게 마인드 컨트롤mind control을 걸었다.

이러한 마인드 컨트롤을 바탕으로 '도전 경영학' 또는 '변화 경영학'이라 불러도 좋을 이남식 총장의 '디자인 경영'이 본격화 되었다. 이 총장은 전주대를 변화와 혁신으로 이끌기 위해 세 가지 측면에서의 디자인을 구상했다.

첫째는 마인드 디자인Mind design이었다. 마인드 디자인의 핵심은 비전의 제시와 공유에 있었다. 둘째는 시스템 디자인System design이었다. 시스템 디자인은 연구와 교육활동을 펼치기에 부족함이 없도록 캠퍼스의 하드웨어와 소프트웨어를 갖추는 일이었다. 그리고 셋째는 미래 디자인Future design이었다. 교수·교직원·학생·동문·지역사회가 함께 소통하면서 전주대라는 조직과 개인의 미래를 디자인하는 일은 매우 중요했다.

마인드 디자인-비전을 제시하다

2000년대에 들어와서 한국의 대학 총장들은 한결같이 CEO총장을 자임했다. 이남식 총장도 예외는 아니었다. 그러나 이 총장은 곧바로 생각을 바꾸었다. 최고경영자를 의미하는 CEO보다는 최고비전책임자인 CVO가 되기로 결심한 것이다.

당장 명함에 적어 넣는 영문 표기를 CEO나 President 대신 CVO로 명기했다. 그리고 교직원과 학생들에게도 전주대에 비전을 불어넣는 전도사로써 최고비전책임자가 되겠다고 선언했다.

JEONJU
UNIVERSITY

Nahm Sik Lee, Ph.D.
CVO

Hyoja-dong, 3Ga 1200
Jeonju, 560-759, Korea
Phone 82·63·222·1012
Fax 82·63·220·2020
Mobile 011·1234·4567
nahmlee@jj.ac.kr

대부분의 리더들은 본인을 CEO(Chief Executive Officer)라 한다. 하지만 나는 우리 대학교에 새로운 비전을 제시하는 선도자로서 CVO(Chief Visionary Officer)라 표현하곤 한다. 내가 느끼는 오늘날의 리더상은 구성원들에게 끊임없이 새로운 비전을 제시하고, 또 그 비전을 실현하는 노력을 보여야 하기 때문이다.
또한 구성원들은 그 비전을 쫓아 부지런히 땀 흘리며 달려 나가야 그 조직이 발전하고 진화하게 된다. 교육도 마찬가지 논리이다. 진정한 사표는 학생들에게 끊임없이 비전을 제시해 주고 새로운 희망을 주어야 한다. 물론 학생들도 부지런히 땀 흘리며 달려 나가야 하는 것은 당연하다.

–「매산고 교지」, '나의 직함은 총장이 아니라 CVO', 2009

그렇다면 도대체 비전이 무엇이기에 대학 총장이 이처럼 강조하고 나섰을까? 과연 대학에 있어서 비전이 필요한 이유는 무엇일까에 대한 해답을 찾아볼 필요성이 있다.

21세기는 인류의 역사에서 유례를 찾아볼 수 없을 정도로 격심한 변화와 경쟁에 직면해 있다. 기업은 물론 대학도 변화와 경쟁의 거센 물결 속에서 존재감을 확인하기 위해 안간힘을 쓰고 있다.

기업들은 세계화, 무역장벽의 철폐, 무한경쟁, 정보기술의 발전, 사업기회의 단축, 제품과 서비스의 과잉공급, 선택기회의 다양화, 고객의 기대상승, 참여경영, 자율 작업 집단, 기술 및 인력에 대한 투자 압력 등 기업 내부 환경과 외부 환경의 변화요구에 직면해 있다.

한국의 대학들 역시 학생의 감소, 재정난, 취업난으로 인해 특성화를 통한 생존을 위해 어떤 극적인 조치를 취해야 할 필요성을 절감하고 있다.

때문에 대학들은 "낡은 구조와 문화 그리고 운영방식을 부수어 버리고 기초부터 재창출해 나가는 대학만이 구원을 얻을 수 있다"는 인식이 마치 복음처럼 확산되어 왔다. 대학들은 이러한 인식을 바탕으로 대학경영혁신을 위한 다양한 노력들을 경주해 왔다.

대학들은 저마다 경쟁에서 낙오하고 도태될 수 있다는 위기감 때문에 기업들이 펼쳐 오던 글로벌 지향 경영, 리엔지니어링, 리스트럭처링, 벤치마킹 기법을 도입하려고 안간힘을 썼다.

그 대표적인 것 중 하나가 바로 비전Vision을 내세우는 것이었다. 비전이란 '현실성 있고 매력적인 조직의 미래상'으로서, 조직이 도달하고자 하는 종착지라 할 수 있다. 한 마디로 말해서, 비전은 조직의 미래의 청사진을 의미했다.

그러나 구성원들은 조직의 비전을 통해 각자의 비전이 실현될 수 있다고 믿을 때에만 조직의 비전을 달성하기 위해 모든 노력과 에너지를 쏟는다. 때문에 조직의 비전은 구성원의 비전과 방향성이 같아야만 한다. 조직은 발전하면서 구성원은 발전하지 못한다면 비전은 이내 시들어질 것이기 때문이다.

따라서 유능한 리더들은 가능하고도 바람직한 새로운 비전을 찾기 위해 도전을 무릎 써야 하는 한편, 구성원들에게 비전을 전파시키며,

새로운 비전에 적극적으로 참여하여 비전의 실현을 위해 자신이 지닌 자원과 에너지를 기꺼이 쏟도록 설득해야만 한다.

이 총장이 전주대에 누구나 공감할 수 있는 새로운 비전을 제시키로 한 이유가 여기에 있었다. 변화는 전략이 아니라 사람이 하는 일이라는 신념을 지닌 이 총장은 취임과 동시에 전주대의 비전 제시를 통해 변화를 일깨우고 싶었던 것이다. 그리고 전주대에서의 비전 전파는 급격하게 이루어졌다.

수퍼스타를 키우는 곳 The Place for Superstars, JJ

대학의 브랜드가치를 높이자

대학 구조조정의 강도를 높이면서 경쟁력이 없는 대학들엔 합병이나 퇴출조치를 불사하겠다는 교육부의 으름장도 한 몫 했지만, 코앞에 닥친 교육시장 전면 개방과 인구감소에 따라 불가피해진 학생 수 감소현상에 대비한 자구책 마련은 대학들마다 안고 있는 절체절명의 과제였다. 이젠 지방대와 전문대는 특성화가 아니면 살아남을 수 없게 되었고 명문대도 예외는 아니었다.

대학은 이제 안으로 밀고 들어오는 외국 명문대학들과 맞서고 밖으로 빠져나가는 우수 학생을 유치해야 명성을 유지할 수 있게 되었다. 학문의 전당에 성역이 없어진 상황에서 가만히 앉아서 학생을 기다리는 고루한 대학에 생존은 보장되지 않는다. 고차원의 '지적 서비스'를 고객인 학생들에게 제공하겠다는 기업적 마인드가 필요했다.

이에 따라 국내의 상당수 사립대학들은 세계 유명 대학들처럼 새로운 UI University Identity를 만들어 대학의 브랜드 가치를 높이는 작업에 돌입했다. 심지어 국내에서는 타의 추종을 불허하며 독주하던 서울대도 UI 변경을 결정했다는 소식이 들려왔다.

하지만 전주대에는 겨우 심벌마크 Symbol Mark만 존재했지 UI에 대한 기본적인 개념조차 정립되지 않은 상황이었다. 이남식 총장의 비전 제시는 대학 정체성을 만드는 작업, 즉 UI변경 작업으로부터 시작됐다.

물론 심벌마크 하나를 바꾸거나 UI를 바꾸는 일만으로 얻을 수 있는 효과는 제한적일 수밖에 없다. 중요한 것은 조형적 차별화를 넘어선 '전략'이었다. 눈으로 보이는 것을 통해 보이지 않는 변화의 모습을 표현하고, 수요자인 예비 대학생들에게 체감되어 매력적인 브랜드로 각인되는 것이 대학들이 실시하는 UI 리뉴얼 renewal 전략의 목표였다.

가치창조를 위한 UI 리뉴얼renewal

개교 40주년을 목전에 두고 있지만 기존의 전주대 심벌마크는 보수적이고 전통적인 이미지를 탈피하지 못하고 있었다. 전주대가 표방하는 캐치프레이즈 역시 '호남 제일의 기독교 명문 사학', '한국 선교의 역사를 이어가는 대학', '아시아와 세계를 향해 새 시대 새 역사를 열어가는 대학' 등 뜬구름 잡는 식이었다.

이 총장은 지역적 열세에서 오는 문화적 소외는 차치하고라도, 스스로 자신감을 표출해내지 못하는 분위기와 이미지가 대학 발전의 가장 큰 걸림돌이라고 생각했다. 변화와 혁신을 담으면서, 젊고 진취적인 시각적 아이덴티티가 필요했다. 전주대는 지역적 한계보다는 특색에 주목하고 '예향'이라는 전주의 가치를 살려 지역에서 인정받고 기여하는 것이 중요하다고 판단했다.

특히 총장으로 부임하자마자 신선한 바람을 일으키면서 언론의 주목을 받았지만, 자신이 원하는 변화는 아직까지 제한적인 범주 내에서만 일어나고 있었다. 1만2,000명의 구성원들을 변화에 동참시키고, 전주대가 지니고 있는 기존의 보수적인 이미지를 탈피해서 젊고

수퍼스타를 키우는 곳
전주대학교

진취적인 이미지로 변신하기 위해서는 시각적 커뮤니케이션으로 승화시킬 필요성이 절실했다. 또한 UI 개발 과정을 통해 그는 조직 구성원들의 의식에 변화를 일으킬 수 있다는 점에도 주목했다.

취임 반년만인 2003년 11월 이 총장은 전주대의 새로운 UI시스템을 확정했다. 이처럼 서둘러서 UI시스템을 만든 이유는 한 해 뒤인 2004년은 전주대가 개교 40주년을 맞게 되어 새로운 비전과 차별화된 교육 지향점을 효과적으로 표현할 필요성이 있었기 때문이었다.

비전의 시각화

이 총장은 UI시스템이 비전을 시각화visualize하고 가치를 창조value creation하는 지름길이라고 생각했다. 또한 UI 개발 과정을 통해 조직 구성원들의 의식에 변화를 일으킬 수 있다는 점에도 주목했다.

구성원들이 대학의 비전과 과업을 함께 숙지하고 공유함으로써 외부에는 전주대의 이미지를 개선하는 효과를, 내부 구성원에게는 긍지와 자부심을 회복시키는 계기를 마련할 수 있기를 기대한 것이다.

뜬 구름 잡는 식의 슬로건도 '수퍼스타를 키우는 곳The Place for Superstars, JJ'으로 바꾸었다. 기존의 지방대학 이미지에서 벗어나서 학생과 지역사회 주민에게 신선하고 친근한 관계 형성이 가능하도록 커뮤니케이션 명칭을 'JJ University'로 결정하면서 자연스럽게 도출된 슬로건이었다.

또한 UI의 핵심 요소인 심벌마크도 다른 대학들과 차별화되는 현대적 디자인 시스템을 도입해, 전주대의 이니셜인 JJ를 미래로 가는 문을 형상화 한 독특한 사각형에 담아 학생들 각자의 미래비전을 상징하는 수퍼스타 형상과 자연스럽게 결합시켰다.

전주대의 UI시스템은 대학 특유의 창의성 및 개성이 배어날 뿐만 아니라, 대학 최초로 브랜드적인 관점에서 내부 및 외부 고객이 선호하는 이미지를 구축하기 위한 종합적인 시스템을 도입했다는 점에서 다른 대학을 선도하는 사례로 평가받았다.

'수퍼스타를 키우는 대학'이라고 이야기하자 곧바로 수퍼스타가 무엇을 의미하는지 궁금증을 나타내는 사람이 많았다. 어떤 사람은 예수그리스도의 최후의 7일간을 연극 형식으로 선보인 록 오페라 'Jesus Christ Superstar'를 떠올렸고, 어떤 사람은 연예인들을 일컫는 수퍼스타를 떠올리기도 했다.

'수퍼스타를 키우는 대학'의 SUPER는 '영성강화Spirituality', '사회공헌 극대화Usefulness', '차별화된 특성화Peculiarity', '지속적인 교육 혁신Education', '충분한 자원 확보Resources'의 첫 글자를 따서 만들었다.

'영성강화'는 하나님이 주시는 비전과 꿈을 품고 학생, 교수, 교직원이 화해와 일치를 이루며 매사를 긍정적으로 생각하고, QT로 하루를 시작해서 영적 성숙을 이루고 믿음으로 서로 격려하고 축복하라는 뜻을 담았다. 기독교 대학으로서 전주대의 역할과 사명을 분명히 하

자는 제안이었다.

'사회공헌 극대화'는 적극적인 사회공헌으로 지역과 사회의 지속가능성을 창출하고, 지역사회의 dream-maker, idea-giver, problem-solver로서의 역할을 충실히 수행하자는 다짐을 담았다.

'차별화된 특성화'에는 지역과 시대에 부응하는 차별화된 특성화로 대학의 경쟁력을 높이고, 환황해권을 주도할 국제화 거점 대학을 꿈꾸자는 비전의 제시였다.

'지속적인 교육 혁신'은 입학 전부터 졸업 후까지 생애개발 및 산학협력에 기반을 둔 실용연구를 선도함으로써 교육만족도 최고의 대학을 지향하자는 뜻을 정리했다.

'충분한 자원 확보'는 대학의 사회적 책임이라는 관점에서 이해관계를 정확히 식별해서 그들의 만족 및 가치 극대화를 위해 헌신할 수 있도록 충분한 자원을 확보해서 고품격 서비스를 제공하자는 다짐이었다.

'수퍼스타를 키우는 대학'이라는 슬로건을 처음 내걸었을 때만 해도 지역사회에서는 물론 대학 내부 구성원들조차 냉소적인 분위기를 표출했던 것이 사실이다.

그러나 7년이 지난 지금, 전주대는 지역사회 고등학생들 사이에 Star대학이라는 분명한 위상을 확보했다. 전라북도 소재 대학들 중 최고의 교원임용고시 합격률을 비롯해서 최고의 취업률을 자랑하는 대학으로 발돋움했기 때문이다.

'변화Change'에서 '일치Reconciliation'까지

변화는 마인드 디자인의 핵심

이 총장은 마인드 디자인의 핵심이 '변화change'라고 생각했다. 그러나 처음부터 변화가 이루어 질 수는 없는 일이었다. 리더가 아무리 변화를 외친다 한들 조직원들이 따라주지 않으면 아무런 의미가 없다.

한때 복지부동(伏地不動)이라는 말이 유행처럼 번진 적이 있었다. 땅에 엎드려 움직이지 아니한다는 뜻으로, 주어진 일이나 업무를 처리하는 데 몸을 사리는 현상을 비유적으로 이르는 말이다. 복지부동이라는 한자어를 풀이하면 재미있다.

복(伏)은 낯선 사람(人)을 보고 개(犬)가 덤벼들기 위해 잔뜩 몸을 '엎드리고' 있다는 뜻이다. 복병, 복선, 애걸복걸, 잠복에 들어가 있는 복이다. 지(地)는 흙(土)과 뱀의 모습(也)의 결합이다. 뱀이 기어가는 모습은 제멋대로다. 여기서 야(也)는 '자유분방', '제멋대로'의 뜻도 가지게 됐다. 일례로 말(馬)을 제멋대로 놔둔 것이 말달릴 '치(馳)', 활(弓)을 제멋대로 놔둔 것이 시위 느슨해질 '이(弛)' 다. 한편 불(不)은 '아니다' 는 뜻이며, 동(動)은 중(重)과 력(力), 즉 각종 무기를 동원해서 일으키는 '전쟁'을 뜻했다. 전쟁을 하기 위해서는 수많은 군사와 말이 움직여야 하므로 동(動)은 '움직이다' 는 뜻을 지니게 되었다.

따라서 복지부동은 "땅에 납작 엎드린 채 움직이지 않는다"는 뜻이다. 개가 땅에 엎드리는 목적은 도둑이나 낯선 사람에게 달려들기 위해서다. 그럼에도 몸만 잔뜩 움츠리고 움직이지 않는다면 보통 일이 아니다. 그것은 개로서의 본디 의무를 포기하는 것이나 다름없다. 개구리가 몸을 웅크리는 것도 멀리 뛰기 위해서다.

한때 사정의 회오리바람이 일면서 공직사회에서 복지부동이 문제가 된 적이 있었다. 그러나 복지부동은 공직사회에만 국한된 일이 아니었다. 자유분방한 조직의 특성과 개성이 뚜렷한 개인의 특성을 두루 갖춘 대학사회는 변화에 익숙한 조직이 아니었다. 어쩌면 자신을 위한 일 예를 들어 학생은 공부, 교수는 연구이 아니면 관심조차 없었다.

공무원이 국민의 공복이라면, 교수와 직원은 학생과 학부모의 공복이 되어야 한다. 그러나 한국 대학의 현실은 정반대다. 소비자인 학생과 학부모에 대한 의무가 아님에도 교수와 교직원들의 복지부동하고 있었다.

복지부동하는 분위기를 없애기 위한 노력이 시작되었다. 이 총장은 먼저 회의용 테이블에 앉아서 '보고와 지시'가 일상이었던 관료적 회의의 틀을 깼다. '남북대화'식으로 하던 딱딱한 회의는 음식을 차려놓고 스탠딩으로 진행했다.

이 총장은 20년 이상 전주대에 봉직하고 있으면서도 다른 대학에는 단 한 차례도 발걸음을 하지 않은 교수가 있다는 사실에 놀랐다. 그래서 현장투어를 시작했다. 다른 대학도 가보고 산업현장과 국가기관도 가봄으로써 현장을 이해하도록 유도했다. 딱딱한 회의의 틀을 벗어나고, 현장투어를 통해 깨달음이 생기자 창의적 아이디어들이 속출했다.

"땅을 딛고 일어나 힘차게 움직여라"

삼성그룹 임원 특강에서 "소비자를 감동시키라"고 주문했던 이 총장은 교수·교직원은 물론 학생들까지 입지활동(立地活動), 즉 '땅을 딛고 일어나 힘차게 움직임'을 해주길 원했다. 그러기 위해서는 목표를 향해 어떻게 실천한 것인가를 상징적으로 담고 있는 행동강령과 같은 슬로건이 필요했다.

'수퍼스타를 키우는 곳The Place for Superstars, JJ'이라는 메인 슬로건을 바탕으로, 해마다 중점을 두어야 할 목표를 담은 캐치프레이즈를 제시했다. 'See, Feel, Change 2003', 'Change Up 2004', 'Change, Challenge, Creativity 2005', 'Aim High 2006', 'Renovare 2007', 'Hope, Peace & Life 2008', 'Unity in Reconciliation 2009', '말씀과 성령 2010'이 그것이다.

이러한 캐치프레이즈들은 즉흥적인 선택이 아니었다. 장기적인 비전을 실현하기 위해서는 '마인드 디자인Mind Design'이 절실히 필요하다고 느낀 이 총장의 전략적 선택이었다. 연도별로 제시한 캐치프레이즈들을 살펴보면 느끼겠지만 이 총장이 제시한 마인드 디자인 프로그램은 체계적이면서 구체적인 특성을 지니고 있었다.

이러한 특성은 연도별로 Change변화 → Change Up변화의 진전 → Challenge도전과 Creativity창조 → Aim High더 큰 목표 → Renovare새롭게 하소서 → Hope, Peace & Life희망 평화 생명 → Unity in Reconciliation화해와 일치 → 말씀과 성령으로 진전해가는 단계를 보면 명확해진다.

See, Feel, Change 2003

취임과 동시에 내세운 캐치프레이즈는 '보고see, 느끼고feel, 변화하자change'였다. 사실 야간대학에서 주간대학으로 전환하고, 단과대학에서 종합대학으로 승격되고, 좁은 캠퍼스에서 광활한 캠퍼스로 이전하는 과정을 거치면서 전주대 구성원들은 '우물안개구리'식 자만에 차 있었다.

2003
See, Feel, Change

Change UP 2004

2005
Change, Challenge, Creativity

Aim High 2006

RenOvare 새롭게 하소서 2007

Hope 희망	Peace 평화	Life 생명

화해와 일치 Unity in Reconciliation 2009

말씀과 성령 2010
The Word and The Holy Spirit

실제로 전주대 구성원들은 자신이 모든 걸 다 안다고 생각하거나 자신은 변화의 대상이 아니라고 생각하고 있었다. 왜 변화해야 하는지를 모르고 있었던 것이다.

이 총장은 변화는 머리로 이해한다고 일어나는 것이 아니라 가슴으로 느껴야 하는 것으로 믿었다. 그래서 문제를 직시하고 가슴으로 느끼며, 그야말로 마음에서 감동을 받아 변화를 이루자는 차원에서 'See, Feel Change'을 내세웠던 것이다.

사실 이 캐치프레이즈는 원래 세계적으로 유명한 컨설팅 회사인 딜로이트 컨설팅Deloitte Consulting이 제시한 변화 관리 프로그램이었다. 딜로이트 컨설팅은 세계 140여 개 국가에 걸쳐 16만5,000여 명의 전문가들로 구성되어 있으며, 150여 년간의 노하우와 경험을 가진 세계 최대의 종합 컨설팅 회사이다.

존 코터John Kotter와 댄 코헨Dan Cohen의 공저인 『기업이 원하는 변화의 기술The heart of change : real life stories of how people change their organizations』에는 see-feel-change에 대한 설명이 잘 되어 있다.

see-feel-change을 단순 해석하면 '보고 느끼고 그로 인해 변화하는 것'이라는 뜻이다.
see는 '극적이고 가시적이며 불가피한 상황을 만들어 사람들이 문제나, 혹은 문제에 대한 해결방안을 눈으로 볼 수 있도록 한다'는 의미다.
feel은 '시각화를 통해 유용한 변화를 유도하는 감정을 자극하거나, 그러한 변화를 방해하려는 감정을 누그러뜨린다. 자만 냉소주의가 사라진다.' 는 뜻이다.

change는 '새로운 감정은 새로운 행동, 경우에 따라서는 완전히 다른 창조적 행동을 야기 시키고 강화한다.' 는 의미다.

-『기업이 원하는 변화의 기술』

더구나 하버드 경영대학의 교수이자 코터사의 대표인 존 코터는 MIT와 하버드를 졸업하고 1980년 불과 33세에 교수로 발탁되어 '하버드 역사상 최연소 교수' 라는 영광스러운 기록을 세운 세계적인 변화관리 석학이다. 어쩌면 새로운 총장으로 부임해서 '젊은 총장' 이라는 별명이 숙명적으로 뒤따랐던 이 총장은 존 코터를 닮고 싶었는지도 모른다.

이 총장은 '경영혁신에 성공한 34개 조직사례에서 배우는 현장 노하우' 라는 부제가 붙은 『기업이 원하는 변화의 기술』을 숙독했다. 그리고 변화관리자로서의 자신이 먼저 변화의 기술을 체득하고, 전주대에 접목시켜 나가기 위해 딜로이트 컨설팅이 주관하는 The Heart of Change 세미나에 참여했다. 세미나 참석과 변화관리에 대한 연구를 거듭한 끝에 이 총장은 강력하고 거대한 변화는 '전략'이 아니라 '사람'에 의해 완성된다는 것을 깨달았다.

Change Up 2004

체인지업Change Up은 귀에 익숙한 야구 용어다. 야구에서 일반적으로 투수가 던지는 공의 구질을 예상했던 타자들을 속여 그 타이밍을 빼앗는 느린 직구를 의미한다. 따라서 체인지업은 느린 직구 자체에는 아무런 의미가 없고, 빠른 직구와 함께 적절하게 배합될 때 큰 위력을 발휘하곤 한다.

야구는 기본적으로 공격을 하는 타자와 수비를 하는 투수 사이에 머리싸움을 하는 운동이다. 만약 타자가 미리 체인지업을 예상하고 있다면 이는 아주 치기 좋은 공이 되어 곧바로 장타와 연결될 수 있다.

그러나 타자가 예상할 수 없는 체인지업을 구사하는 투수라면 타자를 쉽게 삼진아웃 시킬 수 있을 것이다. 따라서 체인지업을 잘 구사할 수 있다면 투수가 던지는 직구의 위력은 배가된다. 타자 입장에서는 도대체 어떤 공이 날아올지 모르기 때문에 상대하기가 점점 어려워지기 때문이다.

그러므로 체인지업은 절대로 직구와 동일한 모션에서 나와야 한다. 모션 자체가 틀리면 타자가 이를 간파하게 되고, 아무런 의미가 없는 구질이 되고 만다. 또 날아오는 궤적과 회전도 직구와 같아야 한다. 유능한 타자들은 날아오는 공의 실밥 회전을 보고 구질을 파악하기 때문이다.

이 총장은 2003년 취임과 함께 1만2000여 구성원들에게 변화를 주창하고 나섰지만, 변화는 그리 쉬운 일이 아니었다. 1년 동안의 변화Change를 실험해온 이 총장은 변화를 보다 향상시켜나가야 할 필요성을 절실하게 느꼈다. 잠깐 동안 외쳤던 변화만으로는 체감효과가 없었기 때문이다. 그래서 2004년 캐치프레이즈로 체인지업을 내세운 것이다.

Change, Challenge, Creativity 2005

2005년에는 '3C'를 캐치프레이즈로 내걸고 새로운 변화를 시도했다. 이 총장이 내세운 3C는 현재 상태에서 더 나은 쪽으로 발전하기 위한 'Change변화', 변화하려고 노력하다보면 반드시 수반되는 'Challenge도전', 그리고 도전을 할 때 효율적인 성취를 위해서 반드시 필요한 'Creativity창의력'이었다.

사실 창의적인 생각은 쉽게 나오는 법이 아니다. 정말 간절히 원하고 진심으로 하고자 할 때만 그에 따른 창의적인 방법들이 나오는 것이다. 또한 창의력은 열정이 있을 때 도출된다. 이미 마음속으로 포기해버린 상태에서는 창의력이 나올 수 없는 것이다.

그래서 이 총장은 3C와 함께 '성취하고자 하는 의지Willingness'와 열정Passion도 강조했다. '시작이 반'이라는 속담처럼 목표의식은 중요한 요소였다.

이 총장은 대학 구성원들을 향해 "목표의식만 가진 것만으로도 90%는 성공한다. 나머지 10%는 목표를 향해 얼마나 많은 노력을 기울이느냐에 달렸다"고 설득했다. 또한 "목표를 향한 노력을 경주하면서 힘겹게 생각하지 말고 '몰입하며 즐기는 열정'을 지니자"고 요구했다.

이 총장의 3C는 침체의 늪에서 오랫동안 허덕이던 전주대를 변화시키고, 명문대는 서울과의 거리와 정비례한다는 속설에 대응하여 적극적으로 도전하며, '수퍼스타를 키우는 대학'이 되기 위한 창의력을 발휘할 것을 말한 것이다.

Aim High 2006

Aim High 2006은 '더 큰 목표를 바라보고 행동하라Aim high, Shoot high'는 의미로 캐치프레이즈를 삼았다. 첫 번째 임기를 마치고 두 번째 임기를 시작하기 직전에 내세운 Aim High은 자신이 총장을 연임하게 될지 모르는 상황에서 채택한 것으로, 후임 총장에게 보내는 주문이기도 했다.

다행히 신동아학원 재단이사회는 이 총장을 연임시켜 "더 큰 목표를 바라보고 행동하라"고 요청했다.

Aim So High.

You'll Never Be Bored.

The greatest waste of our natural resources

is the number of people who never achieve their potential

Get out of that slow lane.

Shift into that fast lane.

If you think you can't, you won't.

If you think you can, there's a good chance you will.
Even making the effort will make you feel like a new person.
Reputations are made by searching for things that can't be done and doing them.
Aim low: boring.
Aim high: soaring.

꿈을 높게 가지세요.
무료하지 않을 겁니다.
우리들이 갖고 있는 천연자원 중에서 최대의 낭비는
자신들의 무한한 가능성을 개발하지 않는 무수한 사람들입니다.
지금 당장 그 저속 차선에서 나와
고속 차선으로 달려보십시오.
당신이 할 수 없다고 생각하면 당신은 하지 못합니다.
그러나 할 수 있다고 생각하면 당신은 할 수 있는 기회를 쉽게 포착할 수 있지요.
해보려고 노력하는 것만으로도 당신은 새로운 인간이 된 듯 한 기분이 될 것입니다.
명성이란 될 것 같지 않은 일을 찾아내서 해 볼 때 생기는 것이지요.
목표가 낮으면 무료하게 됩니다.
목표가 높으면 하늘을 날 듯 하고요.

1981년 6월 미국의 경제신문 '월스트리트저널'에 게재된 United

Technology 회사의 기업광고 카피의 제목이 바로 'Aim So High' 였다.

광고는 "단 1분이라 할지라도 목표 없는 삶은 쉼 쉬고 있지 않는 것과 마찬가지다. 시간이 걸리고, 상황이 불리해지더라도, 높은 목표를 향해 매진하는 순간만큼은 언제나 값지다. 될 것 같지 않은 일을 찾아내서, 최선을 다해서 시도해볼 때 명성을 얻을 수 있다. 잠시 주저앉았다면 이제 다시 일어나 보자"고 외치고 있었다.

불특정 다수를 향한 기업광고였지만, 이 총장은 'Aim So High' 가 전주대에 던져주는 메시지라 생각했다. 지난 3년 동안 전주대가 이룩한 변화와 발전은 지난 35년 동안 전주대가 이룩한 발전을 훨씬 능가하는 것이었다.

하지만 이 총장은 여기서 안주할 수 없다고 생각했다. 더 큰 목표를 바라보고 행동하지 않으면, 또 다시 나락의 구렁텅이로 추락할 수 있다고 생각한 것이다.

Renovare 2007

어원이 라틴어인 레노바레Renovare는 '새롭게 하다' 는 의미를 지녔다. 미국 미시간주 스프링아버대 교수를 지낸 영성신학의 대가 리차드 포스터 목사가 레노바레운동을 창시하면서 세계적인 영성 대중화 운동으로 확산되었다. 우리나라에도 '레노바레 코리아' 가 결성되어 영성 대중화 운동을 전개하고 있다.

레노바레는 침묵 속에서 자신의 내면으로 들어가 하나님의 임재를 체험하면서 스스로 변화되고, 이를 통해 교회와 이웃을 새롭게 하는 운동을 의미한다.

원하는 것을 큰 소리로 외치는 기존의 통성기도와 달리 침묵기도는 고요함 속에서 하나님의 사랑을 체험하는 '내면 여행'을 강조한다고 할 수 있다. 최근 한국교회에서도 사용하고 있는 관상기도(觀相祈禱)와 연관성이 있다.

2004년 캐치프레이즈를 레노바레로 설정한 이유는 하나님 동행하는 삶을 사는 묵상, 성결, 성령, 사회정의, 복음전도, 성육신 등 6가지 성령운동이 전주대에 타오르게 함으로써 기독교대학인 전주대의 사명을 다하기 위한 것이었다. 그러나 보다 근본적인 이유는 침체된 분위기에서 오랫동안 헤어 나오지 못했던 전주대에 새로운 변화의 물결을 이끌어내고자 함이었다.

새롭게 임기를 시작한 이 총장으로서는 2007년부터는 외형적 변화 못지않게 내실을 다져야 한다는 생각이 절실했다. 변화가 서서히 감지되고 있을 즈음이니 새로운 학풍의 진작이 절실히 필요한 시점에서 '새롭게 하소서'가 지니는 의미는 더욱 간절했다.

Hope, Peace & Life 2008

2008년에는 지역대학으로서의 역할을 다하기 위해서 'Hope, Peace & Life희망 · 평화 · 생명'을 캐치프레이즈로 설정했다. 이 총장이 '희망 · 평화 · 생명'을 캐치프레이즈로 삼은 이유는 의미심장했다.

대학 구성원들의 노력으로 낙후대학에서 발전대학으로, 침체대학에서 성장대학으로, 지방대학에서 지역대학으로 거듭난 전주대가 지역에서의 역할과 사명을 다하자는 책임의식의 발로였던 것이다.

'희망 · 평화 · 생명'은 지역에 새로운 희망을 주는 대학, 지역에 평화를 주는 대학, 지역에 생명을 주는 대학으로서 전주대의 위상을 공고히 하자는 의미를 담고 있었다.

대학들은 연구와 교수, 그리고 봉사가 대학의 사명이라고 정의하면서도 '봉사'의 실천에 대해서는 구체적이지 못해왔던 것이 사실이었다. 그런데 이 총장이 제안한 '희망 · 평화 · 생명'에는 대학의 사명 중 봉사를 어떻게 실천할 것인가에 대한 구체적 대안들이 담겨있었다.

첫째, 새만금군산경제자유구역, 국가식품클러스터, 전북혁신도시, 첨단 소재부품산업, 신재생에너지산업, RFT방사선융합기술, 고창골프산업클러스터, 한스타일한식, 한지, 한옥, 한복 등 전통문화, 국제해양관광단지, 무주태권도공원 등 지역문제에 관심을 가지고 지역의 지식기반센터로써 역할을 다함으로써 지역에 새로운 희망을 주는 대학이 되자는 것이다.

둘째, 지역혁신과 지방자치, 살기 좋은 마을 만들기, 한지문화축제 등 문화이벤트와 노인, 다문화가정 등 소외계층 배려, 낙후지역의 교육격차 해소, 지역 중소기업을 위한 인재 양성, 나눔의 문화 정착, 지역경제 및 문화의 활성화, 지역의 현안 문제 등에 대한 현실적이며 효과적인 대안을 제시함으로써 지역에 평화를 주는 대학이 되자는 것이다.

셋째, 친환경 유기 농산물 및 식품, EM Effective Micro-Organisms : 유용미생물군의 활용, 자신의 정신적 · 육체적 건강뿐만 아니라 환경 파괴를 최소화한 제품을 선호하는 소비 트랜드를 나타내는 LOHAS Lifestyles of Health and Sustainability 적인 삶, 유산소 운동, 레크리에이션, 대체의학과 대안적인 삶, 경건생활과 말씀 묵상 등을 해나감으로써 지역에 생명을 주는 대학이 되자는 것이었다.

Unity in Reconciliation 2009

2009년도 캐치프레이즈는 'Unity in Reconciliation 화해와 일치 2009'로 정했다. '화해와 일치'는 자신과 가정, 교회, 사회와 열방으로 큰 화해를 이루는 한 해가 되자는 의미였다.

"나를 믿는 사람들을 위하여 간구합니다. 아버지, 이 사람들이 모두 하나가 되게 하여 주십시오. 그것은 아버지와 내가 하나인 것처럼 이 사람들도 하나가 되게 하려는 것입니다."(요한 17, 21-23)

화해와 일치는 '그동안 우리 사회를 힘들게 했던 분열과 갈등, 원망 등을 청산하고 새로운 미래를 열어가라'는 의미로 하나님께서 주신 표어입니다. 예수님께서 우리의 화해자가 되신 것처럼 우리는 서로가 역시 화해자가 되어야 합니다.
그 일을 위해 세 가지 태도가 필요합니다. 겸손과 온유와 오래 참음입니다. 화해가 온전히 이뤄질 때 우리 가운데 일치의 축복이 일어날 것입니다. 하나님과 화해하고, 세상을 화해시키고, 가정에서 직장에서 화해와 일어나길 바랍니다.

– 학교법인 신동아학원 이사장 하용조 목사 2009년 신년사

이 총장이 '화해와 일치'를 중요하게 내세운 이유는 간단했다. 오늘날 기독교는 여러 갈래로 분파되어 있지만 원래는 같은 형제였다. 언젠가는 교회도 예수님아래 하나의 모습으로 일치가 되어야 한다는 의미다. 특히 2008년에는 미국의 경제 불황이 세계 각국에 영향을 미쳤고, 2009년에도 경제사정이 어려울 것으로 전망되고 있었다.

전주대의 경우도 마찬가지였다. 교수·직원·학생 등 구성원 사이의 갈등은 물론, 대학과 국가와 지역 사회 뿐만 아니라 교수·직원·학생까지를 포함한 공중(公衆) 사이의 화해가 이루어지고 목표를 향해 하나가 되는 일치가 구현될 때, 전주대가 비약적인 발전을 이룩할 수 있다고 생각한 것이다.

교수와 직원, 학생이 먼저 화해하고 일치됨으로써 모든 사람이 살기 좋은 세상을 만들어가는 일에 앞장서자는 의미에서 선택된 캐치프레이즈가 바로 '화해와 일치'였던 것이다.

'말씀과 성령 2010'

지난 7년 동안 전주대가 놀라운 변화를 거듭한 것에 대해 많은 사람들은 이 총장의 탁월한 리더십을 거론하고 있다. 그러나 정작 이 총장은 전주대 발전의 원동력이 이사장인 하용조 목사로부터 비롯되었다는 것을 강조한다.

사실 하용조 목사는 20여년이라는 짧은 기간 온누리교회를 사도행전적인 교회로 명성을 얻을 만큼 성장시키고 한국 기독교의 주요 중심축으로 일궈낸 장본인이다.

12명으로 시작한 작은 교회였던 온누리교회를 2,000명의 선교사와 1만 명의 사역자를 파송하는 비전을 열매 맺게 만들고 있기 때문이다. 실제로 '성령에 의해 움직이는 교회, 평신도들이 능동적으로 움직이는 교회, 비전에 의해 움직이는 교회'라는 하용조 목사의 온누리교회 목회철학은 전주대에 그대로 접목되었다.

기독교대학으로서의 사명을 다하고, 뉴거버넌스 선언을 통해 협치체계를 구축하고, 수퍼스타를 키우는 대학이라는 비전에 의해 움직이는 대학으로 만든 것은 하용조 목사와 온누리교회가 롤 모델roll model이 된 것이었다. 하용조 목사는 2010년을 맞아 온누리교회 교인들에게 이렇게 당부했다.

"그동안 온누리교회는 외적으로 풍성한 결실을 많이 맺었습니다. 하지만 이제는 '말씀과 성령'으로 돌아가 교회를 창립했을 당시의 초심, 즉 말씀이 넘치고 성령이 충만한 '바로 그 교회'로 돌아가야 합니다. '말씀과 성령' 으로 충만한 새해를 맞이하십시오."

하용조 이사장의 뜻에 따라 이남식 총장은 전주대의 2010년 캐치프레이즈를 '말씀과 성령'으로 정했다. 신앙에서도 말씀과 성령의 조화가 반드시 필요하듯이, 대학경영에 있어서도 '말씀비전과 성령결과'이 조화를 이루어야 지속적인 발전을 거듭할 수 있다고 믿기 때문이었다. 그리고 대학 구성원들에게 다음과 같이 주문했다.

"'말씀과 성령'의 은덕으로 비약적인 발전을 거듭해온 그리스도의 아름다운 향기', '아름다운 하나님의 사람'이 되기를 꿈꾸는 글로벌 크리스천들을 양성하는 기독교대학으로서의 전주대가 역할과 사명을 다하자."

전주대가 기독교적 세계관을 가지고 행복한 가정, 건강한 세상, 깨끗한 사회를 만드는 데 앞장서며, 지역사회와 함께 성장하면서 세계화 시대에 부합하는 인재를 양성하는데 최선을 다해야 한다는 하용조 이사장 의 뜻이 반영된 결과였다.

2003년부터 시작해서 2010년도까지 전주대에서 진행되고 있는 Change, Change Up, Change Challenge Creativity, Aim High, Renovare, Hope, Peace & Life, Unity in Reconciliation, 말씀과 성령 프로그램은 전주대를 확실하게 변신시킨 원동력이었다.

이 총장에 의해 주도된 전주대의 변화와 혁신, 노력과 봉사의 실천, 자긍심과 자부심 회복을 통해서 새롭게 거듭나는 대학 공동체를 향한 대장정은 성공적이었다.

2010년에 내세운 '말씀과 성령'은 이 총장이 줄기차게 진전시켜온 전주대 마인드 디자인 프로그램의 1단계 종착지라 할 수 있다. 그러나 종착지는 출발점이기도 하다. 전주대는 다시 새로운 출발을 모색하고 있다.

시스템 디자인 – 대학을 재창조하다

"작고 지저분하고 취직 안 되는 학교에서 젊고 역동적이고 취직 잘 되는 대학으로 이미지도 바뀌었습니다. 총장인 제가 삼성그룹 사장단 회의에 참석해 혁신 사례를 발표합니다. 삼성 임직원들도 학교 변화를 탐방하러 옵니다."

– 「한국일보」, 2008년 04월 24일자

고객 만족도를 높여라

학부 구조 개편과 정원 조정

이 총장이 부임했던 2003년, 전주대의 신입생 모집 상황은 최악이었다. 2000년부터 급감한 신입생은 2003년에는 3,400명 정원에 2,500여 명만 모집되는 상황에 이르렀다. 불과 4년 만에 거의 1,000명이 줄어들어버린 것이다.

특히 신입생 모집에 애로를 겪는 학과는 기초과학 분야 학과였다. 기초과학 분야 학과 소속 교수가 35명이었는데 학생은 불과 57명이었다. 대학 구조조정에 장애물과 애로사항이 넘쳐났지만 이 총장은 과감하게 메스를 들이댔다.

한 가지 다행인 것은 정부가 '국가균형발전'을 국정 최고의 과제로 삼고 있었다는 점이었다. 지방자치단체들은 국가균형발전의 실현을 위한 지역 발전 전략 수립에 매진하고 있었다. 전라북도도 예외가 아니었다. 전라북도는 기계 · 자동차, 바이오 · 식품, 전통문화 · 관광, 신재생에너지 등의 4대 전략산업을 마련하고 있었다.

이 총장으로선 정부가 펼치는 국가균형발전 전략을 호재로 받아들였다. 국가균형발전이라는 변화의 물결에 제대로 편승할 수만 있다면 대학발전도 급물살을 탈 수 있을 것이라고 판단했다.

"전주대는 '전주'라는 지명을 유일하게 쓰는 학교입니다. 시민과 도민들에게 사랑을 받아야하는 대학입니다. 그러나 과연 우리가 사랑받고 있는가에 대해서는 스스로 반성할 점이 있습니다. 이 지역에서 가장 믿고 학생을 보낼 수 있는 대표적인 교육기관으로 자리 잡는 일은 물론, 지역주민들에게 필요한 새로운 지식을 전달하는 지역기반센터로서의 역할을 할 것입니다.
대학은 새로운 지식과 새로운 문화를 익히고 배우고 그것들을 실질적으로 활용할 수 있게 하는 실사구시의 센터가 되어야 합니다. 지역주민들이 찾아올 수 있는 교육의 콘텐츠 개발이 과제입니다."

이 총장은 전라북도의 4대 전략산업과 지역 특성을 꼼꼼히 분석한 후 전주대의 기본방향을 새롭게 설정하고, 기존의 9개 단과대학과 학과들을 새롭게 정비하여 대학의 3대 특성화 축을 만들었다. 전주대가 지역과 함께 커갈 수 있도록 학부 구조 개편과 정원 조정을 단행했다.

3대 특성화 축은 전통문화와 디지털 콘텐츠를 접목시킨 '문화산업 분야', 웰빙을 기반으로 한 '대체 의학 분야', 그리고 산자부와 함께 진행 중인 산학협력 '첨단제조 기술 분야' 등이었다.

3대 특성화 축을 중심으로 기존 학과를 분류하고, 그에 맞지 않는 학과는 과감히 없애버렸다. 또 지역산업과 연계하여 인재 양성이 필요성이 있을 때는 서슴없이 학과를 신설했다.

신입생 모집이 어려운 물리, 화학, 생물, 수학 등 기초과학 분야 11개 학과를 없애고 대체의학대학과 문화산업대학을 만든 것이다. 신설 단과대학들은 지역사업을 지원하고 키워갈 수 있는 전문 인력을 양성하기 위한 결정이었다.

학과 폐지, 아픔과 성과

대체의학은 우리 일상에서 큰 관심을 끌고 있지만 학문적으로 검증되지 않았다는 이유로 대부분의 대학들이 외면하고 있는 분야였다. 그러나 이 총장은 인간을 병들게 하는 스트레스 등의 관리와 적응을 통해 질병을 예방하고, 발병 후에는 자연치유력을 이용하는 웰빙 wellbeing 건강 전문인을 양성하는 일이 시급하다고 생각했다.

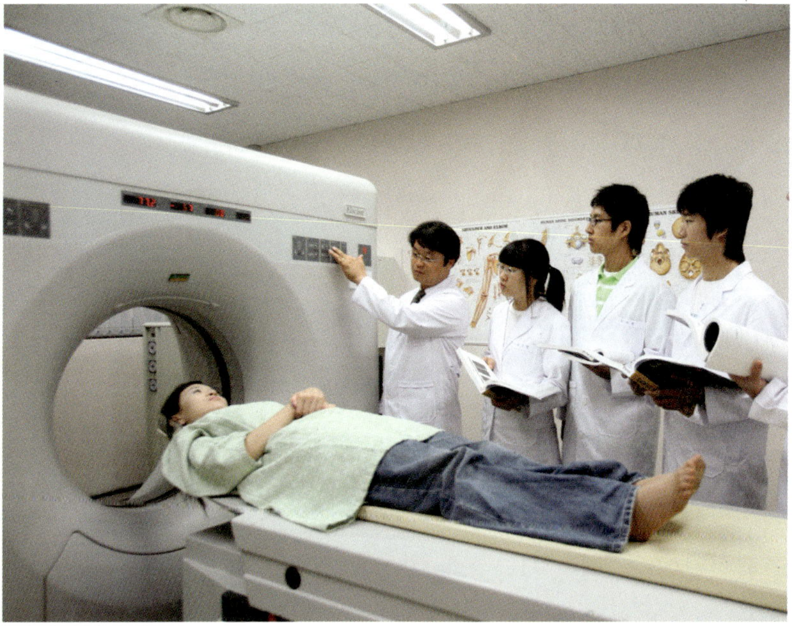

HUNIC
HUB UNIVERSITY
for INDUSTRIAL COLLABORATION
JJ FCV
3

이러한 생각을 바탕으로 대체의학대학을 설립하고 간호학과, 물리치료학과, 방사선학과, 예술치료학과, 재활학과, 대체건강관리학부 등을 개설했다. 대체건강관리학부에는 건강관리전공, 건강기능식품전공, 대체요법전공, 환경보건전공을 두었다.

대체의학이 서양의학의 한계를 보완한다는 인식 아래 모든 의료 분야에 대체의학을 접목시켜 새로운 의료 패러다임을 교육키로 한 것이다.

또한 문화예술 및 인문사회학적 지식과 소양, 문화예술적 심미성, 그리고 정보기술에 대한 이해력을 기반으로 한 실무형 문화전문가를 양성하기 위한 문화산업대학도 설립했다.

문화산업대학에는 게임학과, 공연엔터테인먼트학과, 미디어정보학부를 개설해서 3차원 영상과 캐릭터 등 문화산업시대라 일컫는 21세기형 문화전사를 키우기로 했다.

학과 폐지에 따른 아픔이 뒤따랐지만 성과는 놀라웠다. 350명을 선발하는 대체의학대학의 신입생 모집은 무려 25대 1의 경쟁률을 기록했다. 구조 조정을 거치자 신입생 숫자는 모집 정원을 꽉 채울 수 있게 되었다. 불과 3년 만에 전주대는 학생이 늘어나는 유일한 지방대학이 되었다.

합격한 후 등록을 하는 학생의 비율을 의미하는 입학 잔류율과 취업률도 몰라보게 향상되었다. 70%에 그쳤던 입학 잔류율은 100%대를 기록하고 취업률은 85%로 올라섰다. 학생들에겐 보장된 일자리가, 산업체에는 뛰어난 전문 인력 확보가 가능해진 것이다.

콘텐츠를 산업화하는 전략

또한 이 총장은 전주대가 명문대로 도약하는 관건이 특성화에 달려 있다고 판단하고 대학시스템을 전면적으로 바꾸기로 마음먹었다. 그는 대학 특성화라는 과제를 두 가지 관점에서 바라보았다.

하나는 사회가 변화하는 흐름을 받아들이는 대학으로써 특성화 전략이었다. 지역이 지니고 있는 문화적 컨텐츠를 산업화하는 전략의 일환으로 특성화학과를 만들어 특성화 제품을 연구개발하고 브랜드화 시켜나가겠다는 생각이었다. 또 하나는 아주 기본적인 것이면서도 전주대만이 지닐 수 있는 특성화전략이었다.

다행히 전주대에는 비즈니스 마인드를 갖출 수 있는 학생생애개발 프로그램이나 SDS student development system 프로그램들이 교양학부 안에 튼튼하게 구성되어 있었다. 이 총장은 전주대만이 지닐 수 있는 특성화전략을 위해 '커리큘럼의 특화'에 박차를 가했다.

전주대 학생이라면 누구나 '리더십'과 '의사소통커뮤니케이션', 그리고 '경영능력비즈니스 마인드'을 갖추도록 커리큘럼을 바꾸기 시작했다.

치밀한 계획, 차질없는 시행

마스터플랜의 수정

전주대는 병원을 연상시켰던 캠퍼스였다. 노송동에서 효자동으로 이전하면서 빠른 시간 안에 캠퍼스를 완성시켜야 한다는 생각 때문에 미적 감각을 고려하거나 체계적으로 배치할 여유가 없었다.

하얀색과 직사각형의 일변도의 건물들로 인해 전주대 캠퍼스에서는 활기를 찾기 힘들었다. 그나마 20여년의 세월이 흐르면서 시설들은 낙후되고 협소해졌다.

이에 따라 전주대는 1997년 4월 21세기를 준비하는 마스터플랜 'West Top 2010'을 발표한 바 있고, 1999년 9월에는 '21세기형 인재육성을 통한 초일류대학의 실현'을 위해 기존의 마스터플랜 중 세부사항을 보완하여 '21세기 장기 발전 계획(1999~2010)'을 마련한 바 있었다.

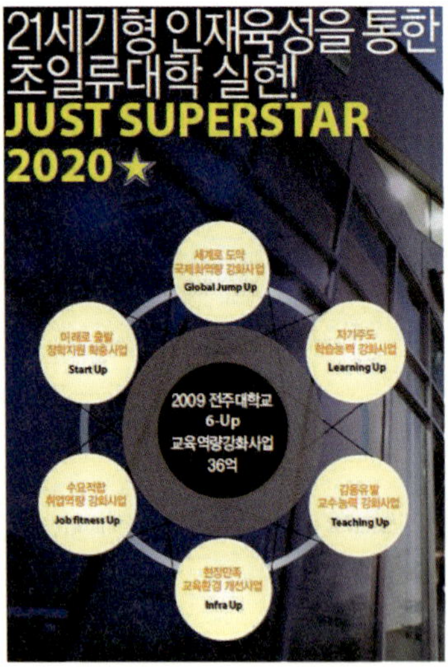

그러나 학령인구의 급격한 감소, 교육시장 개방 등 대학교육 환경의 급격한 변화에 민첩하게 대응하기 위한 마스터플랜의 보완이 절실히 요구되었다. 이 총장은 전주대의 구조적 개편을 위한 '시스템 디자

인'이 필요하다고 생각했다.

그는 2003년 6월 30일 경기도 여주군 알로에마임 비전빌리지에서 개최된 '대학발전 비전과 화합을 위한 리더십 컨퍼런스'에서 "종전의 장기발전계획은 시대적으로 새롭게 수정 보완해야 할 시점이라 판단해 개교 40주년을 앞두고 실사구시적인 실현대안을 마련키로 했다.

향후 2010년까지 실현 목표를 세우고, 세부 핵심전략과제를 8월 중 결정 발표하겠다"고 선언했다. 이렇게 해서 마련된 것이 '변화와 회복을 통하여 수퍼스타를 키우는 Glocal University'를 비전으로 삼은 장기발전 계획인 'JJ Vision 2010(2004~2010)'이었다.

이 총장의 생각엔 "10년이면 강산도 변한다"는 속담은 너무나 느슨했다. 그는 "1년이면 대학이 변한다"는 모습을 보여주고 싶었다. 그러기 위해서는 치밀한 계획과 차질없는 시행이 무엇보다 중요했다. 이 총장이 앞장 서 만든 'JJ Vision 2010(2004~2010)'은 빈틈이 없었고, 계획은 순차적으로 실천되었다.

JJ Vision 2010(2004-2010)

UI를 개편함으로써 외부로부터는 전주대의 이미지를 개선하는 효과를 거두고 내부 구성원에게는 긍지와 자부심을 회복시키는 계기를 마련했다는 평가를 받았다. 긍정적 평가에 고무된 이 총장은 전주대가 변화의 중심에 설 수 있다는 가능성과 함께 할 수 있다는 자신감을 얻게 되었다.

곧바로 지역 전략산업들과 유기적 연관 관계를 맺을 수 있도록 학부 구조개편 및 정원을 조정하고, 시민감사축제를 열어 지역주민들과 소통의 장을 마련했다. 또한 대학의 연구기능이 지역과 산업에 직접적인 도움을 주어야 한다는 생각에서 전국 대학 최초로 산학협력단을 신설했다.

변화는 소프트웨어에 국한된 것만은 아니었다. 하드웨어 시스템, 즉 캠퍼스 활력화 작업에 돌입했다. 먼저 학생들의 과외활동의 전진기지인 학생회관을 리모델링했다. 그리고 EM연구센터를 신축 준공

했으며, 창의적 아이디어를 바탕으로 텐트형 컨벤션홀인 '희망홀'을 개관했고, 김제TIC를 설치했다.

변화는 가속도를 내기 시작했다. 2004년에는 진리관과 자유관 리모델링 작업에 착수하고, 지역혁신관을 신축해서 유망벤처기업들을 입주시켰다.

2005년에는 예술관 및 실습관, 믿음관의 리모델링과 함께 EM생활문화관과 희망홀 부속동을 신축했다.

2006년에는 천잠관과 평화관의 리모델링을 완료하고 본관 건물에 X-edu센터를 개관했다. 또한 희망홀 앞에 제2잔디구장을 조성했다. 또 국제규격의 축구장 1개, 농구장 2면, 다목적 배구장 1면, 본부석 및 3단 스텐드는 물론 라이트 시설을 갖춰 야간경기도 가능하게 만든 인조잔디운동장도 준공되었다.

2007년에는 제2캠퍼스에 있던 문화관광대학과 평생교육원을 본 캠퍼스로 이전시켰다. 백마관과 순영관을 신축했으며 체육관과 제2공학관 리모델링을 마쳤다.

2008년에는 전통한복, 전통음식 등 문화예술분야 연구의 산실이 될 창조관을 준공했다.

이 총장이 제시한 마스터플랜에 의해 해마다 새로운 건물을 신축하고 기존 건물들을 리모델링되어 전주대 캠퍼스는 첨단 대학으로써의 외형을 갖춰가고 있었지만, 추가 사업들을 진행할 재원을 마련하는 일이 과제로 떠올랐다.

특히 전주대가 성장 발전하면서 외국인 및 중부 · 수도권 출신의 신입생들이 늘어나게 되자 기숙사 증설의 필요성이 제기되었다.

또한 이미 30여 년 전 대학 정원을 바탕으로 지어진 기존의 대학본부와 도서관 건물도 공간이 협소해서 대안 마련이 시급했다. 이 총장은 캠퍼스에 일대변화를 주는 건물신축 대장정에 나섰다.

기숙사 건물과 대학본부 및 도서관 건물을 새로 짓기로 결심하고 여론 수렴과 재원마련을 위해 궁리하기 시작했다. 그리고 건축부지와 건물 이름을 확정지었다. 기숙사건물은 구 정문이 있는 곳에 짓기로 하고 스타타워Star Tower로 부르기로 했다.

대학본부 및 도서관이 들어설 건물은 운동장이 있던 곳에 짓기로 하고 명칭은 스타센터Star Center로 결정했다.

호텔형 기숙사 스타타워

우리나라 대학의 기숙사 현실은 어떨까? 일반인들은 물론이고 대학에 재학 중인 학생들도 자신이 기숙사 생활을 하지 않는다면 대학 기숙사의 현실을 정확히는 알지 못한다.

우리나라 대학의 기숙사들은 보통 2인실과 4인실이 주류를 이루고 있다. 방의 크기나 수용 인원은 그렇다 치더라도 쾌적한 환경과는 거리가 먼 것이 사실이다.

먹고 자고 공부도 하고 휴식도 취해야 하는 공간이지만 편의·문화 시설은 태부족이다. 심지어 샤워실과 화장실은 공동으로 써야하는 경우도 많다.

요즘 들어 일부 대학들의 기숙사 환경이 개선되고 있다고는 하지만 아직도 우리나라의 전체적인 경제수준에 맞춰보면 뒤떨어진다. 기숙사에서 생활하는 학생들은 평생 기숙사에서 사는 것이 아니라 4년 동안 머무는 곳이기에 불편을 감수하면서 생활한다고 말한다.

그러나 전주대의 기숙사를 방문하게 되면 생각이 달라진다. 우선 기숙사가 둥지를 틀고 있는 입지부터가 그렇다. 대부분의 대학 기숙사들이 캠퍼스의 가장 외진 구석에 자리 잡고 있고 있는데 반해, 전주대 기숙사는 가장 접근성이 뛰어난 곳에 자리 잡고 있다.

2007년 8월 대학 기숙사인 '스타 타워'를 착공할 때, 재학생은 물론 대학 인근의 주민들은 깜짝 놀라며 환호성을 질렀다. 옛 정문 자리에 기숙사가 신축된다는 소식을 들었기 때문이다. 학생들의 출입 편리를 최대로 고려한 캠퍼스 진입로에 기숙사를 짓기로 결정한 사람은 바로 총장이었다.

이 총장은 "대학 기숙사라고 해서 외지고 조용한 곳에 위치하란 법은 없다"면서 "생활공간형 기숙사를 원하는 요즘 학생들의 트렌드에 맞춰 캠퍼스타운 인접지역에 터를 잡았고, 사용자 편익시설의 극대화에 중점을 뒀다"고 밝혔다.

스타 타워 바로 앞에서는 서울남부터미널과 전주대를 왕복하는 시외버스 정류장을 두었다. 객지에서 공부하는 학생들의 편의를 얼마나 고려했는지를 엿보게 하는 대목이 아닐 수 없다.

스타 타워는 엄청난 규모로 위용을 자랑할 뿐만 아니라 디자인, 시설 등에서도 타의 추종을 불허한다. 2009년 3월 개관한 스타 타워는 연면적 1만8,300여m^2에 19층 지하 1층 · 지상 18층의 규모를 자랑한다.

대학가에서는 보기 드물게 호텔형 기숙사로 지어졌으며 1인실 20개, 2인실 360개, 4인실 63개 그리고 외부 내방객을 위한 게스트 룸으로 구성돼 있다.

지금은 전주대를 상징하는 랜드 마크로 내세울 만큼 조형미가 독특한데다 강의실, 카페, 극장, 식당, 편의점, 세탁실, 취사시설까지 모두 갖춘 기숙형 학습공간으로 주목받고 있다. 또한 100여 명을 수용할 수 있는 강의실 겸 세미나실이 4개나 있어 다양한 프로그램을 운영하

ACQUI TERME

고 있는 게 자랑이다.

오전 7~9시와 오후 6~9시에는 한자 · 토익 · 영어회화 · 영어종합반 등 수업이 진행되며 실습 재료비만 내면 케이크 만들기, 연예인 메이크업 따라잡기, 머그컵 포슬린 만들기, 와인강좌 등 특강도 수강할 수 있다.

시험 기간에는 독서실로 활용할 수 있도록 24시간 개방한다. 학생 개인별로 먹고 자고 공부하는 기숙사의 전통적인 룰을 깨뜨린 것이다.

스타 타워는 지방사립대로는 두 번째로 100% 민자유치BTL방식으로 지어졌다. 지방행정공제회와 광주은행 · 하나은행 등이 컨소시엄으로 참여해 전체 200여억 원의 건립비용을 댔으며, 학생들의 기숙사비를 받아 20년 동안 건축비를 상환해 나가게 된다.

스타 타워는 리더의 판단력이 얼마나 중요한 지를 웅변해주는 선물이라 할 수 있다. 2005년 스타 타워 신축을 검토하고 있을 때 학내외에서 반대의견을 피력하는 사람이 적지 않았다. 자칫 어려운 재정난을 가중시키지 않을까 하는 우려 때문이었다. 그러나 이 총장은 용단을 내렸다.

지금 생각해보면 이때 스타타워 신축에 나서지 않았다면 불경기로 말미암아 민자 유치도 어려웠을 것이고, 전주대는 최첨단 호텔형 기숙사를 보유하기 어려웠을 것이다. 스타 타워는 개관이래 학기 중에는 재학생들이 이용하고, 방학중에는 영어 캠프 및 각종 세미나 등 행사에 아주 유용하게 이용되고 있다.

'벽돌 1장 쌓기 운동'이 밑거름된 스타센터

이 총장이 구상했던 Vision 2010은 기대 이상의 성과를 거두었다. 2010년 완공되는 스타센터가 들어서면 전주대는 전국 어느 대학과 견주어도 뒤지지 않는 첨단 캠퍼스를 자랑하게 된다.

도서관 및 종합학술관으로 이용될 스타센터 건립사업은 2005년 말 대학 구성원들의 의견을 수렴하는 것으로부터 본격적으로 추진되기 시작했다. 2005년 11월 15일 공청회를 열고 스타센터를 짓기로 의견을 모은 것이다.

스타센터는 전주대의 상징건물이 될 수 있도록 최고 수준의 교육시설 및 최첨단 멀티미디어 기능, 다양한 편의시설 등 복합시설을 갖춘 건물로 건축비는 280억 원 규모로 예상되었다.

공청회 등을 거쳐 확정된 건립계획을 바탕으로 스타센터도 스타타워처럼 공모를 통해 설계토록 했다. 스타센터의 설계는 홍콩의 R·A·D와 전주의 길건축이 맡게 되었다.

스타센터는 연면적 2만4,899㎡에 지하 2층 지상 4층 규모로 대학본부, 유비쿼터스도서관, 국제회의장, 전시장, 학생서비스센터, 정보통신원, 컨벤션센터, 교양강의, 푸드코트 카페 등이 입주키로 했다.

2007년 8월 23일 스타센터 및 스타타워 착공식은 지역사회의 지대한 관심을 불러 일으켰다. 총장을 비롯한 전주대 교직원들은 물론, 민간투자사로 참여한 대한지방행정공제회 이형규 이사장, 광주은행 정태석 행장, 하나은행 김승유 행장을 비롯, 서희건설 곽석기 대표이사,

예조건축사 대표이사를 비롯한 건설관련 인사 등 내외빈 600여 명이 참석했다.

이 총장은 스타센터를 건축하는데 소요되는 예산 중 100억 원을 모금운동을 통해 조달하기로 결심했다. 특히 소액다수 모금운동과 거액모금, 집중모금 등 다양한 모금운동을 벌이기로 하였으며, 기부자에게는 기부의 뜻을 항구적으로 보존키 위해 건물에 이름을 새기기로 했다.

모금활동은 스타센터건축기금조성 실무위원회를 통해 진행키로 했다. 건축기금 모금운동은 기공식 이전에 이미 진행되고 있었지만, 기공식을 계기로 보다 본격화되었다.

기공식에 참석했던 동문들이 나서 벽돌 한 장을 쌓는 마음으로 건축기금 모금운동에 적극 동참하기 시작한 것이다. 김삼선 GK파워 대표이사 1억 원, JJ문화경영아카데미총동창회 회장 이창승 2,000만 원, 김택수 호남고속 대표이사 1억5,000만 원 등 기부약정이 이뤄짐으로써 기공식 날까지 모금된 기금이 23억3,000만 원을 기록했다.

건축기금 모금에는 학생과 교직원, 기업인, 학부모들 등이 대거 참여함으로써 대학 구성원의 단결과 주체의식이 고양되는 효과도 낳았다. 학생들은 '벽돌 1장 쌓기 운동', 직원들은 '급여 인상분 기부하기', 교수들은 '자발적 기부운동', 졸업생들은 '지역별 모금 및 학과별 모금'을 각각 전개하며 십시일반하기 시작했다.

산업미술과 4학년에 재학 중인 강송이 학생이 매월 1만원씩 3년간

약정하면서부터 재학생들의 모금운동이 시작되면서 소액 개인기부자가 늘기 시작했다.

용돈을 절약해서 기부한 학생, 노동판에 나가서 번 돈을 기부한 학생들의 참여도 이어졌다. 건축기금 모금운동은 금액의 다과가 문제 아니라 참여하는데 의의를 두고 있었다. 모금운동은 전주대에 대한 자긍심과 자기 정체성을 확고하게 만드는 계기가 되었다.

오영진 학생은 "우리대학이 비전이 있는 대학이라고 믿게 되니 자긍심이 절로 생기고, 우리도 무엇이든 할 수 있다는 신념이 생긴다"면서 "자신이 일류 의식을 가지면 일류이고, 삼류 의식을 가지면 삼류가 되는 것과 같이 대학시절 일류 의식을 가지고 최고를 향해 전진해야 한다"고 말하고 건축기금 모금에 참여했다.

또한 총학생회를 비롯해서 만학도 학생회, 중국 황해학원 유학생, 그린피플 동아리, 기숙사 1회 사생회 등 단체들도 모금운동에 동참했다. 교직원들의 건축기금 모금운동도 활발하게 전개되었다.

전국대학노조 전주대 지부 소속 교직원 105명은 2007년 11월 5,213만4,000원의 스타센터건축기금을 모아 전달했다. 제6회 전국교수축구대회에서 우승한 전주대 교수축구회도 우승상금 전액을 스타센터 건축기금으로 내놓았다.

전주대에서 벌어지고 있는 건축기금 모금운동이 알려지자 지역사회 인사들의 동참도 이어졌다. 제일건설 윤여웅 대표이사는 2007년 11월 전주대를 방문하여 대학발전기금 10억원 기부를 약정하고 1억

8,000만원을 쾌척했고, 2009년 전주대가 주최한 신년하례회에 참석한 미사랑임실치즈피자 대표 정희균 동문도 3,000만원의 건축기금을 출연했다.

이 총장은 학내외 행사 때마다 전주대에서 건축기금 모금운동이 활발하게 전개되고 있다는 사실을 소개하고, 적극적인 동참을 호소했다. 2009년 12월에는 1주일 동안 미국 로스앤젤레스로 교육기관 방문 출장 중에도 개인적인 인연이 있는 미주지역 IDAS 동문 모임에 참가해 장정헌 Wellwish 회장, Turbo Air 브라이언 킴 회장, 김건진 한비글립미주본부 회장 등을 만나 스타센터 발전기금 납부 약정을 받았다.

2009년 말 현재 전주대의 스타센터 건축기금은 2009년 말 현재 40억원이 모아졌다. 덕분에 건축공사는 순조롭게 진행되었다. 스타타워는 2009년 1월이 완공되었고, 스타센터는 2010년 하반기 완공을 앞두고 있다.

스타 유니버시티Star University

두 건물의 등장으로 전주대는 전라북도와 전주의 새로운 명소로 등장하게 되었다. 특히 전주서부신시가지 완성 및 혁신도시 개발과 맞물려 전주대는 전북의 중심지로 새롭게 발돋움하는 계기가 되었다. 특히 스타타워와 스타센터가 지니는 의미는 남달랐다.

스타타워는 전국 최대의 호텔형 기숙사라는 점 외에도, 완전 민자

전주대 스타센터 신축공사

유치 건물인 점, 기존 기숙사의 리모델링으로 최고 수준의 쾌적한 기숙환경을 만든 점, 대학촌과 함께 캠퍼스 타운을 형성하는 계기가 된 점, 젊음과 낭만이 넘치는 새로운 명소로서의 의미까지 지니게 되었다.

스타센터는 외국의 유명한 건축가 Aaron, Ton이 설계 했으며, 유비쿼터스 빌딩인 점, 신세대감각에 맞는 조형미를 갖춘 점, 독창적이고 역동적인 공간 디자인, 교직원 · 동문 · 지역인사가 함께 건축비의 일부를 모금한 점 등이 높이 평가되는 대역사였다.

이 총장은 취임 이후 지역혁신관, EM연구동, 스타센터, 스타타워 등 건물신축에 639억 원, 학생회관 리모델링을 비롯한 전 교사의 리모델링 비용이 123억 원 등 1,000억 원 이상의 재원을 투입했다. 이로써 모든 강의실과 연구실은 냉난방은 물론, 첨단 디지털 교육 기자재를 갖춘 유비쿼터스 빌딩으로 거듭나게 되어 전주대의 교육환경은 국제 수준으로 업그레이드되었다. 취임 당시 밝혔던 디지털대학의 면모가 갖춰진 것이다.

2010년 이제 전주대는 스타홈, 스타빌, 스타타워, 스타센터 등 건물이름에서 뿐만 아니라, 학사행정도 SUPER가 의미하는 영성강화 Spirituality, 사회공헌 극대화 Usefulness, 차별화된 특성화 Peculiarity, 지속적인 교육 혁신 Education, 충분한 자원 확보 Resources의 첫 글자에 맞춰 내실을 다졌다.

이남식 총장의 시스템 디자인에 따라 전주대는 명실상부하게 '수퍼스타를 키우는 대학'이 된 것이다. 오죽하면 지역적 한계를 뛰어넘기 위해서 전주대의 교명을 '스타 유니버시티Star University'로 바꾸어야 한다는 주장도 제기되고 있다.

미래 디자인 – 소통을 이루다

오늘날 대학의 경영주체는 기업과 마찬가지로 리더leader와 매니지먼트management라 해도 과언이 아니다. 대학의 리더인 총장은 대학 비전을 제시하고 전략을 구상하며 교직원 및 학생들에게 열정을 불어넣어야 한다. 매니지먼트는 대학 비전에 맞춰 조직에 질서를 부여하고 일상의 조직운영을 책임진다.

스티브 잡스S. P. Jobs 애플 회장이 리더라면, 티모시 쿡T. D. Cook 애플 최고운영책임자COO는 매니지먼트다. 카를로스 곤C. Ghosn 르노닛산얼라인언스 사장이 리더라면, 티에리 무론게T. Moulonguet 르노 최고재무책임자CFO는 매니지먼트다.

스티브 잡스의 천재성과 티모니 쿡의 조직운영 능력이 융합하면서 세계 MP3플레이어 시장 70% 점유라는 아이팟 신화가 만들어졌다. 카를로스 곤이 지닌 혁신적 사고 능력과 열정은 무론게의 치밀한 재무 · 회계 능력이 뒷받침되면서 닛산자동차의 회생을 가능케 했다.

우리나라 대학경영에서 이러한 환상적 조합을 꿈꾸기는 힘들다. 대학 총장은 리더이자 매니지먼트로서의 역할을 혼자 도맡아야 한다.

그러나 인간의 능력은 한계가 있는 법이어서 한 사람이 리더와 매니지먼트를 책임질 수 있는 능력의 소유자는 그리 많지 않다.

앞에서 살펴본 것처럼 이 총장은 그러한 두 가지 능력을 겸비한 몇 되지 않는 총장 중 하나로 손꼽힌다.

'손에 잡히는 꿈과 희망'

리더로서 이 총장이 부여받은 지상과제는 '패배주의 극복'이었다고 할 수 있다. 고등학교 시절 공부에 별 취미가 없었던 학생들, 이들을 데리고 강의를 이끌어야 하는 교수들 모두 시작부터 패배주의에 깊이 물들어 있었던 것이 사실이다.

그들에게는 '손에 잡히는 꿈과 희망'이 필요했지만, 아무도 그들에게 '손에 잡히는 꿈과 희망'을 이야기 하지 않았다. "하면 된다"거나 "꿈은 이루어진다"와 같은 말은 그야말로 허황한 남의 얘기였을 뿐이다.

2003년쯤 전주대의 상황은 최악이었다. 신입생 지원자가 급감하는 추세여서 존폐의 기로에 서게 될 지도 모른다는 불안감이 것이 뻔한 상황이었다.

하지만 2008년부터 전주대는 과거의 입학생 숫자를 회복했고, 입학경쟁률은 치열해졌다. 학생이 늘어나는 유일한 대학으로 자리매김 되었다. 2010학년도 입시에서는 수시 1차 모집에는 1,758명 모집에 4,239명이 지원해 2.41대 1, 수시 2차에서는 787명 모집에 2,857명이 지원해 3.63대 1, 정시에서는 1,045명 모집에 3,514명이 지원해 3.36대 1의 경쟁률을 보였다.

경쟁률만 높아진 것은 아니었다. 신입생들의 성적도 눈에 띄게 높아졌다. 사범대학의 사례를 살펴보자. 취업난으로 인해 교직에 대한 인기가 높아지면서 사범대학 진학을 희망하는 수험생들의 성적은 상위권에 속한 편이었다. 그것은 어디까지나 국립 사범대학에 국한된 이야기였다.

전북지역에서의 대표적인 국립 사범대에는 매년 수능 1등급 학생들의 지원이 쇄도했다. 같은 사범대라 할지라도 전주대에는 3등급 학생들이 진학해왔다.

그러나 상황이 달라졌다. 스타 트랙 제도의 일환으로 운영하고 있는 '교원 임용고시 준비트랙'을 통해 전주대 출신 학생들의 교원고시 임용 합격률이 지역대학 최고 수준을 유지하면서 우수 신입생이 몰려들었다.

국립 사범대학과 전주대에 복수 합격했던 교육청 고위층 자제가 전주대에 입학하는 결정을 내려 주위를 놀라게 한 사례도 있다. 전주대 사범대학의 교원고시 임용준비 과정이 탄탄하게 운영되고 있기 때문에 합격가능성이 훨씬 높다고 판단한 결과였다.

전주대는 2005년도 중등교사 임용고사에서 전북지역에서만 국어

6명, 한문 3명, 영어 5명, 수학7명, 가정 4명 등 총 25명이 합격하여 전북 최고의 성적을 나타내는 기염을 토하는 것을 시작으로, 2007년에는 29명이 합격해 교원임용고사 신흥명문으로 등장했다.

2008년에는 가정교육과 6명, 과학교육과 1명, 국어교육과 12명, 수학교육과 14명, 영어교육과 4명, 한문교육과 15명 등 모두 52명이 합격하는 쾌거를 이루었다. 특히 한문교육과의 경우 전국 시도에서 선발한 45명 중 15명이 전주대 출신이었다.

전라북도교육청이 실시한 2010학년도 전라북도 공립 중등학교 교사 임용후보자 선정 경쟁시험에서는 가정교육과 2명, 과학교육과 2명, 국어교육과 4명, 수학교육과 6명, 영어교육과 2명, 한문교육과 3명 등 19명이 합격해 선발학과 전체 합격인원의 38%를 전주대 출신이 차지하는 성과를 거두었다.

학생이 100% 만족하는 대학

이처럼 전주대가 학생 모집에서부터 두각을 나타내게 된 원인은 "학생 스스로 100% 만족하는 대학으로 만들자"는 대학 구성원들의 노력이 효과를 나타냈기 때문이다.

이 총장은 입학할 때와 졸업할 때 학생이 지니는 역량이 크게 달라질 수 있도록 하는 교육을 펼쳐야만 한다는 소신을 바탕으로 다양한

교육프로그램을 도입했다. 이 총장은 박성수 총장이 도입한 생애개발 프로그램을 훨씬 더 체계적으로 구현하면서 교수 · 학생들의 참여를 이끌어냈다.

첨단 정보 · 통신 캠퍼스를 구축하고, 최고 수준의 국제화 프로그램을 운영하며, 온라인 및 원격 교육을 확대하고, 국내 최고 수준의 교육환경을 만든 이 총장은 '학생 중심의 대학' 을 선언했다.

학생자율설계전공 및 연계전공제도를 활성화하고 개인별 프로젝트 제도와 맞춤교육 및 유연교육을 실시하는 등 학생들이 만족할 수 있는 교육을 펼쳐나갔다.

Star T Superstar Training 프로그램과 Star Net 프로젝트, Star Track 프로그램을 비롯해서 국내 최초 CA campus life adviser 제도 실시, 평생 사제동행 교육, 인성교육 강화 등 최고 수준의 학생지도 체제도 도입했다.

Star T Program은 학생 개인별 목표를 세우고 그 목표를 달성한 학생들에게 인센티브를 주는 방식을 통해 학생들이 자기 주도적으로 학업을 진행하도록 돕게 만든 제도다.

이러한 새로운 학사제도들은 자기 주도적으로 대학생활을 하는 것은 물론, 삶의 목표와 진로의 방향을 스스로 찾아내 만족스런 대학생활을 하게 만드는데 초점이 맞춰졌다.

학사제도도 대폭 수정하고 교육복지제도도 확충해서 교육수요자인 학생들의 만족도를 높여나갔다. 2학년과 3학년에 진급할 때 1회씩 전과를 할 수 있는 전과제도와 3개까지 복수학위를 취득할 수 있도록 하는 복수 전공제도를 활성화했다.

또한 DROP제도, 조기졸업제도, 특별학점인정제를 실시하고, 고려대 · 연세대를 비롯해서 한국지역대학연합대[1] 등과 학술교류를 실시하고, 5년제 학 · 석사 연계제도 등을 도입했다.

장학금도 대폭 늘렸다. 신입생의 40%인 1,200여 명이 장학생으로 선발되고, 재학생도 30%인 2,500여 명이 장학 혜택을 볼 수 있도록 만들었다. 수도권과 농어촌, 외국인 유학생들을 위해 기숙사도 대폭 확충했다. 3개의 기숙사들인 스타홈, 스타빌, 스타타워에는 각각 400명, 600명, 1,000명의 학생들이 쾌적하고 안락한 분위기 속에서 생활할 수 있도록 만들었다.

전주대가 이렇게 변화하자 대입 시험에 합격하고 등록을 하는 학생의 비율인 입학 잔류율도 70%에서 100%대로 올라섰다. 졸업할 때 학생 개인이 지니는 역량은 입학할 때와 비교해 크게 달라졌고, 취업률이 85%대 이상으로 높아졌다.

총장 직속으로 취업자문위원회를 설치해서 취업을 학생들의 취

1) 1995년 8개 대학교(전주대, 경남대, 계명대, 관동대, 아주대, 울산대, 한남대, 호남대)가 회원대학으로 결성한 한국지역대학연합은 대학교육의 국제화와 개방화에 대비하여 중남부지역 대학간의 상호 호혜적인 협력을 바탕으로 각 대학의 지리적 위치로 인한 인적, 물적 자원의 한계성을 극복하고 교육의 질 향상과 대학운영의 효율성을 모색코자 설립된 대학연합체이다. 한국지역대학연합은 총장협의회 산하에 교육협력위, 교육개혁협력위, 관리행정협력위, 국제협력위, 도서관협력위, 사회교육협력위, 산학협력위, 학생복지협력위, 학술협력위원회 등 9개 위원회를 두고 활발한 교류 협력을 펼쳐오고 있다.

업활동을 지원하고, 취업 수험준비를 돕는 Star 트랙제도를 활용하고, 전국 최초로 CA제도를 만들어 학생들의 진로지도를 철저히 해나갔다.

또한 취업을 위한 전공체험 학습, 전국 최초 생애개발 프로그램 운영, 진로 지도 교수제 실시, 적극적 창업지도 등을 통해 취업준비가 견실한 대학으로 변화시켰다. 이 총장의 취업에 대한 관심과 교수 및 교직원들의 노력 덕분에 전주대의 취업률은 전국 1~2위권을 넘나들게 되었다.

작고 지저분하고 취직 안 되는 학교에서 젊고 역동적이고 취직 잘 되는 대학으로 이미지도 바뀐 것이다. 취업이 잘 되는 대학으로 소문이 나니 입학생들이 많아진 것은 당연지사였다.

소통하고, 또 소통하라

이처럼 전주대가 변화를 이루어 내기까지 이 총장이 가장 중점을 두었던 것은 소통이었다. 아무리 좋은 아이디어가 있다고 해도 구성원들이 협력하지 않으면 변화를 이끌어 낼 수 없었기 때문이다. 하물며 변화에는 고통이 따르기 마련이어서 소통하지 않고 고통을 치유할 수 없었다.

예를 들어보자. 11개 학과를 없애고 대체의학대학을 만들자 경쟁률이 무려 25대 1로 껑충 뛰어올랐다. 하지만 구조조정 과정에서 애로가 없지 않았다. 폐과 대상 학과 소속 교수들과 학생들의 반발이 뒤따랐기 때문이다. 그러나 과감하게 메스를 들이댔다. 그리고 소통을 통해 진통을 잠재웠다.

구조조정과정에서 위기를 느끼는 교수들에게는 유사학과나 재학습을 통해 타과에서 계속 교수로 남아있을 수 있는 방안을 제시하고 설득해나갔다. 폐과 대상 학과에 재학 중인 학생들에게도 졸업 보장과 함께 희망학과로 전과할 수 있는 길을 터 주었다.

다소의 아픔이 뒤따르긴 했지만 구조조정은 성공리에 마무리되었다. 전주대에서 구조조정이 성공할 수 있었던 것은 모든 것을 전주대의 미래, 교직원의 미래, 학생들의 미래에 초점을 맞춰 가치창조value creation를 역설하며 소통에 성공했던 덕분이었다.

이 총장은 시장과 고객에 대한 이해가 명확한 사람이었다. 시장이 어떻게 바뀌고 고객들이 무엇을 원하는지 알고 있다는 말이다. 대학의 주요 고객인 학부모와 학생을 수시로 초청해 학교 변화를 알림으로써 자연스럽게 전주대가 인구에 회자되게 만들었다. 지역사회와의 활발한 교류를 위해 JJ문화경영아카데미 같은 CEO과정과 국제영재학교도 만들었다.

학생들의 눈에 비친 전주대의 모습을 알기 위해 수시로 포커스그룹 인터뷰도 했다. 또한 초청 학생들을 대상으로 '전주대가 좋은 이유 3가지'를 쓰게 하고 당첨된 학생들에게 선물을 주기도 했다. 이 모든 과정을 통해 고객들은 자연스레 전주대에 대해 친근감을 갖게 됐고 지금의 변화를 가져온 불씨로 이어졌다. 모든 것이 소통의 결과였다.

벤처정신으로 솔선수범

이 총장은 대학처럼 보수적인 집단을 변화시키려면 벤처정신을 발휘해야 한다고 생각했다. 그는 모험심과 호기심이 강한 과학자 출신이었기에 차별화된 방식의 매니지먼트를 펼치기로 결심했다.

첫 번째 시도는 전주대의 비전을 시각화visualize하고 역할과 사명을 분명히 하는 것이었다. 가치창조value creation에 역점을 두면서 자긍심 배양을 위한 용어의 선택적 사용을 제안했다.

즉 수도권 대학과 비교되면서 열등의식을 심어줄 수 있는 용어인 '지방대학region university'이란 단어를 대신해서 '지역대학local university'이라는 용어를 사용하자고 제안했다. 지역대학이라는 용어에는 대학도 이제 지역과 유리되어서는 발전할 수 없다는 것을 강조하는 뜻이 담겨 있었다.

또한 이 총장은 이미 살펴본 것처럼 많은 대학들이 '세계 속의 대학', '세계로 웅비하는 대학' '글로벌 중심대학' 등을 표방하고 있음에도 불구하고 '지역중심 대학', '지역 1위 대학'을 우선적인 목표로 설정함으로써 조금만 노력하면 실현 가능한 목표를 제시했다.

물리적인 변화도 중요하다고 판단했기 때문 UI도 바꾸고 지저분한 건물도 리모델링을 마무리했다. 이제 외형 못지않게 대학의 내실을 다져야 할 차례가 온 것이다. 이 총장은 재원마련에 부심했다. 재단전입금에 기대하거나 대학발전기금을 모으는 일은 분명히 한계가 있었다. 그래서 생각해낸 것이 대형 정부과제를 따는 데 힘을 집중키로 했다.

그러나 한 번도 정부과제를 따내본 경험이 없었던 전주대 교수들은 우리 실력으로는 어림없다고 생각했다. 전라북도 지역에는 전북대, 원광대, 군산대 등 쟁쟁한 경쟁 상대들이 많았기 때문이다. 하지만 이 총장은 교수들을 설득하고 강력한 추진력을 발휘하며 정부과제 수주 작업을 밀어 붙였다.

총장이 나서서 제안서 작성을 진두지휘하고, 총장이 직접 프리젠테이션에 나섰다. 다행히 거의 불가능하다고 생각했던 대형 프로젝트를 따내게 되었다. 2004년 6월 지방대학혁신역량강화사업NURI 대형과제에 선정됐고, 같은 해 7월 산학협력 중심대학 사업에 전북에서 유일하게 선정 되었다.

NURI사업은 교육인적자원부가 주관하는 지방대학혁신역량강화사업으로 2004년 전국 25개 대학을 선정하여 2009년까지 5년 동안 지원하는 국책사업을 일컫는다. 전주대가 응모한 전통문화 컨텐츠 X-edu는 대형과제로 선정되어 약 350억 원의 예산을 지원받게 되었다.

전주대는 X-edu사업을 통해 다학문적 통합교양 교육과정 및 기획 · 제작 · 기술 · 비즈니스가 연계된 전문화 교육과정을 개발 · 운영함으로써 전통문화 전문 인력을 효과적으로 양성해왔다.

또한 X-edu Studio Complex와 X-edutorium 구축을 통해 프로젝트 지향적 실무능력을 배양하고, 전통문화원형 발굴과 디지털 복원을 통한 전통문화콘텐츠를 기획 · 제작함으로써 고수익 창출의 비즈니스 모델을 개발하는 등 전통문화의 세계화에 크게 기여하는 성과를 거두었다.

산학협력 중심대학은 산업자원부와 교육인적자원부가 공과대학을 산학협력체제로 전환하여 산업집적지의 혁신을 지원하기 위한 사업으로 전국을 8개 권역으로 나눠 지원 대학을 선정했다.

첨단제조기술혁신AMTI을 과제로 정한 전주대는 전라북도권의 대표대학으로 선정되어 2004년부터 2009년까지 5년 동안 350억 원을 지원받았다. AMTI사업단은 지역전략 산업인 기계 · 자동차부품산업에 필요한 첨단제조기술 분야의 맞춤형 교육체계구축, 상품화 · 사업화 중심의 R&D, 중소기업 복합지원센터 구축, 공용장비 구축 및 국제 산학협력 등의 사업을 수행해왔다.

지방대학 혁신역량 강화사업으로 350억 원, 산학협력 중심대학으로 350억을 지원 받고, 각종 학교 자금으로 300억 원 등 1,400여억 원을 확보해 연구 교육시설 및 후생복지시설이 갖춰지면서 전주대는 전국에서도 내로라 하는 하드시스템과 소프트시스템을 갖출 수 있게 되었다.

전주대가 정부과제에 응모하면 반드시 선정되는 이변을 낳기 시작하자 '동방불패'란 별명도 생겨났다. 이런 성공들은 전주대를 변화시키는 전환점이 되었다.

대학을 발전시킬 수 있는 재원을 마련한 것도 의미 있지만, 무엇보다도 전주대 내부 구성원들이 '할 수 있다', '하면 된다'는 자신감을 얻게 된 것이 중요한 소득이었다. 이 총장의 소통경영, 솔선수범 경영이 가져온 성과였다.

'어깨를 으쓱하게 만든 총장'

한국대학교육협의회에서 발간하는 격월간지「대학교육」에는 시각디자인과 4학년 원혜림 학생의 '내 어깨를 으쓱하게 한 총장'이라는 글이 실려 있다.

이 글은 입학에서 졸업까지 4년 동안 대학생활을 하면서 직접 바라본 이남식 총장의 모습과, 대학의 변화하는 모습들을 진솔하게 담고 있다.

> 내가 우리 전주대학교 이남식 총장님을 처음 만난 곳은 입학식장이다. 4년이 다 되어가지만 내 기억은 지금도 또렷하다. 전주대 UI가 선명히 적힌 흰색 티셔츠에 청바지 차림의 총장님은 무대에 올라와 신세대 인기그

룹의 춤 텔미 댄스를 추었다.

내가 다른 대학친구들에게 자랑삼아 이야기를 하자 "너희 대학총장은 젊잖아"와 "너희 총장님은 정말 신사고를 가진 분인가 보다"는 답변이 돌아왔다. 그러면서도 부러운 눈치였다. 아무리 젊다고 하더라도 우리와 눈높이를 같이 할 수는 없을 것이다. 어디 젊은 대학총장이 한둘인가.

젊다고 신사고를 가지란 법은 없다. 애늙은이란 말도 있듯 젊은 사람이 노티를 내면 더 꼴불견이다. 어떤 사고를 하느냐가 중요하다. 내가 대학에 들어와 처음 어깨를 '으쓱' 한 것은 입학식 때 우리 멋쟁이 총장님 이야기에서 비롯되었다. 이후 대학을 다니며 총장님 때문에 '으쓱' 할 때가 한 두 번이 아니었다. (중략)

우리 대학교는 매년 '시민감사축제' 란 행사를 한다. 이것은 대학이 시민들에게 감사한 마음을 갖기 위해 마련한 행사이다. 그 때 총장님이 학생들의 발을 씻어주는 퍼포먼스를 하였다. 마치 예수께서 제자의 발을 씻는

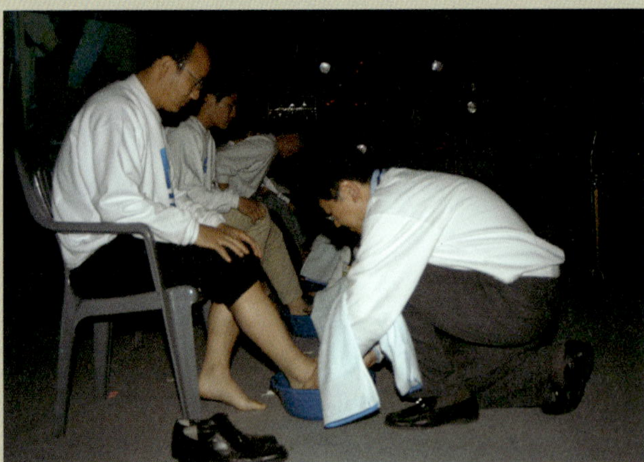

것처럼 정성을 들여 발을 씻어 주신다. 이게 간단한 것 같지만 아무나 하는 행위라고 보지 않는다. 정말 학생들을 사랑하는 마음이 없으면 이런 일을 할 수 없으리라. 더구나 지체 높으신 분이 이렇게 할 수 있는 것은 용기만 가지고 되는 일이 아니라 본다. 신앙의 힘은 이런 데서 나온다. 나는 친구들에게 우리 총장님에 대한 이 이야기를 하고 어깨를 또 '으쓱' 해 했다.(중략)

어느 날 캠퍼스에서 사진을 촬영하는데 우연히 이남식 총장님과 한 컷 찍을 기회가 있었다. 친구들이랑 총장님과 진지한 대화를 갖기는 처음이었다.(중략)

친구들은 총장님께 여러 가지 질문을 하였다. 때로는 까다롭고 불편한 질문도 하였다. 하지만 총장님은 너무 진지하게 하나하나 설명해 주셨다.(중략)

리더 한사람이 세상을 바꾼다더니 총장 한 분이 대학을 이만큼 크게 발전시키는 것을 보고 깜짝 놀라지 않을 수 없다. 지금 다른 대학들이 우리 대학교를 벤치마킹의 대상으로 삼고 있다.(중략) 여기의 중심에는 늘 멋쟁이 총장님이 계신다. 이제 우리는 세계를 가슴에 안고 멋들어지게 전진할 뿐이다.

– 「대학교육」, 2010년 1 · 2월호)

지역혁신관
Hall for Regional Innovation

변화와 창조 두 날개를 펴다

"게으른 자여 개미에게로 가서 그 하는 것을 보고 지혜를 얻으라. 개미는 두령도 없고 간역자(看役者)도 없고 주권자도 없으되 먹을 것을 여름 동안에 예비하며 추수 때에 양식을 모으느니라. 게으른 자여 네가 어느 때까지 눕겠느냐. 네가 어느 때에 잠이 깨어 일어나겠느냐 좀 더 자자, 좀 더 졸자, 손을 모으고 좀 더 눕자 하면 네 빈궁(貧窮)이 강도같이 오며 네 곤핍이 군사 같이 이르리라.(잠언 6:6~11)"

오쿠시마 다카야스와 이남식

K 총장의 하소연

“정말 총장 자리를 때려치우고 싶을 때가 한 두 번이 아니었다.”

몇 년 전 필자가 만난 서울 모 대학 K 총장은 이렇게 술회한 적이 있다. 대학마다 다르긴 하지만 보통 대학 총장들은 언론과 인터뷰를 할 때 처장 등 보직 교수나 홍보실장을 배석시키는 경우가 많다. 그런데 K 총장은 처음에 배석했던 직원을 물리치고 편하게 ‘대화하듯이’ 인터뷰하자고 제안했다.

K 총장은 마치 작심했다는 듯이 총장직을 맡으면서 지녔던 기대와 희망은 물론, 총장직을 수행하면서 느꼈던 아쉬움과 울분을 토해냈다. K 총장이 이토록 울분을 토로했던 이유는 ‘한계상황’ 때문이었다.

그는 교수직선 총장이었다. 선거에 출사표를 던지고 총장에 취임할 때만 해도 대학 발전에 대한 기대와 희망으로 가득 차 있었다고 말했다. 하지만 시간이 지날수록 총장에게 다가오는 한계상황을 뚜렷하게 느낄 수 있었고, 급기야는 스스로가 무능한 것이 아닌가 하는 생각까지 들었다고 고백했다.

대다수의 교수와 직원들은 K 총장이 대학발전의 밑그림을 제시하자 동의한다고 말했다. 그러나 막상 개혁과 변화를 시도하자 언제 그랬냐는 듯이 돌변하는 태도를 보였다. 심지어 총장이 해외 출장을 가려하자 예산 낭비라면서 곱지 않은 시선을 보내는 교수도 있었다.

이처럼 반대를 위한 반대를 하는 교수들을 바라보면서 "과연 내가 직선제로 선출된 총장이 맞나"라는 의구심마저 들었다고 한다. 대학마다 조금씩 상황은 다르지만 K 총장의 경우는 우리나라 대학의 현주소를 보여주는 중요한 단면이라 할 수 있다.

대학구성원들은 "대학이 존폐의 기로에 놓여있다"고 말하면서도 개혁과 변화를 구체적으로 시도하려 하면 걸림돌로 작용하는 경우도 많다. 대학은 대한민국 최고의 엘리트 집단이지만, 반대로 가장 보수적인 집단이기 때문이다.

국공립이든 사립이든 대학 총장들은 "우리 대학에는 총장이 몇 백 명이다"고 토로하곤 한다. 교수 한 사람 한 사람이 나름대로의 논리를 바탕으로 의견과 주장을 내세우기 때문에 나온 말일 것이다. 사공이 많으니 배가 산으로 올라 갈만큼 이론이 많아 일하기 어려운 곳이 바로 대학이다.

따라서 대학을 경영하는 리더로서 총장이 대학 발전을 위해 기존의 구조에 메스를 들이댈 경우, 교수 · 교직 · 학생 등 대학 구성원들은 이해관계에 따라 환호와 반발이 교차하기 마련이다. 또한 환호보다는 반발의 목소리가 크게 작용하는 경우가 많은 곳이 대학이다.

마치 운동경기에서처럼 환호와 반발의 정도에 따라 성공하는 총장과 실패하는 총장의 구분되는 것이 대한민국 대학사회를 지배하는 엄연한 현실인 것이다. 비약적으로 발전하는 대학과 나날이 정체와 퇴보를 거듭하는 대학으로 극명하게 엇갈리게 되는 것도 사실이다.

변화는 창조보다 힘들다는 것을 깨닫게 하는 대목이 아닐 수 없다.

와세다대학의 오쿠시마 다카야스

일본 와세다대의 오쿠시마 다카야스(奧島孝康) 전 총장과 이남식 총장을 비교해보면 여러모로 닮은꼴이 많다.

두 사람이 와세다대와 전주대 총장에 부임했을 당시 두 대학은 대학 발전을 기대할 수 없는 상황이었다. 아니 더 정확히 말하면 발전은 커녕 풍전등화의 위기에 빠져 있었다.

와세다대 출신인 오쿠시마 총장은 1994년부터 2002년까지 8년 동안 총장을 연임했고, 서울대 출신인 이 총장 역시 2003년 4월 전주대 제9대 총장에 취임한 후 2006년 제10대 총장으로 연임하고 있다. 두 총장이 연임기간 동안 체질개선을 통해 일구어 놓은 대학의 변화는 놀라움, 그 자체라고 해도 과언이 아니다.

먼저 와세다대를 살펴보자. 와세다대는 우리가 알고 있듯이 도쿄대와 더불어 일본의 전통 명문대학으로 손꼽히는 사립대로 130여 년의 역사를 자랑하고 있다. 하지만 오쿠시마 총장이 부임했을 당시의 와세다대는 이름만 휘황찬란할 뿐 '종이호랑이'에 불과했다.

"제가 취임할 당시 대학사정은 암울했습니다. '시설은 2류, 교수의 연구실적은 3류'라는 놀림을 받을 정도로 정체되어 있었으니까요. 교수의 79%가 연구를 안 하니 학생들이 제대로 공부를 할 리 있습니까?"

오쿠시마 총장이 언론과의 인터뷰에서 한 말이다. 오쿠시마 총장이 취임할 당시 도쿄대와 더불어 양대 산맥으로 군림하던 와세다대의 전통과 명예는 자취를 감추고 있었다. 뿐만이 아니었다. 1980년대 이후 겪기 시작한 재정난은 대학 발전의 발목을 잡고 있었다. 오쿠시마 총장이 취임한 이듬해인 1995년에 차입금이 대학 총자산의 17.3%인 390억 엔이나 되었다.

사정이 이렇다보니 낙후된 시설을 방치할 수밖에 없었고, 학생들은 콩나물시루와 같은 대강당 수업에 지쳐있었다. 학습효과가 떨어지는 것은 당연한 일이었다. 더욱이 와세다대의 발전을 가로막는 최대 걸림돌은 연구하지 않고 의욕 없는 교수사회였다.

오쿠시마 총장은 취임 직후 이사회에서 "글로벌과 로컬을 추구하는 글로컬 대학이 되어야 한다"는 개혁목표를 제시하는 것으로 대학 발전을 위한 시동을 걸었다. 오쿠시마 총장이 주목한 것은 와세다대의 전통을 고수하면서 미국식 교육의 역동성을 접목하는 것이었다. 그리고 가장 중요한 것은 학생들을 위한, 학생들을 만족시키는 대학이었다.

> "당시 대학 개혁에 대한 논의가 없었던 것은 아닙니다. 교직원들 사이에 개혁을 하자는 움직임이 있었습니다만, 그것은 교직원들의 처우를 개선하자는 것이었어요. 사립대의 재원 중 70%는 학생들의 등록금에서 나옵니다. 그런데도 학생들이 최대 고객이라는 생각을 못한 것이지요. 미래를 짊어지고 가는 젊은이 최고 엘리트를 양성해야 한다는 대학 사명은 뒷전으로 밀려나 있었던 겁니다."

오쿠시마 총장이 가장 먼저 시작한 일은 분산된 연구소를 분야별로 묶어 연구효율을 높이는 일이었다. 또 학부를 통폐합하여 활발한 학문적 교류가 이뤄지도록 했다. 그리고 커리큘럼을 전면 재편성했다. 구조조정이 시작되자 동문들과 교수들이 거센 반발을 보인 것은 당연한 일이었다.

교수들에게 연구비를 평등하게 배분하던 체제에서, 교수들이 능력껏 연구비를 외부에서 유치해 오는 '프로젝트 연구소' 시스템으로 바꾸었다. 이 제도를 도입하고 2년이 지나자 100개의 '프로젝트 연구소'가 생겼다. 대학본부에 '오픈 교육센터'를 설치하고 각 학부의 과목 중 1,300개의 과목을 전 학부에 공개했다.

이로 인해 교수들 사이에 경쟁이 생기고 강의의 질을 향상시킬 수 있었다. 변화를 두려워하거나 연구하지 않는 교수들이 하나 둘 도태되는 것은 어쩌면 예정된 수순이었다. 또한 오쿠시마 총장은 와세다대 출신을 교수로 임용하는 순혈주의를 타파하는 데도 주안점을 두었다. 취임 직후 와세다 대학 출신 교수 비율이 80%였지만, 재임 중에 60%로 줄어들었다.

또한 오쿠시마 총장은 재정난을 타개하기 위한 자구책 마련에 심혈을 기울였다. 1996년부터 재정개혁추진본부를 설치, 절약운동을 가시화했다. 학교 간부들의 공용차를 없애고 물품을 구입할 때 경쟁 입찰을 통해 비용을 5%씩 아꼈다.

이러한 노력 덕에 귀속수익차액수입에서 지출을 뺀 액수 비율이 1995년 3.5%에서 2005년에는 10%대에 이르렀다. 오쿠시마 총장은 일본 재계와 언론으로부터 '코스트 컷 오쿠시마cost cut Ocusima' 라는 별명을 얻었다.

또 '금리 스왑' 을 활용해 차입 금리를 압축하는 등 비용 삭감에 최선을 다했다. 그 결과 9년 동안 320억 엔의 경비절감 효과를 보았으며 기부금 모금과 자산 운용에도 적극 나섰다. 와세다대는 새로 확보한 재원으로 교수를 대폭 증원해 70%에 달하던 대강당 수업을 30%로 줄이고, 70%를 소강당 내지는 소그룹 수업체제로 바꿨다. 대학원도 증설해 연구기능을 강화했다.

이와 같이 와세다대의 변화가 가시화하자, 2003년에 민간 신용평가회사R&I는 와세다대에 일본 대학 가운데 최고 등급인 AA+를 매겼다. 현재 명문 사학이라는 전통과 명예를 되찾은 와세다대의 이면에는 오쿠시마 총장의 변화와 개혁의 땀이 속속들이 배어 있는 것이다.

지방대학에서 지역대학으로

오쿠시마 총장의 와세대학과 마찬가지로 이남식 총장의 전주대 역시 취임 당시에는 미래를 기대할 수 없는 암담한 상황이었다. 더욱이 오쿠시마 총장이 취임할 때 와세다대는 전통적인 명문사학에서 추락한 경우였지만 전주대는 상황이 완전히 달랐다. 명문이었던 적도 없었고 역사도 39년에 불과했다. 가장 큰 아킬레스건은 서울과는 한참 떨어진 지방대학이라는 것이었다. 우리나라 지방대학들이 처해진 상황이 얼마나 암울한지는 한근태 서울과학종합대학원 교수한스컨설팅 대표의 말을 들어보면 적나라하게 드러난다.

"대학의 경쟁력은 서울로부터 거리의 제곱에 반비례합니다. 아무리 좋은 대학도 수도권에서 멀면 경쟁력이 떨어지고, 후진 대학도 서울 근처에 있으면 명문이 됩니다. 누구도 부인하지 못하는 수도권 집중 현상의 대표적 폐해 중 하나이죠. 그만큼 우리나라 지방대학은 힘겨운 싸움을 하고 있습니다."

한 교수의 말처럼 우리나라 지방대학의 현실은 대학마다 다소 차이가 있긴 하지만 대체로 암울한 게 사실이다. 정치, 경제, 사회, 문화 등 모든 분야가 서울을 중심으로 이뤄지는 데다 실력을 갖춘 지역의 우수한 학생들은 수도권으로 몰려가고 있다. 게다가 학령인구 감소로 해를 거듭할수록 신입생 수가 부족, 사면초가의 현실에 빠져 있다.

대한민국에서 가장 열악한 경제상황을 지닌 전라북도에 소재하고 있는 전주대의 상황은 다른 지방대학들보다 더 힘들면 힘들었지 결코 낫다고는 볼 수 없었다. 신입생을 모집할 수 있는 파이는 작았고, 나눠야 할 대학의 숫자는 20여 개가 넘었다. 대학들은 신입생 유치를 위해 치열한 경쟁을 벌여야만 했다.

"총장에 취임할 때는 학교 상황이 최악이었다고 할 수밖에 없었습니다. 신입생은 갈수록 줄어들고 있었고, 재학생이나 교직원들의 얼굴에서도 역동성은 찾아볼 수 없었으니까요."

이 총장은 대학 구성원들에게 자신감과 역동성을 불어넣어야 한다고 생각했다. 그래서 "전주대는 지방대학이 아니라 지역대학이다"고 외치기 시작했다. 전주대가 지방에 소재해 있는 많고 많은 군소대학 중 하나가 아니라, 나름대로의 역할과 기능을 지닌 글로벌대학이라는 주장이었다. 그리고 전주대를 젊고 역동적이며 취직이 잘 되는 대학으로 이미지를 바꾸는 일에 비중을 두고 의욕적인 변화를 시도했다.

이 총장은 학생들이 세계적인 지역대학이라는 자긍심을 갖게 하기 위해 막대한 교육재원을 투입해 교육환경을 최고의 수준으로 바꾸었다. 12개동의 교사를 리모델링하고 14개동의 크고 작은 건물을 신축하면서 모든 시설을 글로벌 스탠더드에 맞추었다. 각종 실험기기와 실습기구를 최첨단으로 구입하고, 편안하고 안락한 편의시설을 마련함으로써 전국 최고의 교육환경을 만들었다.

"건물이 노후하고 학교에 대한 자긍심이 없는 상태에서 면학열기를 기대한다는 것은 우물가에 가서 숭늉을 찾는 것과 마찬가집니다. 따라서 건물을 리모델링하고 신축하는 한편 대학 개혁과 혁신을 온 힘을 쏟았어요. 또한 글로벌 인재양성을 위해 글로벌 스탠더드를 먼저 마련했습니다. 국내적인 사고로 세계적인 인재를 기대할 수 없기 때문이죠."

'통합교양'으로 글로벌 인재 양성

이 총장이 가장 즐기는 취미는 웹 서핑web surfing이다. 바람을 이용하여 파도를 가로지르는 윈드서핑처럼 인터넷 서비스를 이용하여 사이버 공간을 가로지르면서 필요한 정보들을 모은다.

아침 새벽과 저녁 늦은 시간은 물론, 차량 이동 중에도 틈만 나면 인터넷 공간을 넘나든다. 이 총장의 또 다른 취미는 독서다. 그는 다독형이다. 수많은 책을 사서 읽고, 좋은 책이라고 판단되면 참모들에게 나누어주곤 한다.

그는 웹 서핑과 독서를 통해 살찌운 해박한 지식을 바탕으로 전주대에 통합교양이라는 새로운 형태의 교양교과시스템을 만들었다. 이 총장은 "기존 교양과목은 교수를 위한 교양교육이었다. 이제는 사회가 원하는 교양교육을 해야 한다"는 생각으로 국내 최초로 '교양교육의 혁명' 이라 불리는 통합교양 과목을 시도했다.

학생들에게 폭넓은 교양지식을 습득하게 하고, 우리 사회의 구성원으로서 부족함이 없도록 사회 전반을 이해시키며, 시민으로서 기본적이고 필수적인 교육을 시키고 있는 것이다.

통합교양 교과목은 현대사회를 이해하기 위한 기본적이고 필수적인 지식을 2시간 분량으로 압축해서 제공하는 교과목으로 현대사회에 대한 통합적인 이해의 증진을 목표로 하고 있다.

인문 · 예술, 사회 · 문화, 자연 · 공학, 고전촉감 등 4개 분야로 이루어진 통합교양 교과목은 분야별로 한 학기에 12명의 교수가 별도의 주제를 가지고 강의를 진행하는 독특한 방식으로 운영되고 있다.

강의주제는 다양하다. 인문 · 예술분야의 경우 포스트모더니즘, 고령사회와 다문화 사회, 성과 사랑, 패러디는 표절인가?, 베토벤 바이러스로 본 클래식의 세계 등이 다뤄진다.

사회 · 문화분야에서는 정주영과 이병철, 한류와 K-POP, 중국의 현재와 미래, 대한민국 7대 위기와 기회 등을 강의한다.

자연 · 공학분야에서는 유비쿼터스, 디지털게임 Wii의 세계, 대체의학, 생로병사의 비밀, 신재생 에너지, 미래의 식량보고-바다목장 이야기 등을 수강하게 된다.

통합교양 과목의 강의주제들은 매년 이 총장과 교양학부 교수들이 토론을 통해 새롭게 결정하고 있다. 교과목 설강은 공모를 통해 결정하고, 현대사회의 성격을 집약적으로 표현한 시사성이 강한 주제어를 교과목의 내용으로 삼는다. 시험은 객관식 문제와 간단한 읽기 숙제reading assignment를 병행해서 치르고, 평가는 상대평가를 도입하였다. 학생들의 만족도가 높은 과목은 계속 존치 시키고, 학생들이 새롭게 관심을 갖는 분야의 과목들을 추가시키기도 한다. 처음에는 인문 · 예술, 사회 · 문화, 자연 · 공학분야로 나뉘었던 통합교양에 '고전촉감' 이 추가된 것이 좋은 예다.

교양교육을 소홀히 하지 않도록 비전임 교수의 의존율을 낮추고, 교양과목의 내실화와 적정 규모화를 꾀하였다. 고등교육은 전문지식의 습득도 중요하지만 교양인을 양성하는 교육과정도 매우 중요하다는 이 총장의 생각은 옳았고, 통합교양은 인기강좌로 정착했다.

이러한 전주대의 창조와 변화는 국내 유명 대학들뿐만 아니라 기업체들도 스터디 투어study tour에 나설 만큼 벤치 마킹의 대상이 되었다.

이 총장은 "전주대가 이룩한 창조와 변화의 성공요인은 교수 · 교

〈2010년 통합교양과목 분야별 강의 주제〉

사회 / 문화	인문 / 예술
서브프라임과 세계금융위기	포스트모더니즘
M&A	고령사회와 다문화사회
세계를 움직이는 다섯가지 힘	문명 충돌
UCC와 웹 2.0	성과 사랑
기업가 정신 & 리더쉽 이병철& 정주영	그리스 신화의 인물들
양성평등과 페미니즘	패러디와 표절
한류와 K-POP	조선왕조실록과 전주
G2 중국의 미래	눈에서 시작되는 학문의 세계
정보통신 윤리와 인터넷 중독	클래식 산책
생활속의 권리와 의무	산수화에서 수묵화까지
빈곤 대물림과 사회적 대응	극장과 공연예술
주식과 제테크	영화, 꿈의예술

자연 / 공학	고전촉감
지구온난화와 지속가능성	이중나선(제임스 왓슨)
사용자 중심의 뉴미디어	엔트로피(제레미 리프킨)
surface computing 나노 기술과 미래	코스모스(칼 세이건)
언제 어디서나 컴퓨팅, 유비쿼터스	고백론(어거스틴)
디지털게임 Wii의 세계	슬픈 열(레비 스트로스)
자세건강의 허와 실	도덕경(노자)
세계의 아름다운 도시와 지역경제	광장(최인훈)
활성산소와 항산화제	햄릿(셰익스피어), 돈키호테(세르반테스)
식품첨가물과 건강	변신(프란츠 카프카)
생활속의 교통안전	어린왕자(생텍쥐페리)
경험이 뇌와 지능을 바꾼다	설국(가와바타 야스나리)
미래의 자원, 바다목장	인간의 굴레(서머싯 몸)

직원 · 학생들이 혼연일체가 되어 협심 노력한 결과다"고 말하지만, 전라북도민들은 "한 사람의 리더가 전주대의 기적을 일구었다"면서 이 총장의 역할에 박수를 보내고 있다.

섬김의 리더십을 이야기하다

예수님의 서번트 리더십

성경을 읽다 보면 예수는 다양한 리더십을 펼쳤음을 깨닫게 된다. 예수는 정신적인 모범에 그치지 않고 세상에서 가장 유력하고 효과적인 리더십을 실행했다.

더구나 예수는 숙련되지 못한 12명의 사람들과 함께 했다. 고등교육을 받은 사람이라곤 오직 유다뿐이었고, 그는 결국 유일한 변절자가 되었다. 그러나 예수는 비숙련자들과 함께 하면서도 영구불변의 영향력을 창출해내는 기적을 보여줬다.

예수의 철학에서 가장 중심적인 내용은 서번트 리더십servant leadership, 즉 섬김의 리더십이었다. 예수는 더없이 헌신적이고 효과적인 섬김의 리더십을 구현했다. 야고보와 요한이 사도들 사이에서 리더 역할을 놓고 다투는 듯 보였을 때, 예수는 섬김의 리더십이 중요함을 분명하게 설파했다.

너희도 알다시피 이교도들의 통치자들은 백성 위에 군림하고, 고위 관리들은 권력을 휘두른다. 너희는 그러지 말거라. 너희 사이에서 높이 되고자 하는 자는 너희를 섬기는 사람이 되어야 한다.(마태복음 20장 25~27절)

여기서 가장 중요한 부분은 "너희는 그러지 말거라"이다. 예수는 사도들에게 익숙한 본보기와 전혀 다른 형태의 리더십, 즉 본래 서번트인 리더에 관해 이야기 하고 있다. 제2안 따위는 없었다. 서번트 리더십은 그들의 운영양식이어야 했으며, 그 점은 현대의 모든 리더들에게도 마찬가지다.

이러한 서번트 리더십이 경영학계에 본격적으로 대두된 것은 1977년로버트 그린리프R. K. Greenleaf의 『Servant Leadership』이 출간되면서 부터였다. 그러나 별다른 관심을 받지 못했던 서번트 리더십은 1996년 4월 미국의 경영학 전문출판사인 Jossey-Bass사가 『On Becoming a Servant-Leader』를 출간한 것을 계기로 경영학자들로부터 주목받게 되었다.

서번트 리더는 우선 서번트다. 서번트 리더는 섬기고자 하는, 먼저 섬기고자 하는 자연스러운 마음에서 시작된다. 그런 다음 의식적인 선택에 의해 이끌고자 하는 열망을 지니게 된다. 서번트 리더는 다른 사람들의 최우선적인 요구가 충족되고 있는지 확인하는 데 주의를 기울인다는 점에서 뚜렷이 구별된다. 다음의 질문은 서번트 리더를 가름하는 가장 확실한 기준이다. 섬김 받는 사람들이 인간적으로 성장하는가? 섬김 받는 동안 그들이 건강하고 현명하고 자유롭고 자율적인 모습으로 변하면서 스스로도 서번트가 될 것처럼 보이는가? (로버트 K. 그린리프)

그린리프에 따르면 서번트 리더십은 '타인을 위한 봉사에 초점을 두며, 종업원, 고객 및 커뮤니티를 우선으로 여기고 그들의 욕구를 만족시키기 위해 헌신하는 리더십'이라 정의할 수 있다. 그린리프는 서번트 리더십의 기본 아이디어를 헤르만 헤세Herman Hesse의 작품인 『동방으로의 여행Journey to the East』에서 얻었다고 한다.

소설은 여러 사람이 여행을 하는데, 그들의 허드렛일을 하는 레오Leo라는 인물에 초점을 맞추고 있다. 레오는 특이한 존재였다. 여행 중에 모든 허드렛일을 맡아서 하던 레오가 사라지기 전까지 모든 일은 잘 되어갔다. 그러나 레오가 사라지자 일행은 혼돈에 빠지고 흩어져서 결국 여행은 중단되었다. 충직한 심부름꾼이었던 레오 없이는 여행을 계속할 수가 없었던 것이다.

사람들은 레오가 없어진 뒤에야 그가 없으면 아무것도 할 수 없다는 사실을 깨달았다. 일행 중 한 사람이 몇 년을 찾아 헤맨 끝에 레오를 만나서 여행을 후원한 교단으로 함께 가게 되었다. 거기서 그는 그저 심부름꾼으로만 알았던 레오가 그 교단의 책임자인 동시에 정신적 지도자이며 훌륭한 리더라는 것을 알게 되었다. 소설 속의 레오가 바로 서번트 리더의 전형이었던 것이다.

한편 미래학자 피터 드러커P. Drucker는 『미래경영Managing for the Future』에서 "지식시대에서는 기업 내에서 상사와 부하의 구분도 없어지며, 지시와 감독이 더 이상 통하지 않을 것이다"고 말했다. 이는 리더가 부하들보다 우월한 위치에서 부하들을 이끌어야 한다는 기존의 리더십 패러다임에서 리더가 부하들을 위해서 헌신하며 부하들의 리더십 능력을 길러주기 위해 노력해야 한다는 서번트 리더십 위주의 패러다임으로의 전환이 바람직하다는 것을 의미했다.

이 총장은 서번트 리더십, 즉 섬김의 리더십을 적극적으로 받아들이고 구현하려고 노력했다. 그린리프와 드러커가 말한 봉사하고 헌신하는 리더의 자세도 중요하다고 여겼다. 또한 보다 높은 수준에서 사람들을 이끎으로서 사람들을 보다 높은 수준으로 끌어올리는 것이 섬김의 리더십의 핵심이라고 생각했다.

이러한 섬김의 리더십이 제대로 발휘될 때 전주대와 전주대 구성원들의 위상을 변화시킬 수 있다고 믿었다. 이 총장은 "서번트보다는 리더가 되는 편이 쉽고, 섬기고 협력하기보다는 군림하고 통제하기가 더 쉽다"는 말을 경구(警句)로 삼았다.

스스로 몸을 낮추고 주위의 모든 이를 섬기는 것을 생활화하는 섬김의 리더십을 실천키로 한 것이다. 섬김의 리더십을 중요하게 생각한 이유는 경영자적 사고 때문이라기보다 기독교인적 사고에서 출발했다고 보는 것이 옳을 것이다.

'레오Leo' 총장

이 총장은 섬김의 리더십, 봉사의 리더십을 몸으로 실천해오는 독실한 크리스천으로서의 삶을 살아왔다. 이 총장은 "섬김의 리더십은 성경에서 예수님이 모범을 보이신 리더십이다"면서 "모든 구성원들이 자기의 주어진 위치에서 하나님을 섬기고 상대를 섬기는 정신이 필요하다"고 강조해왔다.

실제로 이 총장은 미국 미시간대 자동차연구소 연구원시절과 한국표준과학연구원 책임연구원으로 재직하면서 엄청난 규모의 프로젝트를 수주했을 때 "모든 것이 기도로 이뤄졌다"고 말해 주위를 놀라게 하기도 했다. 남들 같으면 자신의 업적을 내세우려 안간힘을 썼을 텐데 말이다. 이러한 겸양은 "봉사는 남에게 도움을 주는 게 아니라, 자기 자신에게 은혜가 되는 것"이라는 기독교적 가치관에서 나온 것이었다.

그러나 이 총장은 섬김의 리더십이 결코 신앙인에만 해당되는 말은 아니라는 확고한 신념을 지녔다. 그가 생각하는 섬김은 나를 낮추고, 상대를 위하여 받드는 모습이다. 아니 나보다는 상대를 먼저 생각하고, 내 입장이 아니라 남의 입장에 서보는 것이다. 어쩌면 권위주의 시대의 그것과 정반대의 것이다.

과거 권위주의 시대에는 권위나 신분의 높낮이로 어떤 순서를 정했지만 지금은 그런 시대가 아니기에 언제 어디서든 만나는 사람을 섬기는 정신이 필요하다는 것이다. 특히 지금은 국민들의 민도가 높기 때문에 어느 것이 진정으로 자신을 위하여 봉사하는 것인가 안다. 우매한 시절에는 눈가림도 통했다고 하지만 이제 그런 시대는 분명 아니다. 바로 섬기는 리더십은 시대정신이자 트렌드라는 얘기이다.

이 총장이 주창해서 시작된 전주대의 섬김의 리더십은 곳곳에서 발휘되었다. 전북지역에 많은 대학들이 있지만 지역문제를 해결하기 위해 고민하고 기도하는 대학은 많지 않은 것이 현실이었지만, 전주대만큼은 달랐다. 이 총장은 늘 이렇게 얘기하곤 했다.

"전주대가 지역사회로부터 혜택을 누리기 위해 진행하는 프로젝트라면 당장 그만 두세요. 전주대 교수와 학생들은 언제나 여러 가지로 어려운 전북을 위해 무엇을 도와줘야 할 것인가를 생각해야 합니다."

실제로 이 총장은 지역사회 현장에 뛰어들어 문제를 해결하고 시민들의 마음을 위로해 주려고 애섰다. 전주대의 지역 섬김은 점차 빛을 발하기 시작했다.

지역기술혁신센터TIC를 만들어 농도인 전라북도에 농기계제조기술을 개발하고 중소기업의 애로사항을 해결해주는 일에 앞장서왔다. X-edu사업단을 통해 전북지역의 전통문화를 연구 · 개발해왔다. 또한 AMTI사업단을 통해 산학협력중심대학으로서 역할을 다해왔다.

'시민감사축제'를 통해 시민들에게 사은하고 위로하는 기회를 매년 정기적으로 개최해왔다. 이러한 일들은 하나같이 섬김의 자세에서 출발한 것이다. 뿐만 아니라 경제적으로 열악한 캄보디아의 국립기술과학대학을 맡아 운영하고 해외선교를 펼치는 일도 지구촌 섬김의 일환이라 할 것이다.

이러한 일들은 이 총장과 전주대가 『동방으로의 여행』에 나오는 '레오Leo'의 역할을 자임하면서 섬김의 봉사를 실천한데 따른 결과라 할 수 있다.

시각적 커뮤니케이션의 달인

이 총장은 중요한 프로젝트를 수행하는 과정에서 반대의견이 제시될 때는 구성원들을 커뮤니케이션communication, 즉 소통을 통해 설득함으로써 돌파구를 찾아왔다. 이 총장은 어떻게 이해와 설득을 통해 구성원의 동의와 합의를 이끌어내는지에 대한 일화를 들어보자.

"EM사업단장을 맡고 있을 때였어요. 지방대학혁신역량강화사업의 일환으로 진행된 EM사업단 국고지원사업에 대한 평가 보고회 준비를 하면서 저와 총장님의 의견이 첨예하게 대립된 적이 있었습니다.

이견을 보이는 상황인 때문이었는지 총장님의 어투가 곱게 여겨지지 않았습니다. 부드럽긴 하지만 가르치는 듯 한 어투에 화가 나더군요. 그래서 '못해먹겠다'고 했어요. 순간, 아주 짧은 침묵이 흘렀습니다. 하지만 다시 조용한 말투로 조목조목 논리적으로 설명하면서 이해를 시키고 설득을 하는 데는 옴짝달싹 못하겠더군요. 나중에 교과부 평가단이 방문해서 질문한 내용들은 거의 총장님이 지적한 내용들이었습니다."

때문에 전주대 교수와 직원들은 "이 총장에게는 논리적 당위성과 시각적 커뮤니케이션 도구들을 활용하면서 이해와 설득을 통해 변화와 발전을 가져오게 하는 마력이 있다"고 평가한다.

이렇듯 이 총장은 시각적인 커뮤니케이션의 달인이다. 그는 "프레젠테이션은 시각적인 커뮤니케이션이라 할 수 있다. 비전을 시각화해야만 많은 사람들이 현존하지 않는 계획을 이해하기가 쉽다"는 확신을 가진 사람이다.

엄숙주의가 만연한 취임식 대신, 자신의 계획을 구성원들에게 보여줄 수 있는 프레젠테이션을 통한 취임사를 선보였던 것도 좋은 예라 할 것이다. 뿐만 아니다. 현안 문제를 협의하기 위해 단 한 사람과 대화를 나눌 때도 노트북을 열어 프리젠테이션 화면을 띄우거나 화이트보드에 판서를 하는 일이 다반사다. 그것도 몇 시간씩 말이다.

직접 경험한 바 있는 필자가 바쁜 총장께서 왜 그리 세세하게 설명하는 열정을 보이느냐고 물은 적이 있었다. 이 총장의 대답이 이어졌다.

"예를 들어 보겠다. 학교 안에 건물을 세우거나 리모델링을 할 때 시각적인 시뮬레이션이 있으면 세부 사항까지 구성원들에게 쉽게 전달되어 명쾌한 합의도출이 가능하다."

이 총장이 어떤 일을 계획할 때 직원들에게 지시해서 파일을 만들도록 지시하는 경우는 거의 없었다. 자신의 구상들을 직접 파워포인트로 정리해두고, 노트북을 들고 다니면서 계획에 대한 프레젠테이션을 통해 구성원들을 설득하고, 토론을 통해 수렴된 의견들을 바탕으로 수정과 보완을 거쳐 최종안을 도출해냈다.

이 총장이 움직이는 곳에는 언제나 노트북이 따라다녔다. 사실 이 총장은 파워포인트뿐만 아니라 거의 모든 업무를 노트북으로 처리한다. 결재도 인터넷을 이용해 노트북으로 처리하고, 업무지시도 이메일을 통해 노트북으로 처리하는 경우가 대부분이다. 총장 수행업무를 담당비서진의 증언을 들어보자.

> "총장님은 학내에서 시간을 아끼기 위해 자동차로 이동 중이거나 자택에서 결재나 안건을 검토하신다. 예를 들어 밤 11시에 보고사항을 메일로 보내면, 이튿날 새벽 4~5시에 총장님으로부터 답장 메일이 와 있는 경우가 대부분이었다."

여담이지만 이처럼 디지털 총장, 커뮤니케이션 총장의 면모를 유감없이 발휘하는 통에 이 총장의 노트북은 평균 수명 1년 2개월을 넘지 못한다고 한다. 스스로 "취미가 웹 서핑 web surfing 이다"고 말 할 정도이니 컴퓨터 활용능력은 대한민국 50대 성인 가운데 최고의 수준이라 해도 과언이 아니다.

20대도 놀라는 얼리 어답터

이 총장은 얼리 어답터early adopter다. 얼리 어답터란 새로운 제품이 출시될 때 남들보다 먼저 제품에 관한 정보를 접하고, 제품을 먼저 구입해 제품에 관한 평가를 내린 뒤 주변 사람들에게 제품의 특성을 알려주는 성향을 가진 일련의 소비자군을 일컫는 말로 쓰인다.

이 총장은 개인 용도와 업무용도로 휴대전화 2대를 사용한다. 하나는 국산 스마트폰이고, 다른 하나는 애플사의 아이폰이다. 아이폰은 국내에서 출시되기 전에 외국에서 구입해서 이용해왔다. 젊은 20대도 첨단 IT제품을 선택하려면 망설여지게 마련인데, 그 바쁜 총장 직무 수행 중에도 선뜻 구입해서 혼자서 사용법을 깨우치고 익숙하게 활용하고 있는 것이다.

이동하면서도 초고속인터넷을 이용할 수 있는 무선 휴대인터넷인 와이브로WiBro/Wireless Broadband Internet가 처음 개발되었을 때도 관련서적을 구입해 원리와 응용을 혼자서 깨우쳐 활용했다. 출장길이 잦은 탓에 승용차로 이동하면서 결재를 하고, 취미인 웹 서핑을 즐기기 위해서였다.

웹 서핑과 관련된 일화 한 토막이 있다. 2005년도에 학군단에서 특강을 하던 이 총장이 한 장의 사진을 보여주었다. 야간에 한반도를 촬영한 위성사진이었다. 남한은 전 국토가 야경으로 환한 모습이었고, 북한은 평양지역 일부만 밝을 뿐 나머지 지역은 암흑과 같은 모습이

었다. 얼마동안의 시간이 흘렀다. 럼스펠트 미국 국방장관이 북한문제에 대해 고민하고 있다면서 이 총장이 특강 때 보여준 사진을 들고 나와 기자들에게 브리핑하는 뉴스가 보도되었다.

전주대 교직원들은 그저 뛰어난 웹 서핑 능력으로 짐작할 수 있을 뿐, 도대체 미국 국방장관이 가지고 있는 사진을 어떻게 이 총장이 구했는지 신기해했다.

스탠딩 회의

'토론의 정석'으로 통하는 강치원 원탁토론아카데미 원장은 회의

나 토론에 있어 가장 이상적인 탁자 구조는 원탁 모양이라고 주장한다. 최고의 직책을 가진 사람이 상단에 앉고 그 밑으로 구성원들이 쭉 앉아 있는 구조로는 분위기가 경직돼 자신의 발언을 제대로 할 수 없는 단점이 있다는 것이다.

이에 반해 원탁회의는 문제를 해결하기 위해 참석자 전원이 어떤 격식이나 상하관계를 떠나서 모두가 동등한 입장에서 탁자에 둘러 앉아 진행하기 때문에 활발한 진행이 가능하고 전원이 납득할 수 있는 결론을 찾아낼 수 있다.

이 총장은 여기에서 한 발 더 나아가 중요한 회의는 스탠딩 회의로 진행한다. 음식을 차려 놓기도 하고 때로는 칵테일파티로 진행하기도 한다. 탁자에 둘러앉아 회의만 할 경우 딱딱해 질 수밖에 없기 때문이다.

음식이나 음료를 들고 자유롭게 오가면서 옹기종기 모여 안건을 나누다 보면 활발한 논의가 이루어지는 점을 착안한 것이다. 전주대는 스탠딩 파티로 회의문화를 바꾼 이후 경직되지 않은 분위기에서 더 많은 정보를 나눌 수 있어 이전과 비교해 회의내용이 더 풍성해졌고 시간도 단축할 수 있었다고 평가하고 있다. 효율성을 꾀할 수 있는 스탠딩 회의의 이면에는 구성원에 대한 존중과 편리가 자리 잡고 있는 셈이다.

지역사회를 섬기자

전주대에는 다른 어느 대학에서도 찾아볼 수 없는 축제가 하나 있다. 이름하여 '시민감사축제'다. 2003년부터 시작된 '시민감사축제'는 대학이 지역으로부터 필요한 자원을 공급받아 운영되는 만큼 시민에게 감사의 마음을 전하고 섬기는 것이 당연하다는 이 총장의 제안으로 시작되었다.

그는 대학과 지역사회의 분리를 극복하고, 한층 가까운 동반자로서 지역과 대학이 빌진하기 위해서는 한마음이 되어야 한다고 생각했다. 첫 번째 시민감사축제가 열리자 지역사회의 시선은 두 가지로 나뉘었다.

'신선하고 바람직하다'는 시각과, '전형적인 보여주기 식의 쇼로 얼마나 가겠느냐'는 시각이었다. 처음에는 곱지 않은 시선을 보내는 쪽이 우세했다. 가끔씩 대학 행사에 학부모와 지역주민들을 초청해서 치르는 경우도 없지 않았지만 대부분은 일회성 행사에 그쳤기에, 전주대의 경우도 다르지 않을 것이라고 생각했다.

그러나 2003년 시작된 시민감사축제는 이제 지역사회의 결속력을 공고히 하는 전주의 대표적인 시민축제로 자리매김 되었다. 한 해도 거르지 않고 시민감사축제를 지속적으로 개최하자 전주대를 바라보는 시각도 달라졌다. 1만2,000명의 대학 구성원들과 65만 전주시민이 함께 어우러지고 즐기는 행사를 통해 전주대는 대학의 이미지를 높이는 성과를 거두게 된 것이다.

2003년부터 2007년까지 전주대 캠퍼스에서 실시했던 시민감사축제는 2008년부터는 전주시내 한옥마을 일원으로 장소를 옮겨 보다 많은 시민들이 참여할 수 있는 축제로 변화시켰다. 또한 공연과 음식제공 및 학과별 전시, 체험행사 등을 치르던 기존의 행사에서 다양한 내용으로 시민들의 오감을 즐겁게 하고 있다.

특히 전주한지문화축제와 함께 진행된 2009년 시민감사축제는 전주대 주요 부속기관과 학과들이 주도적으로 참여해서 풍성하고 유익한 체험 행사 및 전시행사를 마련하고 소를 잡아 시민들에게 대접함으로써 시민들의 호평을 받았다.

전주한지의 산업화와 생활화를 중심으로 체험의 장, 대학 최초로 대체의학대학을 설립한 의미를 살리고자 선보인 대체의학 서비스, 친환경 생활과 농업을 선도하는 EM사업단의 EM 소개, 우리나라 최고의 전통 문화콘테츠 사업을 벌이는 X-edu사업단의 연구 자료 공개를 비롯해 재학생들로 구성된 UCDC, 백마응원단 등의 무료공연은 시민들의 열렬한 호응을 이끌어냈다.

솔선수범의 대명사

이 총장은 솔선수범의 대명사다. 지난 7년 동안 총장으로 재임하면서 서울과 전주를 오가는 바쁜 일정 속에서도, 월요일에는 언제나 캠

자연향기의 치유
체형검사, 요통관리

퍼스 곳곳을 둘러보는 일을 쉬지 않았다. 특히 그는 월요일 아침이면 어김없이 총무처 관계자와 현장소장을 대동하고 공사현장을 꼼꼼히 살펴보았다. 공사의 진척상황도 점검하고 개선사항이나 문제점이 발견되면 즉각적인 시정조치도 내렸다.

또 이 총장은 전주대를 방문하는 사람들을 대상으로 캠퍼스투어를 진행하는 가이드 역할을 마다하지 않는다. 날씨가 좋은 날에도 광활한 캠퍼스를 돌아다니는 일이 힘겨운 일 것이다. 하물며 여름철이나 겨울철에는 여간 고통스러운 일이 아님에도 이 총장은 외국에서 온 손님들은 물론, 국내 대학 관계자와 지역사회 방문객들을 이끌고 전주대 곳곳을 누비면서 자세한 설명을 도맡아한다. 오히려 총장을 수행해야하는 보직교수들이 힘겨워 할 정도다.

뿐만 아니다. 이 총장은 전주대 홍보의 첨병 역할도 담당하고 있다. 캠퍼스 환경이 업그레이드되면서 세미나와 연수 장소로 전주대를 선호하면서 맡게 된 일이다. 세미나와 연수가 열리는 날에는 노트북을 챙겨들고 찾아가서 참석자들에게 전주대의 변화상과 미래상을 프리젠테이션 하는 일을 즐거운 마음으로 직접 진행하고 있다. 이처럼 총장이 궂은일도 마다하지 않는 이유는 스스로 앞장섬으로써 섬김의 정신이 전주대 모든 교직원들에게 배어들게 하자함 때문이다.

섬김, 그리고 클린 캠퍼스

처음 전주대를 방문하는 사람들은 사소한 세 가지 사실에 놀란다.

하나는 추운 날이든 더운 날이든 수위가 나와서 정문을 통과하는 차량에 거수경례를 하고 있기 때문이다. 관공서도 아니고 사관학교도 아닌 데도 경례를 하는 수위를 바라보며 전주대를 들어오는 사람들은 누구나 기분이 좋아지게 마련이다.

또 하나는 대학에서 개최되는 다양한 행사들을 알리는 현수막들이 색달라서 놀란다. 일반적으로 대학들 캠퍼스에 내걸린 현수막들은 크기와 칼라가 제각각이어서 지저분한 모습을 띄기 일쑤다. 그런데 전주대는 청백 바탕에 흰색 글씨의 문구, 그리고 대학 심벌마크가 들어가 있는 통일된 디자인의 현수막이 대학캠퍼스를 안정되게 만들고 있다.

마지막으로 전주대가 클린 캠퍼스라는 사실에 놀란다. 수많은 학생들이 생활하는 공간이지만 어디를 둘러보아도 담배꽁초 하나, 휴지 한 장 떨어져 있지 않을 만큼 깨끗하다. 곳곳에 있는 쓰레기통은 물론, 화장실에 가보면 세면대 위도 언제나 깔끔하다.

혹시라도 수위와 청소하시는 분들이 많아서 청결함을 유지하고 있다고 생각한다면 오산이다. 교직원 누구나 자신이 할 일을 제때 처리하고 있기 때문이다.

명절을 앞두고 총무처나 비서실에서 음지에서 수고하는 교직원들에게 줄 선물들을 준비한다. 하지만 이 총장은 그들을 위해 따로 선물을 준비해서 수고에 대한 감사인사를 쓴 카드와 함께 나누어주는 것을 잊지 않는다. 총장의 교직원들에 대한 섬김 정신이 교직원들에게 전이되어 자신에게 주어진 일에 최선을 다하도록 만들고 있는 것이다.

익숙해진 '최초'라는 수식어

전주대는 유난히 많은 '최초'라는 수식어를 지닌 대학이다. 대부분은 이 총장이 취임한 이후 얻어졌다. 전주대가 얻은 최초라는 수식어는 그저 이야기 거리를 만들기 위해 홍보용으로 내세우는 단순한 최초가 아니다.

하나같이 굵직굵직한 내용들이어서 전주대의 발전상을 상징으로 보여주는 내용들이다. 또 미래의 전주대의 발전을 가늠해볼 수 있는 주춧돌로 인식되고 있다.

이 총장은 자타가 공인하는 아이디어맨이다. 스스로도 "창조는 처음이고, 처음 하는 것은 블루오션을 만드는 것이다"는 생각으로 새로운 것에 도전하는 일을 즐긴다. 그렇다고 도전만 하는 것이 아니다. 도전하면 반드시 결과를 도출해내는 능력을 보여준다.

호텔형 기숙사 '스타 타워'는 지역 최초의 민자유치 대학기숙사로 1,000명을 수용한다. 캄보디아 국립기술대학NPIC 경영은 우리나라 최초의 고등교육 수출로 기록된다. 대체의학대학과 문화산업대학도 우리나라 최초로 설립한 단과대학이다.

전주대는 전국 최초로 학장 공모제를 시작했다. 다른 대학들이 기업체와의 협약을 통해 지원을 얻으려고 나선 반면, '비즈쿨bizcool 협약'을 통해 존폐의 기로에 서있는 전문계 고등학교를 지원하고 나선 최초의 대학도 바로 전주대다. 지역 축제를 매년 1-2회 이상 대학캠퍼스에서 개최토록 함으로써 지역사회발전을 함께 이끄는 대학도 전주대가 최초라 할 수 있다.

고등교육의 해외 수출 1호

캄보디아 수도인 프놈펜에서 차로 20분 이상 달리면 대형 아치형 교문에 '산업혁명의 중심이 되자'는 문구가 새겨진 캄보디아 국립기술대학NPIC'이 자리 잡고 있다.

붉은 벽돌의 현대식 건물 2층 건축과 강의실에서는 엄경숙 교수가 "세상은 넓고 할 일은 많다. 열정과 꿈을 가지고 노력하면 어떤 장애물도 뛰어 넘을 수 있다"며 열띤 목소리로 강의를 진행하고 있다.

20여 명의 캄보디아 학생들은 한마디도 놓치지 않으려는 듯 귀를 쫑긋 세우고 강의를 듣고 있었다. 쵸 싸우리Thau Saovry · 3학년 학생은 "교수님 가르침대로 열심히 공부해 캄보디아 미래를 밝히는 등불이 되겠다"고 말한다.

2009년 여름 어느 날, 캄보디아 프놈펜의 어느 카페에서 친구인 삼보와 치우리 차가 커피를 마시면서 처음으로 받은 봉급에 대한 이야기를 나누고 있었다.

삼보는 "첫 월급으로 400만 리엘약 1천 달러를 받았다"고 말하자 치우리 차는 깜짝 놀라며 얼굴이 붉어졌다. 자신이 받은 급여는 삼보의 20%에 불과한 80만 리엘이었기 때문이다.

치우리 차는 고등학교 시절 삼보보다 성적이 훨씬 좋아 캄보디아 왕립대학에 입학했다. 반면 삼보는 신설 대학이었던 NPIC에 들어갔다. 4년의 대학생활을 보내고 치우리 차는 캄보디아 국영기업에 취업했고, 삼보는 전주대에서 운영하는 NPIC에서 공부한 인연으로 한국계 기업에 입사했다. 그런데 급여는 다섯 배나 차이가 나게 된 것이다.

치우리 차는 어떻게 해야 삼보처럼 높은 급여를 받으면서 능력도 인정받을 수 있을 것인지에 대해 진지하게 고민했다. 그리고 내린 결정은 NPIC에 편입해야겠다고 판단했다. 2-3년 정도의 시간을 투자해서 한국계기업에 들어갈 수 있다면 결코 손해가 아니라고 생각했다. 한국계 기업들의 캄보디아 진출이 활발하게 진행되고 있기 때문에 그리 어려운 일이 아니라는 친구 삼보의 조언에 고개를 끄덕인 것이다.

사실 NPIC에는 다른 대학을 졸업하고 학사편입하거나 재입학을 하는 만학도들도 많다. 그만큼 NPIC 졸업생들에 대한 사회적 평가가 높게 나타나고 있기 때문이다.

전주대의 글로컬을 얘기하면서 빼놓을 수 없는 것이 바로 국내를 넘어선 해외 진출이다. 그것도 단순한 진출이 아닌 대학 경영이다. 우리나라 고등교육의 해외 수출 1호는 전주대가 운영하는 캄보디아 국립기술대학이다.

우리 정부의 원조로 프놈펜에 설립한 NPIC는 캄보디아에서 최고의 시설을 자랑하는 대학으로 전체 부지가 10만여㎡에 달한다. 컴퓨터도 500여 대나 갖춰 최고 권위를 자랑하는 왕립대학(30여 대)보다 무려 17배나 많다. 학교 운동장에는 캄보디아 최초로 잔디를 깔았다.

훈센 총리의 요청으로 NPIC 위탁경영을 맡은 전주대는 2005년부터 교수와 직원 30여 명을 파견해서 전자 · 전기 · CAD · 조리 · 문화관광 등 10개 학과를 개설해 운영하고 있다. 현재 재학생들은 2,000여 명으로 2년제 기술대학 과정과 4년제 학위과정이 함께 섞여 있다.

현장실습 위주로 짜인 전주대의 맞춤 취업 프로그램은 NPIC에서 특히 높은 평가를 받고 있다. 2008년의 경우 졸업생 300명 전원이 취업돼 현지 언론에 대서특필이 되기도 했다. 또 해외파견 근로자를 위한 단기 기술 교육 과정도 운영한다. 한국으로 나가는 근로자들에게는 어학, 문화 교육도 해준다.

한편 전주대는 캄보디아 학생들이 선진국으로 유학을 가는 징검다리 역할도 톡톡히 하고 있다. 특히 우수한 졸업생들을 선발해서 전주대로 유학을 보내 석사과정과 박사과정을 마칠 수 있도록 돕고 있다. 현재 전주대에는 NPIC 학부생, 대학원생, 교수요원 21명이 전액 장

NATIONAL POLYTECHNIC INSTITUTE OF CAMBODIA

학금을 받고 유학 와서 공부하고 있는 중이다.

훈센 캄보디아 총리는 "전주대가 운영하는 NPIC는 캄보디아 대학들이 따라가야 할 발전 모델"이라며 "한국의 카이스트처럼 과학 · 기술 분야의 인재를 양성하는 요람으로 만들어 달라"고 당부할 정도로 기대감을 감추지 않고 있다.

NPIC에 대한 이 총장의 관심이 각별한 이유가 있다. 1890년대 선교사들이 전주에 와서 병원도 세우고 학교도 지어준 사실에 주목한 것이다. 다시 말해 전주가 복음의 빚이 많은 지역인 만큼, 기독교대학인 전주대가 캄보디아를 비롯한 저개발 국가들에 빚을 조금이나마 갚아야 한다는 것이다.

이 총장이 "NPIC가 배출한 학생들이 캄보디아에 한국의 문화를 전파하고 이미지를 높이는 것은 물론, 캄보디아 경제를 부흥시키고 동남아 지역과의 경제협력체제 구축을 위한 교두보 역할을 할 수 있도록 최대한 노력하겠다"는 것도 바로 이런 맥락에서 이해할 수 있다.

한편 전주대는 2004년 9월, 몽골의 대표 대학인 울란바토르대학, 몽골민족대학과의 국제교류협정을 체결하고 지원을 아끼지 않고 있다. 생산디자인공학과를 개설하여 교육콘텐츠를 지원하고 전주대의 생산디자인공학과와 공동 학위제를 실시하고 있다.

전주대는 울란바토르대학 생산디자인과에서 2학년을 마친 학생들 중 7~8명을 선발해 전주대로 유학 와서 선진학문을 탐구할 수 있는 기회도 제공하고 있다. 기독교대학인 전주대가 한말 이후 우리나라에

수많은 미션스쿨을 설립해 교육의 기회를 제공해준 외국선교사들의 은혜를 갚고 있는 셈이다.

몽골민족대학의 경우 한국어과를 개설해 교육콘텐츠와 커리큘럼을 지원했다. 2005년 10월에는 교육인적자원부와 협력하여 이들 두 대학에 문헌 및 도서, 그리고 교육기자재컴퓨터를 지원하여 대학의 교육역량을 높이는데 공헌했다.

또한 전주대는 또 라오스국립대학 설립프로젝트를 추진하고 있다. 이처럼 전주대가 캄보디아 몽골 라오스 등에서 대학경영 프로젝트를 진행할 수 있게 된 배경은 전주대의 대학경영 능력이 이미 국제수준에 도달했음을 의미하는 것이라 하겠다.

학장공모제 최초 실시

지난 2007년 2학기, 목포대는 단과대학장 임명제를 도입해 스포트라이트를 받았다. 그도 그럴 것이 1980년대 이후 20여년 이상 전임교수 이상이 참여하는 직선제를 통해 선출해왔던 전례를 깨고 단과대학장을 총장이 직접 임명하기로 했기 때문이다.

목포대가 단과대학장 임명제를 도입한 이유는 단과대학들이 상호경쟁체제를 구축함으로써 대학의 전체적인 경쟁력을 강화시키기 위한 때문이었다. 그런 만큼 학장에게는 단과대학을 자율적으로 운영할 수 있는 권한과 함께 책임을 부여했다. 단과대학장 임명제로의 전환은 국?공립대학 중에서 목포대가 처음이었다.

그러나 이보다 앞서 전주대는 사립대 중에서 최초로 2명의 기업인을 단과대학장으로 특채하는 파격인사를 단행한 바 있었다. 2007년 2월 단과대학장 모집공고를 통해 선발한 사람은 최종문 콰이어&오르간 대표와 이정현 저작권진흥본부장으로 이들은 각각 문화관광대학장과 문화산업대학장으로 임명됐다.

최 학장은 취임 이후 'One down, Two up'을 단과 대학 운영 목표로 삼아 교육력을 강화하고, 취업률을 높이는 정책을 펴 학생들로 하여금 많은 관심과 존경을 받았다. 특히 그동안 졸업생들이 국내 관광업계에만 취업해온 것에서 탈피, 해외 유명 관광관련 기업들에 취업시키는데 앞장서서 국제화를 앞당긴 학장으로 갈채를 받았다.

전주대의 획기적인 인사를 교육계는 신선한 충격으로 받아들였다. 그동안 총장이나 전문대학장에 CEO형 기업인이 발탁된 사례는 많았지만, 단과대학장에 교수가 아닌 민간인이 임명된 사례는 처음이었기 때문이다.

전주대가 학교 밖에서, 그것도 기업인을 단과대학장에 임명하는 파격을 단행한 것은 실무경험을 풍부히 지닌 학장들을 외부에서 특채함으로써 실무형 인재양성과 취업성과를 높여 해당 단과대학의 경쟁력을 높이기 위한 이 총장의 포석이었다.

이보다 앞선 2004년 이 총장은 국내 최초로 대체건강학부를 개설하고 오홍근 포천중문의대 교수를 의생명환경대학장으로 임명해 화제를 불러일으킨 적도 있었다. 캐나다 토론토대 의과대학과 캐나다 대체의학 대학원 교수를 역임하기도 했던 오 교수는 한국아로마테라피학회 회장, 한국대체의학회 이사장을 맡는 등 우리나라의 대체의학의 선두주자로 활동하는 학자였다.

전주대가 이처럼 학장공모제나 대체의학 분야 최고 전문가를 영입하는 데 심혈을 기울인 것은 우수인력의 활용을 통해 대학의 유연성을 신장시켜 대학을 질적으로 크게 성장시키기 위한 전략이었다.

전문계 고교와 비즈쿨 협약

2005년 6월 7일 전주대 대학본부 대회의실에서는 뜻 깊은 행사가 벌어졌다. 전주대 창업보육센터와 전북지역 8개 전문계 고등학교가 전국에서는 처음으로 비즈쿨bizcool협력 협약을 맺은 것이다.

비즈쿨은 중소기업특별위위회가 청년실업을 극복하기 위해 마련한 국가적 사업으로 청소년 시절인 고교시절부터 창업마인드를 고취시키고, 창업교육을 할 수 있도록 만든 제도였다. 이날 협약식에서 전주대는 지역사회에 공헌하는 대학의 소임을 다하기 위해 청년실업 극복에 앞장서는 한편 학생들의 창업을 적극 지원하기로 했다. 협약에 참여한 고등학교는 군산상업고, 남원용성고, 진경여자고, 학산정보산업고, 덕암정보고, 원광정보예술고, 임실서고, 이리공업고 등이다.

전주대는 분야별 창업 전문가를 통한 창업교육을 지원하고, 고등학교 창업동아리 학생지원, 창업개념, 창업효과, 창업의 주요 요소, 창업의 필요성, 목적, 내용 기업가정신, 창업절차, 아이템 선정, 사업계획서 작성 및 타당성 분석, 법인설립 및 사업자등록, 사업장 매입 또는 임차, 지적재산권, 세무?회계 기초실무 등, 창업방법 등을 교육 지원한다.

또한 이들 학교에 전주대 창업아이템 경진대회, 전주대 시민감사축제 중 부스제공, 입주기업 견학 및 중소기업 현장체험 활동혜택, 창업강좌, 소호 창업 강좌, 각종 창업관련 세미나 수강혜택 등 다양한 지원활동을 펼쳤다.

전주대가 이처럼 전문계 고등학교 지원에 나선 것은 다른 대학들이 대부분 도움주기 보다는 도움 받기 일환으로 기업체들과 협약을 맺는 것과 정반대의 행보였다. 이 총장이 천명한 섬김의 리더십을 통해 지역사회 고등학교에 헌신 봉사하기 위함이었던 것이다.

지속경영가능대상 창조경영상 수상

2008년 10월 30일 오후 대한상공회의소 국제회의장 수상자석에 앉아있던 이남식 총장의 입가에는 옅은 미소가 흘렀다. 지식경제부가 주최하고 대한상공회의소와 산업정책연구원이 공동 주관한 제3회 지속가능경영대상 시상식자리였다.

지속가능경영대상은 기업이나 기관들로 하여금 자율적으로 지속가능한 경영을 촉진토록 만들기 위해 윤리·사회책임·환경경영·혁신경영·창조경영 분야에서의 우수 사례를 발굴하여 포상 격려하기 위해 만든 상으로 전주대는 대학 최초로 '창조경영상'을 받았다.

이 총장의 머릿속에는 지난 세월 동안 수행했던 숱한 일들이 주마등처럼 스쳐갔다. 창조경영상 수상은 전주대의 변화와 개혁에 따른 발전가능성을 정부로부터 공식적으로 인정받는 것을 의미했다.

전주대는 5년간(2003~2007년) 급변하는 교육환경 속에서 학사운영에 있어서 새롭고도 전반적인 성장 기회를 탐색함으로써 대학을 지속

적으로 발전시킬 수 있는 기반을 다졌다는 점이 높게 평가되어 창조 경영부문에서 수상의 영광을 안았다.

"대학이 단순한 기능적 교육기관으로서가 아닌 사회의 지속가능성 창출에 기여하고, 사회로부터 사랑 받는 대학이 되어야 한다는 생각으로 대학의 비전과 사명을 새롭게 정하고, 대학의 모든 활동과 노력들이 이 비전의 성취를 위해 집중되도록 노력했습니다.

이 총장이 수상소감에서 밝힌 것처럼 그동안 전주대가 일궈온 성과는 대학사회에서 일찍이 경험해보지 못한 것들이었다.

전국 최초로 대체의학대학 및 문화산업대학 개설과 생산디자인공학과 개설 등 신성장분야의 학사단위를 신설, NURI사업 대형과제 선정, HUNIC사업 전북 유일 선정, TIC 개설, 지역대학 최초로 생산형 창업보육센터 개설, 한지 RIC 개설, 학교기업 약고추장 개설, 입학사정관제 도입, 에너지인력양성과제 선정 등 총 1,000억 원에 달하는 각종 국책사업을 따냈다.

또한 국제영재아카데미 운영, JJ문화경영아카데미 운영, 우리나라 최초의 고등교육 수출 등은 어느 하나 소홀히 여길 수 없는 성과들이었다.

뿐만 아니라 이 총장은 전주대 장기발전계획을 세우면서 대학의 비전을 '변화와 회복을 통하여 수퍼스타를 키우는 글로컬대학' 으로 정하고, 5대 핵심전략 영성강화, 사회공헌 극대화, 차별화된 특성화, 지속적 교육혁신, 충분한 자원 확보 과 7대 부문별 발전목표 교육혁신, 학생취업, 연구 및 산학협력, 행 · 재정서비스, 사회공헌, 국제화, 특성화를 세우고, 4대 지속가능경영 노력으로 경영목표를 세워 이해 관계자와 대화의 시스템을 만들기도 했다.

이민영 전주대 홍보실장은 "우연의 일치이기도 했지만 지속가능경영대상 평가 대상이었던 5년이라는 기간이 이남식 총장 재임기간과 동일했다. 결과적으로 이 총장의 대학경영능력이 탁월했음을 정부가 인정해준 최초의 사례였다"고 수상의 의미를 설명했다.

Made in Star

민주적 대학 운영

전주대는 이미 1980년~90년대를 거치면서 학원민주화를 위한 진통을 경험한 바 있었다. 이러한 사실을 잘 알고 있는 이 총장은 뚜렷한 소신을 가지고 민주적 경영을 구현하기 위한 남다른 시도들을 해왔다.

전주대는 법정기구로 설치토록 권장하고 있지만 일부 사립대학들이 기피하고 있는 대학평의회를 대학 최초로 설치한 대학으로 유명하다. 그렇다고 형식적으로 만든 것이 아니다. 교수회, 학생회, 노조, 동창회, 지역사회 인사 등이 참여하는 대학평의회에는 예산결산자문 및 심의 권한을 부여해 명실상부한 대학경영 최고 의사결정기구로 만들었다.

뿐만 아니라 학장직선제를 실시함으로써 교수들로 하여금 주도적으로 단과대학 운영을 책임지도록 만들었다. 직선제를 실시하자 능력있고 성실하며 단과대학 발전을 위해 헌신 봉사할 수 있는 교수들이 속속 학장에 선출되었다. 그렇다고 전주대에는 다른 대학들처럼 직선제에 따른 파벌 형성이라거나 학과 이기주의 폐단도 나타나지 않았다.

이 총장은 많은 권한을 단과대학에 위임했다. 특히 교수공채에 있어서 1차 인사권을 단과대학에 줌으로써 전문성과 함께 자율성을 보장했다. 덕분에 우수한 교수들을 확보할 수 있게 되는 결과를 낳았다.

교수, 교직원, 학생들의 의견수렴에도 귀를 기울였다. 이 총장은 교수회를 비롯한 학내 구성원들의 의견 수렴에 최선을 다한다. 물론 다양한 의견들을 수렴하는 과정을 거치다 보면 업무추진이 다소 느리거나 복잡해지기도 하지만, 혼란과 시행착오를 방지할 수 있는 효과가 훨씬 크게 나타났다.

이처럼 전국 대학 최고 수준의 민주적 대학운영에 때문에 때로는 대학본부의 처장직책을 맡고 있는 참모들로부터 "우리 대학은 워낙 다양한 목소리가 존재해 보직을 수행하기가 매우 힘들다"는 하소연을 듣기도 하지만, 이 총장은 전주대의 민주적 경영방침을 한 번도 후회해본 적이 없다.

'골든트라이앵글'

전주대에는 '골든트라이앵글'로 불리는 독창적인 '3스타 프로그램'이 있다. 전국 최초로 대학생들이 자기주도적인 학습이 가능하도록 기획한 '스타트Star-T프로그램', '스타넷StarNeT프로젝트', '스타트랙Star Track 프로그램'이 그것이다.

'3스타 프로그램'은 현대 산업사회가 요구하는 인재, 즉 사회적으로 인정받는 건실한 전문인으로 육성하기 위해 도전정신과 능력, 공동체의식 등을 키우는 특성화 진로교육 프로그램이다.

전주대가 내세우는 'The Place for Superstars' 라는 캐치프레이즈를 바탕으로 전주대에는 매년 자기 계발에 전력을 다한 수퍼스타들이 탄생하고 있다. 2009년 12월 2일 대학본부 대회의실에 모인 48명의 학생들의 얼굴엔 미소가 가득했다. 한 사람 한 사람 자기계발을 위해 구슬땀을 흘린 결과가 나타났기 때문이다.

개인경력관리를 통한 자신감 향상 프로그램 Star-T 프로그램에 참여, 자기계발 활동 포인트가 500점 이상을 얻은 수퍼스타들에게는 인증서와 함께 특별해외연수 장학금이 수여되었다.

전주대가 선발하는 수퍼스타는 해를 거듭할수록 증가하고 있다. 2005년에는 3명에 불과했지만, 2007년 31명, 2009년은 49명으로 불어날 정도로 학생들에게 폭발적인 인기를 얻고 있다. 이 총장은 수퍼스타들이 탄생할 때마다 당부의 말을 잊지 않는다. 핵심은 희생 및 헌신의 정신을 가지고 타인에게 감동을 자아내게 할 수 있는 진정한 수퍼스타가 되라는 것이다.

"수퍼스타에는 두 가지의 의미가 있습니다. 능력이 탁월하여 사회적으로 존경받고 경제적으로 부유한 사람이란 권위적인 의미도 있지만, 자신의 능력을 내려놓고 낮은 곳으로 임하여 인간을 섬기신 예수 그리스도의 희생 · 헌신적 의미도 있습니다.

자신의 분야에서 열과 성의를 다해 타인에게 감동을 주는 진정한 수퍼스타가 되어 다른 대학 출신들이 할 수 없는 것을 전주대 출신 수퍼스타들이 해주길 바랍니다."

Star T Program

기업을 비롯한 사회가 대학에 보내는 시선은 따갑다. 오죽하면 박용성 전 두산그룹 회장이 "대학은 애프터서비스가 되지 않는 불량 인적 자원 공급처다"는 이야기를 했을까. 기업들은 대학이 배출한 신입사원을 선발해서 실무에 배치하기 위해서는 막대한 재원을 투입해 재교육과정을 거쳐야만 한다고 아우성을 쳐왔다.

기업과 연구소, 대학에 두루 몸담아 왔던 경력의 소유자인 이 총장은 대학이 단순히 전공 분야 교육에만 집중해서는 곤란하다는 생각을 해왔다. 대학은 학문연구 뿐만 아니라 현대 산업사회가 요구하는 적절한 인적 자원을 배출해야 한다고 판단했다.

그래서 도입한 제도 중 하나가 자기 주도적이며 체계적인 커리어개발 프로그램으로 평가받는 Star T Superstar Training 프로그램이다.

전주대의 독창적인 수퍼스타 훈련 프로그램인 Star T는 도전정신, 능력개발, 공동체의식을 지닌 인재 양성에 초점을 맞추고 있다. 어학 등 각종 강좌와 자원봉사 등 교내 · 외 활동 참여 정도에 따라 인증 포인트certification point와 장학 포인트scholarship point를 부여하고, 개인별 합산 점수에 따라 인증서를 수여하고 국내외 연수 기회 제공과 장학금 지급 등 다양한 특전을 부여하는 방식으로 운영되고 있다.

특히 'Star T Plan', 3C Challenge, Competence, Community, 사회진출, 평생지원활동졸업생 데이터베이스 구축, 재교육지원, 평생사제동행, 백업시스템 강화을 아우르는 것으로 학생들의 입학에서 졸업 후 사회활동까지를 지원하는 제도로 평가 받고 있다. 이 프로그램은 전체 재학생의 70%가 참여할 정도로 인기가 높다.

Star Net Project

Star Net 프로젝트는 전공학과와 산업체 사이의 협력체계를 주요 뼈대로 하고 있다. 산학이 긴밀한 유대관계를 맺음으로써 '윈윈win-win' 할 수 있도록 하는데 무게 중심을 두고 있다. 기술개발 및 정보교환, 산업체에 대한 기술지도, 학교 내 실무교육프로그램의 개발, 학생들의 산업체 현장실습 및 취업활동을 지원하기 위한 프로그램이다.

이를 활성화하기 위해 전공과 산업체 임원으로 구성된 산학협력위원회를 조직, 산업체에서 요구하는 실무형 인재 육성에 주안점을 두고 있다.

전주대는 각 단과대학별로 산업체간 협력체계를 구성, 효율성을 꾀하고 있다. 2009년 현재 인문대 71건, 사회과학대 65건, 경영대 85건, 대체의학대 82건, 공과대 110건, 예체능대 61건, 문화관광대 82

건, 사범대 56건, 문화산업대 68건 등 총 680건을 구축하고 있다. 특히 최소 3학점부터 최대 18학점을 학점으로 인정, 학생들의 적극적인 참여를 유도하고 있다.

Star Track Program

Star Track은 학생들에게 인기 있는 직종에 대한 집중적인 지원과 실무 및 기초 능력을 향상할 수 있도록 학습 지원 시스템을 구축하는 프로그램으로 학생들의 눈높이와 요구에 초점을 맞추고 있다.

Star Track에는 7급 및 9급 공무원시험, 경찰공무원을 준비하는 '공무원 시험준비 트랙', 중등교사 임용고시를 준비하는 '교원 임용고시 준비트랙'을 비롯해 창업과 자격증 취득을 위한 '실무형 교육 트랙', 영어 중국어 일본어 등 '외국어능력 향상 트랙' 등이 개설되어 있다.

전주대는 취업을 준비 중인 학생들이 각종 시험에 효과적으로 대비할 수 있도록 트랙별로 담당 교수를 배정해서 소수정예 인원15~20명을 집중 교육토록하고 있다.

현재 공무원 시험준비 트랙에는 10팀, 교원 임용고시 준비트랙 19팀, 실무형 교육 트랙 76팀, 외국어능력 향상 트랙 10팀이 자신들이 원하는 트랙을 밟기 위해 온 힘을 쏟고 있다.

NURI 대형과제로 선정된 X-edu사업

전주대는 2004년도 지방대학 혁신역량 강화사업NURI에서 '전통문화콘텐츠 X-edu eXperience-based education사업'이 대형과제로 선정되면서 개교 이래 최대 경사를 맞았다. X-edu에는 전주대는 물론 전통문화의 고장임을 자부하는 전라북도 발전의 비전을 담아냈다는 평가를 받았다. 이로써 전주대는 교육부로부터 350억 원의 예산을 지원받아 세계 속의 대학으로 용틀임할 수 있는 주춧돌을 마련하게 되었다.

X-edu는 전라북도 문화산업의 시장규모가 2010년까지 1조2,400억 원 대로 증가하여 6,600명의 문화산업 종사자의 수요가 발생하는 것을 감안해 기획한 전북 발전의 비전을 함께 담은 대형 프로젝트이다. 특히 1,200년 고도 전주를 비롯한 전라북도가 다른 지역에 비해 가장 강력한 분야는 전통문화라는 확신을 갖고 전통문화콘텐츠 X-edu사업이라는 과제로 응모해 이룬 쾌거였다.

누리사업 대형과제에 전주대가 선정되었다는 소식은 전북은 물론, 전국적으로 큰 이변으로 받아들여졌다. 이 총장은 전체 교직원들에게 감사의 뜻을 표하는 이메일을 보냈다.

이제 우리는 무엇이든 할 수 있다는 자신감을 갖게 되었습니다. 그리고 우리에게는 그러한 저력과 지혜가 있다는 것도 확인하였습니다. 설정된 목표를 향해 혼연일체가 되어 총력을 기울인다면 어떤 목표든 달성할 수 있다는 평범한 진리도 깨달았습니다.

현재 우리는 '산학협력중심대학', '지역혁신특성화 시범사업' 등 정부기관의 각종 프로젝트에도 신청서 제출을 준비하고 있습니다. 이 과제들도 선정될 수 있도록 총력을 기울여야 할 것입니다.

그리고 전주대학교에 맡기신 하나님의 청년들을 변화시키고 회복시킬 수 있도록 끊임없이 기도합시다. 앞으로도 계속해서 적극적이고 진취적인 마인드를 가지고 미래를 개척해 나갑시다.

그리고 이 총장은 자신에게 온 이메일 한 통을 소개했다.

나는 젖은 나무

나는 젖은 나무
날마다 안간힘을 써도
잘 타오르지 않고 연기만 나는

나는 젖은 나무
똑 같이 한 걸음을 가도
세 번 쓰러져서야 가는
나는 눈물 젖은 나무

어두운 강가에서
별을 보며 생각하네

사랑에 무슨 경쟁이 있냐고
삶에 무슨 앞서고 뒤진 게 있냐고

젖은 나무는 늦게 불이 붙지만
오래 오래 끝가지 타서
귀한 숯을 남겨 준다고 했지

젖은 나무는 센 불길로 태워야 하듯
오로지 마음을 하나로 모아

끈질기게 타올라야 한다고 했지

나는 젖은 나무
눈물 젖은 나무니까

깨달음에는 세 가지가 있다고 합니다.
生而知之 나면서부터 재능을 타고 난 사람이 있고
學而知之 좋은 학교와 스승을 만나 쉽게 깨친 사람이 있고
困而知之 갖은 고생을 겪으며 힘들게 깨달은 사람이 있습니다.

남보다 많이 흔들리고 깨어지면서 직접 깨달은 困而知之의 사람만이 타인에게 감동을 줄 수 있고 잘 가르칠 수 있습니다. 또한 그렇게 이룬 것만이 진정한 자기실력이고 멀리갈 수 있습니다.
눈물 젖은 나무인 그대의 한걸음 한걸음은 무너지지 않는 우리 모두의 희망의 걸음입니다. 힘내십시오.

학문융합을 통한 디지털화

NURI에 선정된 전주대는 2009년까지 5년 동안 X-edu사업 프로젝트를 통해 X-edu 인력 양성을 위한 다학문적 통합교양교육과정과 기획 · 제작 · 기술 · 비즈니스가 연계된 전문화교육과정을 개발 운영하고, X-edu Studio Complex 및 X-edutorium 구축, 프로젝트 지향적 실무능력을 배양해 왔다.

X-edu 인력은 전통 문화원형의 발굴과 디지털복원을 통하여 전통문화콘텐츠를 기획 · 제작해 이를 바탕으로 수익창출 비즈니스 모델을 개발해 지역경제 활성화 및 전통문화의 세계화에 기여하는데 초점을 맞추었다.

X-edu사업은 전라북도가 마한과 백제, 후백제, 조선 등 왕조 문화의 발상지이자 천혜의 지리적 조건을 갖춘 도작문화의 중심지라는 점에 착안됐다. 전라북도가 보유하고 있는 풍부한 유무형의 역사와 문화자원, 맛과 소리, 예향의 도시 이미지를 디지털 콘텐츠 작업으로 연결시킴으로써 부가가치를 대폭 끌어올리는 작업에 초점을 맞춘 것이다.

전주대 X-edu사업단이 2004년 7월부터 2009년까지 5년 동안 역사와 전통문화를 디지털 콘텐츠화 한 것은 무려 400여 작품에 이르고 있다.

김제 금산사 미륵전을 비롯해 김제 벽골제, 고창 모양성, 진안 마이산, 남원 '최명희 혼불 문학관' 등 전북 도내 곳곳에 산재해 있는 역사와 전통문화를 디지털 콘텐츠 작업을 통해 새롭게 탄생시킨 것이다.

X-edu사업단이 지역전통문화를 발굴하고 복원해 비즈니스 모델 개발의 초석을 마련하자 전주대에는 시군자치단체들로부터 자문요청이 쇄도해오고 있다. 이는 전주대가 전라북도 전통문화 콘텐츠의 요람으로 올곧게 자리 잡았음을 의미한다.

X-edu사업의 가장 두드러진 성과는 전북 도내의 각종 문화유산을 디지털화를 통해 새롭게 복원한 것을 꼽을 수 있다.

국보 62호인 김제 금산사 미륵전을 3D로 복원해서 입체영상으로 체험이 가능하도록 만들었다. 1,500년 전에 축조되어 오랜 풍상을 견디지 못하고 형태로만 남아있는 김제 벽골제도 가상현실로 복원됐다. 수원 화성과 순천 낙안읍성 등과 함께 현존하는 국내 4개 성 중 하나로 손꼽히는 고창 모양성도 컴퓨터체험관을 통해 만지고 느낄 수 있게 만들었다. 고인이 된 판소리 명창들의 목소리도 복원해서 세월을 거슬러서 현장감 있게 만든 것도 X-edu를 통해 가능했다.

X-edu사업이 거둔 또 하나의 성과는 '학문융합'의 시도가 성공적으로 진행된 점이라 할 수 있다. X-edu사업에 공동으로 참여하는 대

학과 대학, 학과와 학과, 교수·학생과 전문가가 긴밀하게 연계해 협동연구를 하고 결과를 도출해냈기 때문이다.

예를 들면 한국사 전공자가 기초사료를 발굴하고, 국문학 전공자가 발굴 사료에 이야기를 덧붙이는 스토리텔링을 하고, 정보통신학과 · 컴퓨터공학과 · 멀티미디어학과가 디지털작품으로 만들어 내는 시스템을 통해 연구 작업의 효율성을 높여온 것이다.

지속가능한 X-edu의 힘

X-edu사업은 학생들로 하여금 실무능력을 배양하는 기폭제로서의 역할을 담당했다. X-edu사업을 통해 길러진 전주대 학생들의 능력은

예상을 뛰어 넘었다. 한 가지 예를 들어보자. 2005년 전북발전연구원이 공모한 국책사업 발굴 현상 공모에서 전주대 X-edu사업단 문화콘텐츠 비즈니스 전공 학생들이 출품한 과제가 7개나 선정되었다.

전문분야에서는 '임실산머루 와이너리 투어개발'(김성희, 김은덕)이 선정되었고, 일반분야에서는 '옥정호 프로젝트'(형성용, 박형기, 유효석), '아일랜드 테마놀이공원'(조동석), '전주시 연꽃축제 활성화 방안'(김가영, 김수아), '카지노 메카 단지 조성'(권민우), '24절기 마을 조성과 세시풍속의 체험 관광'(강혜정, 김미란), '웰빙 한방타운 조성사업'(김은주, 오수신) 등이 그것이다.

이처럼 전주대 학생들이 국책사업 발굴 현상 공모를 휩쓸게 된 배경에는 X-edu사업단이 산학협력 프로젝트와 맞춤형 취업 동아리 지원이 자리 잡고 있었다. 학생들은 연계전공 과목인 '문화상품화 전략' 강의를 통해 참신한 기획력을 바탕으로 관광개발 프로젝트들을 개발할 수 있었던 것이다.

벤치마킹 대상으로 발돋움

X-edu사업이 성공적으로 진행되면서 전주대 전통문화콘텐츠 사업 역량에 대한 관심이 고조되면서 국내외 교육기관들이 전주대와의 MOU체결을 희망하거나 견학을 요청하는 사례도 많아졌고 벤치마킹도 잇따랐다.

2009년 6월 아프리카 우간다의 쿠미대학 관계자들이 전주대를 방

문 학사업무 교류 협력을 위한 MOU를 체결했다. 쿠미대학 방문단은 X-edu사업단을 비롯해 Hunic사업단, 천잠관, 스타타워 등 학교 시설 및 교육현장을 견학하면서 전주대의 선진교육 시스템을 벤치마킹했다.

두달 뒤 중국 사천성 덕양중학교 교사 4명과 학생 15명이 전주대를 방문, X-edu사업단과 주요 학교 시설을 견학하는 등 한국의 전통문화에 대한 교육을 받고 돌아갔다.

또한 9월에는 중국청도과기대학 관계자들이 전주대를 방문해 X-edu 사업단을 비롯해서 전통문화와 전주대 교육시스템을 체험하는 시간을 가졌다

그리고 2009년 7월에는 건양대의 김희수 총장 등 33명의 대학관계자들이 전주대를 방문해 산학협력을 비롯한 교류협력 성공 사례, 지역대학의 특성화 방안과 지역발전을 위한 대학으로서의 역할, 스타타워를 비롯한 최고 수준의 교육시설을 벤치마킹하고 돌아갔다.

2009년 11월에는 전국 사립대학 총장 70여 명을 비롯한 대학 관계자 수 백 명이 세미나 참석차 방문해서 디자인경영리더십을 바탕으로 일궈낸 전주대의 변화상을 둘러보고 돌아갔다.

X-edu사업의 성과

전주대 X-edu사업은 정부 및 관련기관의 호평을 받았다. 전주대는 2006년도 국정 감사에서 교육부 추천으로 누리사업 샘플학교로

선정되었다. 2008년 NURI사업 평가에서는 '최우수사업단'으로 평가받았다. 뿐만 아니라 축적된 X-edu사업 역량은 전주대가 다른 사업을 펼칠 수 있는 창구역할과 함께 시너지 효과를 창출하는 효자역할을 담당했다.

전주대는 대학경쟁력을 높였고, 학생들은 사회진출 경쟁력을 높이는 성과를 거두면서 X-edu사업은 2009년 마무리 되었다. 정년퇴임한 주명준 교수는 자부심이 가득하다. 5년 동안 X-edu사업단장직을 수행하면서 전통문화 발전과 전주대 발전에 커다란 족적을 남길 수 있었다고 생각하기 때문이다.

"X-edu사업은 전통문화유산을 디지털 콘텐츠화 하는 작업을 통해 대학의 경쟁력을 높이고, 학생들의 관련 분야 진출, 나아가 전북 문화산업의 부가가치를 높여 가고 있다는 점에서 주목을 받았다. 사업단이 배출한 인재는 앞으로 전북지역을 비롯한 전국에 진출하여 전통문화의 지킴이 노릇을 훌륭하게 할 것으로 확신하다."

한편 X-edu사업은 전주대에 새로운 단과대학을 탄생시키는 계기를 만들기도 했다. 2007년 문학과 과학이 결합한 문화산업대학을 출범시킨 것이다. 문화산업대학에는 게임학과, 공연엔터테인먼트학과, 미디어정보학부, 영상콘텐츠학부를 설치해서 전공학과들이 원활한 교류를 가능하게 만들었다.

'Glocal'이 살 길이다

"전주대는 지방대학이 아니라 지역대학입니다. 천년고도이자 예향(藝鄕)인 전주에 자리 잡은 대학이라는 특성을 잘 살린 글로컬global+local이죠. 머지않아 글로컬을 성공적으로 이끌어 세계 대학들과 어깨를 나란히 하는 대학이 되도록 만들겠습니다."

이 총장은 지방대학이라는 말을 탐탁하게 여기지 않는다. 특히 지방대학이란 말이 전주대로 향해 있다면 알레르기 반응을 보일 정도로 예민하다. 이 총장이 이처럼 '전주대=지방대학'이라는 말을 싫어하는 이유는 전주대가 지방대학이 아니라 글로벌을 추구하는 지역대학이라고 인식하고 있기 때문이다.

전주대가 서울의 변방에 머무는 대학이 아니라 전주와 전북을 지키는 파수꾼의 소임을 다하는 지역대학이라는 얘기이다.

우선 지역대학 문제의 출발은 '지방대학'이라는 표현과 인식에서부터 출발된다. '지방'이라 함은 '수도'에 대응한 변방이라는 뜻이므로 지방대학은 수도권의 모자라는 인력을 공급하는 의미를 지닌다.

그러나 '지역대학' 이라 함은 그 지역을 대표하며 지역의 문화, 산업, 경제, 역사 등을 기반으로 지역이 필요로 하는 지식을 창출하고 공급하는 역할을 담당함으로써 지역의 경쟁력을 강화시키는 지식기반 센터를 의미한다.

이제 지역대학은 지방의 중요한 산업의 하나로 재인식되어야 한다. 지역대학은 지역의 자석(magnet) 역할을 한다. 즉 타 지역으로부터 인재, 재원 등을 끌어들이는 창구이다.

호주(Australia)는 인구가 불과 2,400만 명이지만 훌륭한 대학시설을 갖추어 전 세계로부터 온 유학생으로부터 매년 100억달러 이상의 경제적인 효과를 얻고 있다.

전북의 대학들도 적어도 30-40%가 외지 학생들이며 외지 학생을 전북으로 끌어들이는 역할을 하고 있다. 계속적으로 감소되는 인구를 잠시나마 늘리는 역할을 하고 있으며 이들의 등록금 또한 이 지역의 경제에 도움을 주고 있다. 하지만 지역대학들은 지방정부나 시민들의 관심의 밖에 있는 듯하다. 많은 부모들이 수도권 명문대 선호를 버리지 못하고 있으며 지방정부로부터의 지역대학에 대한 보조 또한 극히 미미한 실정이다.

'지방대학'이 아닌 '지역대학'에 관심과 애정을 갖자. 이는 지역발전을 위한 가장 손쉽고 효과적인 투자임이 역사적으로도 입증되었다. 수도권에서 강남개발을 할 때 학교부터 이전한 예에서도 볼 수 있지 않은가? 이제는 지역을 기반으로 한 글로컬(Glocal) 대학을 꿈꿀 때이다.

(「푸른 전북 21」, 2004년)

지역이 희망이다

스스로 전주사람이 되기 위해 주민등록을 옮긴 것에서도 잘 나타나지만 이 총장의 지역에 대한 관심과 사랑은 각별함을 넘어 거의 절대적이다. 이 총장은 지역이 발전해야 대학이 살고, 대학이 살아야 지역이 발전한다는 소신을 지녔다. 지역과 대학이 상생하고 win-win해야 한다는 것이다. 이중헌 비서실장의 얘기를 들어보면 이 총장의 지역에 대한 애정과 각별함이 어떤지를 잘 알 수 있다.

"총장님께서 대학 구성원들에게 강조하는 말씀 중 하나가 대학이 지역을 위한 일을 게을리 해서는 안 된다는 이야기입니다. 절대로 대학을 위하는 일에만 집작하지 말도록 요구합니다. 총장님은 대학이 상아탑을 고집하고 대학만을 위하면 지역과 대학이 다 죽는다고 생각하는 분입니다. 지역과 대학은 서로 나 몰라라 하는 관계가 아닌 상생의 관계라는 거죠."

이 총장의 이러한 생각은 지역에서 태어난 사람이 그 안에서 성장하여 뿌리를 내리고 살 수 있는 터전을 마련할 수 없다면 지역의 대학도 설자리를 잃을 수밖에 없다는 사실에 근거하고 있다. 특히 이러한 사실은 2003년 총장에 부임하면서 전주에 내려와 피부로 절실히 느끼고 확인하고 있었다.

그런 그이기에 머릿속은 대학이 지역사회가 원하는 것이 무엇인지 귀담아 듣고, 경제를 살릴 수 있는 방법을 모색하고, 그것을 키워갈 핵심 인력을 양성하는데 초점이 맞춰져 있다. 이러한 이 총장의 지역에 대한 철학과 원칙은 지역발전의 원동력으로 작용하고 있다.

때문에 이 총장은 전주대가 전라북도를 비롯한 시군 지방자치단체들의 현안사업들에 대한 키맨key-man역할을 담당해야 한다고 생각한다. 이 총장은 전주지역혁신협의회장을 맡아서 전주시가 핵심 사업으로 선정한 전통문화중심도시 지정과 교육특구 지정 사업을 주도적으로 지원하고 나섰다.

또한 2006년에는 전주대에 지역혁신단을 발족시켜 대학의 연구개발 인력과 연구시설을 활용해 지역 발전에 기여토록 만들었다. 전국 대학 최초의 일이다. 전주시, 군산시, 남원시, 익산시, 정읍시, 김제시, 완주군, 진안군, 무주군, 장수군, 임실군, 순창군, 고창군, 부안군 등 지역별로 단장 · 부단장 · 총무를 임명해 지역전문가를 활용하고 협력 분야를 확대하도록 했다. 이에 따라 300여 명의 전체 교수들에게 담당 지역을 부여해서 지자체의 현안사업을 함께 연구하고 지원토록 만들었다.

현재 전주대는 김제 순동공단에 TIC를 건립해 농기계 생산을 지원하고, 무주 태권도공원, 장수 한지체험마을 및 고품질 사과브랜드 사업, 순창 첨단 고추장연구, 임실의 휴양림 사업 등에 일조하는 등 전북도내 6개 시 8개 군과 관학협력, 각 지역 지자체의 컨설팅해 주고 있다. 유용미생물EM 사업단을 통해서 도내 전역에 친환경농법 보급에도 앞장서고 있다.

이 총장은 "전북에 있는 전주대 교수들이 전북을 위해 지역사회의 문제에 대해 연구하고 발전을 리드해나는 것은 당연한데, 오히려 늦게 시작했다"며 "전주대가 가장 잘 할 수 있는 학술적 연구와 전문 콘텐츠를 제공해 지자체 현안 해결을 돕는 것이 대학의 역할"이라고 강조하고 있다.

교류 협력의 활성화

전주대는 2009년 말 현재 23개국 91개 대학과의 자매결연, 8개국 20개 자매기관들과의 네트워크를 형성해서 글로벌 인재를 양성하는데 주력하고 있다. 특히 학생들의 해외파견 및 해외 학생들의 국내 유치를 활발히 하여 세계화 중심대학으로 비상하기 위해 심혈을 기울이고 있다.

전주대는 2009년 상반기에 해외 어학연수, 해외 현장학습, 교환학생 등 총 57명의 학생을 글로벌 교육생으로 선발했다. 해당 국가 언어 생활에 지장이 없는 학생으로 선발된 이들은 해외 어학연수(프랑스 12명, 일본 15명, 중국 15명), 해외 현장학습(미국 10명), 교환학생(미국 5명)으로 출국했다. 전주대가 글로벌 인재양성에 역점을 두어 학생들의 개인발전은 물론 취업에 도움을 주기 위한 전략으로 1인 1개 이상의 외국어 능력 배양과 외국 문화 습득을 위한 일환이다.

해외 어학연수의 경우 외국 대학 및 교육기관에서의 단기 어학연수 및 문화탐방을 통해 외국어 습득을 향상시키고 해당 언어에 대한 학습동기를 부여하기 위해 꾸준히 실시하고 있다.

프랑스 부르고뉴 대학, 독일 뮌헨대학, 일본 구루메 대학, 중국 중남민족대학 등에 2~8주 동안 실시하고 있으며, 1인당 100만원 안팎을 지원하고 있다. 물론 학점도 국가와 대학에 따라 2~3학점씩 인정하고 있다.

해외 현장학습은 장기 연수 프로그램으로 외국 대학 및 교육기관에서 한 학기 이상 수학하도록 하고 있다. 미국 University of St. Thomas, 캐나다 UBC 등에 파견하고 있으며 한 학기를 기준했을 때 18학점을 인정하고 있다.

파견 규모가 가장 큰 교환학생의 경우 미국 볼주립대학에 1년을 파견하는 것을 비롯해 중국 대련외국어대학, 상해대학, 청도과기대학, 그리고 일본 삿포로대학, 국립에히메대학 등과 학점교류 체결을 맺고 학생들을 파견하고 있다.

또한 홍콩, 필리핀, 일본, 대만 등 아시아지역기독교대학연합회 ACUCA에 가입한 대학에도 교환학생을 파견해 외국어 습득과 기독교적 세계관을 기를 수 있도록 하고 있다. 이밖에 2003년부터 미국의 브롬필드대학과 자매결연을 통해 복수학위제를 운영함으로써 학생들로부터 좋은 반응을 얻고 있다.

또한 Star Net 프로그램의 일환으로 600개 기업, 13개 공공기관, 26개 중고교, 5개 의료기관 등 대외협력분야에서도 활발하게 움직이고 있다.

유학생 취업도 책임지는 대학

2009년 8월 전주대 경영대를 졸업한 중국 유학생 18명이 언론으로부터 집중 조명을 받았다. 졸업과 동시에 중국 현지 대기업에 취업하고, 국내 대학원에 진학하는 등 한국사회에서 성공적 진출이 이루어져 화제가 된 것이다.

이들은 경영학부와 금융보험부동산학부를 졸업한 학생으로 11명은 중국 현지의 공상은행·농업은행·우체국 등에 취업했고, 5명은 전주대 대학원으로 진학했다. 나머지 2명은 중앙대 대학원과 미국으로 유학을 갔다.

전주대 경영대는 앞으로 중국인 졸업생들의 네트워크를 구축하고, 지속적인 메일링 서비스 등을 통하여 한·중 산학협력을 강화하고, 우수한 중국학생 유치와 중국학생 취업 등에 활용할 계획이다.

또한 몽골 울란바토르대학 13명의 학생들은 2008년 2학기부터 전주대 생산디자인공학과에 전액 장학금 혜택으로 유학을 와 전주대의 선진 학문을 수학 중에 있다.

2009년 현재 전주대에는 435명의 외국인 학생이 재학하고 있고, 해마다 인원은 증가 추세를 보이고 있다. 특히 2008년 223명이었던 인문·사회계열은 2009년에는 302명으로 늘어 외국인 유학 비율을 주도 하고 있으며 자연과학계열, 공학계열, 예체능계열 역시 꾸준히 증가하고 있다.

유학생들은 중국 출신이 가장 많고 몽골, 대만, 일본, 캄보디아, 필리핀, 미국 등에서도 찾아온다. 매년 유학생과 출신국가 수가 지속적으로 증가하는 이유는 전주대의 애프터서비스도 한몫하고 있다. 졸업생들의 취업까지 책임지고 있기 때문이다.

중국 출신학생들은 전주대 졸업 후 본국으로 돌아가 자국 대학 출신 취업자들보다 2.5배나 많은 급여를 받고 있으며, NPIC 유학생들은 캄보디아 최고의 명문으로 알려져 왔던 왕립대학 출신 취업자들보다 5배나 많은 급여를 받고 있다. 그만큼 전주대가 유학생들을 대상으로 탄탄한 사회진출 교육을 시키고 있다는 증거인 셈이다.

환황해권시대의 전략기지 청도(青島)

중국 청도는 전주대가 환황해권 시대의 전략기지로 삼는 요충지역이다. 군산에서 페리호가 하루 3회 다닐 정도로 전북과 지리적으로

가까운 데다 중국의 새로운 경제특구로 떠오르는 지역이기 때문이다.

특히 청도에는 우리나라 기업체가 4,000여 개 이상 입주, 중국인 50만 명을 고용하고 있는 대 중국 전진기지라는 특성이 있는 만큼 전주대가 이들 현지 진출 한국 기업들을 배후에서 지원하는데 주력하고 있다.

이에 따라 전주대는 일찌감치 청도를 전략기지로 삼기위해 노력해 왔다. 첫 발걸음은 2004년 7월 청도시 초청으로 '2004 청도 한국주간 행사'에 참가한 것이었다. 이 총장은 청도시 주최 '중한경제무역 포럼'에서 '한국 기업이 바라는 인재상'이라는 기조연설을 했다.

이 총장은 "현재 한중경제협력은 주로 한국의 투자를 유인하는 쪽으로 이루어지고 있는데, 이제는 이미 투자된 한국기업을 성공시키기 위한 방안으로 중국인 대학생들을 한국기업과 연계하여 한국기업이 원하는 방향으로 맞춤식 교육을 하여야 한다"고 강조해 중국인들의 관심을 모았다.

전주대는 행사기간 동안 청도에서 개최된 '2004 산동국제교육전시회' 에 대학 홍보부스를 설치해 중국 중심 국제교류 대학임을 선보였으며, 전주대 유학, 입시정책, 교육시설 현황 등을 소개해 현지 학생들로부터 큰 호응을 얻었다.

한편 전주대는 청도지역을 집중 공략하기 위한 일환으로 청도과학기술대학, 청도직업기술학원 등 이 지역 5개 대학과 협력협약을 맺고 폭넓은 교류를 진행하고 있다.

특히 청도과학기술대학과는 지난 2003년 7월 협력협약을 맺은 이래, 교환학생 단기 교류, 교수 상호교환, 중국대학생 편입 등 실질적인 협력 체제를 유지하고 있다.

또한 한중 합작의 학 · 석사 교육과정 개발, 기업 네트워크 활용한 교육네트워크 추진, 인턴십 및 취업 등을 위한 네트워크 형성, 현지 기업에서 요구하는 맞춤형 교육과정 운영, AMTI 등 교내 기관의 중국 진출을 적극적으로 지원하고 있다.

전주대에 유학오는 중국학생을 위해서는 스타트랙을 준비하여 국내 문화체험활동 지원, 산업참관활동 지원 등 각종 지원을 늘렸고, 기숙사내 중국어 생활관을 설치한 바 있다.

이 총장은 전 교직원들이 변화하는 21세기 중국의 변화를 직접 체험토록 해서 환태평양시대에 부응하는 교육이 펼쳐질 수 있도록 2004년 전교직원들의 연수를 청도에서 실시하기도 했다.

'Catch The World'

전주대는 2004년부터 하계방학 동안 해외탐방 프로그램을 운영하고 있다. 'Catch The World'라는 캐치프레이즈를 내걸고 있는 이 프로그램은 팀별탐방, 해외봉사활동, 해외취업체험학습, 어학연수, 교환학생 등 다양한 형태로 운영되고 있는데, 지역 내에서는 유일하게 실시하고 있다.

학생들이 세계를 향해 진취적으로 도전해 나가고, 타문화의 이해를 통해 국제화 마인드를 습득케 하는 한편 새로운 경험을 통해 학습 성취동기를 높이고, 전공과 관련된 최신지식의 습득해 글로벌 인재로서 능력을 배양해 나갈 수 있도록 하고 있다. 말 그대로 '세계를 내 품안에' 안기 위한 전략이다.

프로그램의 다양성으로 인해 학생들에게 인기 또한 높다. 최근 몇 년 동안 실적을 보면 2006년 36개 팀 113명이 참가한 데 이어 2007년 27개 팀 95명, 2008년에는 24개 팀 134명이 최종 선발되었다. 해외탐방 지역도 미국 및 캐나다를 비롯해 유럽, 아시아, 아프리카, 대

양주 등을 전 세계를 아우르고 있다. 전주대 학생들이 지구촌 구석구석에서 글로벌 마인드를 키우고 있는 셈이다.

해외탐방에 선발된 학생들은 Star T프로그램에 의해 학생들이 스스로 취득한 CP Certification Point : 인증점수 점수에 따라 개인별로 차등 지원되는 장학금 지원금 을 받게 된다.

전주대는 해외탐방 프로그램의 효율적 운영을 위해 만반의 제도적 장치를 마련해 놓고 있다. 우선 학기 초에 해외탐방 설명회를 가진 후 탐방계획서와 신청서를 받아 심사를 하고 있다. 또한 외국어 면접을 통해 최종 선발인원을 확정한 다음 영어회화를 심화 교육시켜 현지로 내보내고 있다. 탐방을 마친 학생들은 결과보고서를 심사받고 등급에 따라 StarT 프로그램에 정해진 CP점수 1등급 30점, 2등급 20점, 3등급 10점 를 부여받는다.

서은혜 학생생애개발처장은 "글로컬 대학답게 해외탐방 프로그램을 실시한 후 참여 학생들의 생활태도가 놀라보게 변화되고 있다"며 "무엇보다 세계 어디에서든지 살아갈 수 있다는 자신감을 갖고 활기차게 대학생활을 하는 것이 가장 큰 소득이다"고 말했다.

블루오션을 찾다

지방 대학들이 갈수록 어려워지고 있다. 대학진학 연령대 인구 감소로 수도권 대학보다 경쟁력이 취약한 대부분의 지방 대학들이 구조개편의 거센 회오리 속에 휘말리는 한편 신입생 모집 미달 상태가 속출하는 등 위기에 빠져 있다. 이뿐만이 아니다.

전 세계적인 개방화 시대와 맞물려 교육시장에서도 시장개방 압력이 가중되고 있다. 외국의 선진 대학교육 서비스가 국내에 상륙할 날도 머지않았다. 정부 역시 시장경쟁의 원리를 기초에 두고 있어 대학 간 경쟁은 속된 말로 '죽기 아니면 살기' 식으로 치열하게 전개되고 있다.

또한 전통적인 상아탑적 대학기능에만 안주할 수 없는 상황이다. 산업체 맞춤인력 양성과 지역을 혁신시키는 적극적인 주체로서의 역할을 요구받고 있는 등 사면초가에 빠진 것이 오늘날 대학의 현실이다.

그런데, 전주대만은 다르다. 신입생 숫자가 해마다 늘고 있고, 산업체와 지역사회로부터는 호평이 이어지고 있다. 이는 전주대가 지역 특색에 최적화된 특성화 전략과 산학협력 등으로 지방 대학의 블루오션을 개척했기 때문이다.

이 총장은 "과거의 대학 모형은 중앙과 지방 소재 대학이 모두 비슷비슷했다. 당연히 지방 대학은 경쟁력이 취약했다"며 "그러나 학생들이 스스로 찾아올 수 있도록, 색깔을 확실히 차별화하는 것이 지방 대학, 아니 지역 대학의 블루 오션이다"고 강조한다.

한류의 메카를 만들자

우리나라에서 '한류'하면 배용준, 최지우, 한류 4대 천왕이병헌, 장동건, 송승헌, 원빈을 비롯한 영화배우와 비, 보아 등의 가수를 손꼽을 수 있다. 이들은 드라마와 영화, 그리고 가요로써 중국, 일본을 비롯해 동남아시아 및 중앙아시아 등 세계 곳곳에 한류 바람을 일으키며 민간 외교관 노릇을 톡톡히 하고 있다.

특히 이영애가 주연으로 나온 드라마 '대장금'의 선풍은 의미가 남다르다. 전통 사극인데다 그 내용 또한 우리나라의 전통 음식을 주로 하고 있다. 가장 한국적인 것이 세계에서 경쟁력이 있음을 보여주고 있다.

전주대는 한류에 주목했다. 전주는 천년고도이자 맛과 멋이 어우러진 전통문화의 고장이다. 이 총장은 전주와 전북의 상징인 한지, 한식, 한옥 등을 세계와 어깨를 나란히 할 수 있도록 전주대가 앞장서야

한다고 생각했다.

이 총장은 음식의 고장인 전주의 특성을 살린 전통음식학과를 개설해 우리나라 최고 학과의 반열에 올려놓았다. 또한 전주 한지의 우수성과 전통을 이어받고 '한(韓)브랜드' 시대에 적극적으로 대처하기 위해 2007년 한지산업학과를 설립해 한지와 관련된 전문 인력을 양성하는 한편 전국 최초로 한지문화산업관을 건립, 지역특색에 맞는 특성화 교육에 남다른 열정을 쏟아 부었다.

웰빙시대의 대체의학

4년제 일반 대학에 대체의학대학이 필요 있을까? 전주대에만 있는 특별한 단과대학인 대체의학대학은 이러한 의문에서 출발한다. 대체의학은 우리가 알다시피 일상에서 큰 관심을 끌고 있지만 학문적으로 검증되지 않았다는 이유로 대부분 대학이 외면하고 있는 분야다.

그러나 전주대는 대체의학이 서양의학의 한계를 보완한다는 인식 아래 모든 의료 분야에 대체의학을 접목, 새로운 의료 패러다임을 교육하기 위해 2006년도에 대체의학대학을 설립했다.

이 총장은 "기존 의학이 치료의학이라면, 대체의학은 양생의학"이라며 "전라북도는 웰빙 관련 산업으로 경쟁력을 회복해야 하는데, 이를 전주대가 앞서 실천하는 것"이라고 말했다. 지역의 풍부한 음식문화자원, 발효식품과 건강 먹을거리를 웰빙 트렌드와 연계한 것이다.

이 총장은 대체의학을 설립하면서 미국의 '라파밸리'를 벤치마킹

했다. 라파밸리는 먹을거리 · 볼거리 · 즐길 거리를 모두 갖춘 곳으로 실리콘밸리 사람들이 쉬면서 즐기기 위해 찾는 웰빙문화의 요람이다. 다시 말해 대체의학대학을 통해 전주대를 '한국의 라파밸리'를 만들겠다는 것이다.

대체의학대학은 매년 전주대 최고의 입시경쟁률을 보이는 핵심 단과대학으로 잡았다. 2008학년도 입학경쟁률 4.42대 1에 이어 2009학년도에는 350명을 모집하는데 경쟁률이 무려 25대 1에 이르렀다. 2010학년도 정시모집에서는 최저 3.14대 1(예술치료학과)에서 최고 10.14대 1(물리치료학과)의 경쟁률을 기록할 정도로 학생들이 몰려들고 있다.

대체의학 분야는 병원, 임상 클리닉, 헬스 케어 센터 등의 대체요법 전문가, 환자의 건강관리사, 건강관리 사업체, 뷰티 센터, 피트니스센터, 사회복지센터, 웰빙 사업체 운영, 아로마 향기 요법사, 영양식이 요법 전문가, 심신마인드 바디요법 관리사, 스트레스 관리사 등 각종 전문가 자격증 취득, 건강 전문 컨설턴트 등으로 일할 수 있어 전도가 유망한 분야이다.

2010년 첫 졸업생을 배출한 물리치료학과의 경우 졸업생 13명 전원이 제37회 국가고시에 100% 합격해 물리치료사 자격증을 취득했고, 방사선사 시험에는 79%가 합격하는 성과를 거두었다. 이는 탄탄한 이론교육과 풍부한 현장실습, 철저한 학사관리를 통해 지역과 사회에 봉사할 수 있는 인재양성을 추구해 온 결과여서 더욱 뜻 깊은 성

ART
RANGE
12 15 18 21 24 27 30

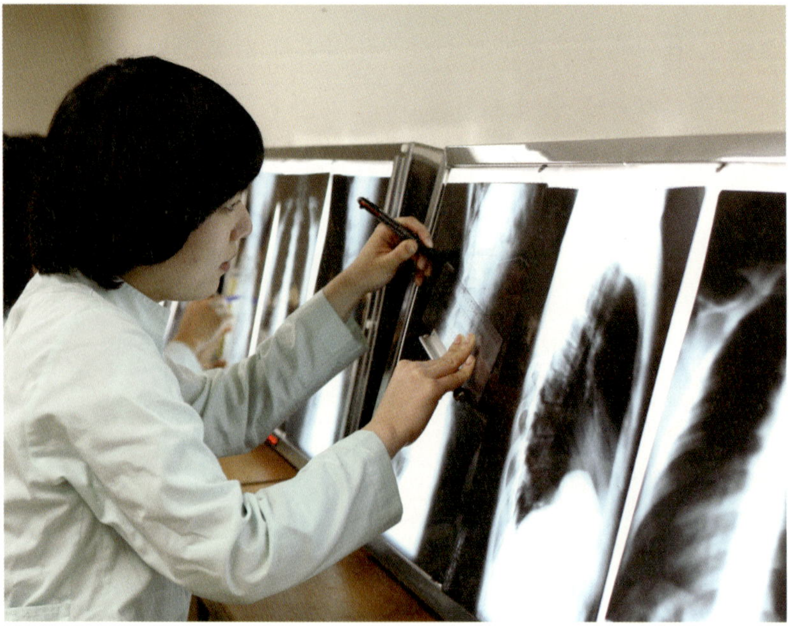

과라 할 수 있다.

웰빙시대를 맞이하여 대체요법의 기초에서부터 첨단 임상 분야에 이르기까지 모든 과정을 교육시켜 의료계와 보건, 건강 사업 분야에 필요한 인재 양성으로 새로운 바람을 일으키게 된 것이다.

문화산업의 전진기지를 만들자

세계허브산업엑스포

2003년 어느 날, 이 총장은 최진영 남원시장과 대화를 나누고 있었다. 지리산 자락에 위치한 남원의 문화관광산업 발전에 관한 이야기를 나누다가, 대화 주제가 '허브herb'에 관한 것으로 넘어갔다.

"마치 허브를 서양의 전유물 인 것처럼 생각하는데 사실은 그렇지 않다. 우리나라에도 좋은 허브가 많다. 예를 들면 미나리 · 쑥갓 · 마늘 · 파 · 생강 · 고추 등의 향채소와 창포 · 쑥 · 익모초 · 결명자 등이 우리 고유의 허브라 할 수 있다"

이 총장은 이렇게 말하면서 "천혜의 지역인 지리산 일대를 '허브 클러스터'로 발전시켜나가면 좋겠다"고 귀띔했다. 남원은 춘향전의 고향으로 '사랑의 도시'이고, 사랑은 향기를 의미하니 허브와 매치시킨다면 지역특화산업으로 성장 발전시킬 수 있을 것 같다고 조언한 것이다. 최 시장은 이 총장의 얘기에 반색했다.

곧바로 이 총장을 공동조직위원장으로 하는 세계허브산업엑스포조직위원회가 꾸려졌다. 엑스포 개최 시기는 남원의 대표적 지역축제인 춘향제가 열리는 5월로 잡았다. 행사비용은 전라북도와 남원시에서 부담하고, 전주대는 기획 · 홍보 · 사무 · 비즈니스 관련 업무 등 행사 전반을 책임지기로 했다.

2004년 첫 행사에 해외 19개국, 국내 98개 업체가 참여했다. 관람객만 무려 100만여 명에 달했다. 92억 원 상당의 구매 의향을 얻어내는 사업성과도 이뤄냈다. 이로써 남원시는 허브밸리 조성, 허브연구소 개설, 허브클러스터 형성 등 수백억 원에 달하는 허브 관련 국책사업을 따낼 수 있었다.

전주대에는 대체의학대학 안에 '허브건강소재 전공'이라는 또 하나의 학과가 신설되었다. 특히 전주대는 2006 세계허브산업엑스포에서도 주관대학으로서 지역대학으로서의 확고한 위상을 높였다.

대체의학대학이 주관한 체험관과 문화관광대학이 주관한 허브음식관은 최고의 인기를 모았으며, 대체의학과 관련한 다양한 체험은 1만 4,000명이 다녀갈 정도로 폭발적인 인기를 얻었다. 또한 음식관련 학과가 주관한 음식개발이나 식품산업에 높은 관심을 보였다.

이밖에도 비즈니스센터를 운영한 산학협력단의 경우 127건의 기업상담 및 바이어 상담이 이루어져 215억 원 이상의 투자의향 내지는 실적을 나타냈다. 대회 최초로 16건에 이르는 기업과의 MOU를 체결, 전주대의 저력을 보여주었다.

이 총장의 신선한 아이디어가 허브의 불모지나 다름없는 남원에서 세계허브산업엑스포를 개최하게 만들었고, 남원시가 허브특구로 지정받을 수 있도록 만들어낸 것이다.

세계난산업박람회

2009년 4회를 맞은 전주세계난산업박람회는 세계적으로 희귀한 난들이 모여들 정도로 유명한 난 축제로 발돋움하고 있다. 지역축제를 넘어 우리나라의 대표적인 전문산업박람회로 자리매김 되고 있는 전주세계난산업박람회는 전주대가 모태이고, 이 총장이 주역이라 할 수 있다.

자생난 등 세계 최고의 난 명품의 산지인 전라북도와 우리나라가

난과 관련된 산업분야에 뒤지고 있는 현실이 안타까웠던 이 총장은 일본이나 중국이 배양과 유통, 마케팅 전략을 통해 난과 관련된 산업을 집중 육성하고 있는데 주목했다.

이 총장은 웰빙 추세와 5일 근무제에 따른 취미활동 활성화, 한류 붐으로 인한 중국인들의 한국 난 선호 등으로 인해 난산업이 고부가치 산업으로 등장할 수 있다고 판단하고 전라북도와 전주시 등을 설득해서 세계난산업박람회를 추진했다.

2005년 3월 전주대에서 세계난산업박람회가 처음 열렸다. 난이 단순한 화초가 아닌 '산업'으로 발전하는 순간이었다. 이 총장은 2005년에 조직위원장, 2006년에는 대회장을 맡아 세계난산업박람회를 주도적으로 이끌었다. 2005년 행사에서는 거래규모가 6억 원에 이르렀고, 이듬해 행사에서는 중국의 운남성 곤명시, 일본의 동양란조합 등이 참여하여 국제대회의 면모를 갖추었다.

한지문화축제

한지문화축제는 전주 한지의 우수성을 알리고 차별화를 통해 경쟁력을 확보함으로써 산업화로 한지관련 우수인재를 발굴 육성하는 한편, 나아가 전통문화중심도시 발전에 기여를 목표로 추진되는 전주의 대표적인 행사이다.

전주가 예로부터 우수한 한지를 만들어 훌륭한 한지문화의 꽃을 피워낸 한지의 본향으로 고려시대부터 외교 문서와 임금에게 올리는 문

서에 대부분 전주 한지가 사용되었다는 점에서 기획된 축제이다.

2008년 이 총장이 조직위원장으로 선임되면서 전주대는 한옥마을, 전주코아리베라아울렛 전시관, 전주시공예품전시관 등 전주 시내 주요지역에서 열리는 전주한지문화축제 행사를 총괄해 왔다.

전주한지의 아름다움과 우수성을 '한지의 빛과 향'으로 표현하고, '전주한지의 생활화'를 주제로 13회째를 맞은 2009년 전주한지문화축제는 많은 관람객 유치와 풍성한 경제적 성과를 거두면서 성공 축제로 평가되었다.

이처럼 전주한지문화축제가 성공적인 축제로 자리매김 되기까지에는 조직위원장을 맡은 이 총장의 아이디어와 역할이 컸다. 이 총장은 전주한지문화축제의 활성화를 위해 코아아울렛에서만 진행해오던 행사장소를 한옥마을 전체로 광역화했다.

또 개장시간을 조정해서 퇴근 후에도 관람객들이 찾아와 한지축제와 한옥마을 야경을 동시에 구경할 수 있도록 만들었다. 행사의 범위도 한지뿐 아니라 한복, 한춤, 판소리 등 이른바 한 스타일韓 style을 함께 느낄 수 있도록 꾸몄다.

전주대가 직접 참여해서 행사를 재구성하자 행사결과가 달라졌다. 전주시 4대 문화축제 평가에 따르면 2009년 전주한지문화축제 관람객 수는 28만 명이 넘어 전년 대비 2.5배 이상이 증가했다. 지역경제 생산 파급 효과는 약 88억 원으로 전년 대비 1.7배가 증가했다.

한지산업분야 관계자들과 한옥마을 주민들은 한지문화축제가 내실

있게 운영되도록 만든 전주대와 이 총장의 문화산업 경영능력에 긍정적인 반응을 보이고 있다. 시민들의 참여가 더욱 확대되었고 다채로운 부대행사, 다양한 인적네트워크 활용으로 인해 한지수요급등 및 수출교두보 확보, 세계 속에서 한지 이미지 강화 등 도내 한지업체에 큰 파급효과를 가져다주었다는 평가를 내리고 있다.

전주시는 2년 동안 한지문화축제를 성공적으로 이끈 이 총장을 2012년 계속해서 한지문화축제조직위원장직 맡도록 하는 결정을 내렸다. 이 총장은 "전주한지축제를 단순히 지역축제가 아니라 한브랜드의 메카가 될 수 있도록 노력할 계획"이라고 말했다. 한지문화축제를 통해서 전주한지의 전통성 회복과 한지의 차별화 및 우수성을 홍보하여 지역경제를 살리고 싶다는 것이다.

실버미인선발대회

2008년 11월 7일 전주대 희망홀에서는 1,000여 명의 관람객이 참석한 가운데 이색적인 행사가 펼쳐졌다. 사단법인 황실문화재단과 세종문화원, 전주대가 공동 주최한 제7회 실버미인선발대회가 열린 것이다.

전국에서 치열한 예선을 거친 65세 이상의 '참한 할머니' 18명이 참가 한 이 대회는 활기차고 적극적인 새로운 할머니상을 모색하는 의미에서 개최되었다.

할머니들은 고운 한복으로 자태를 뽐내며 자신만의 끼와 열정을 마음껏 발산했다. 미인대회라고 하지만 단순히 미모만 뽐내는 자리는 아니었다. 65세를 넘겼어도 꾸준한 운동과 독서 등으로 자신을 잘 관리해 온 어른들이었다.

예선을 통과한 참가자들은 치아를 비롯한 건강검진을 받고, 건강나이 테스트를 통과해야만 본선에 참가할 수 있도록 되어있었다. 아름다운 몸과 마음뿐만 아니라 품위있는 행동, 봉사활동 참여 정도도 심사에 반영됐다.

참가자들은 자기소개와 워킹, 즉석 인터뷰와 장기자랑을 통해 선의의 경쟁을 펼쳤다. 관람객들과 함께 웃고 즐기는 시간을 거쳐 실버 진선미에는 고시원(66), 유정자(67), 김종열(75) 할머니가 각각 뽑혔다.

진을 차지한 고시원 할머니는 "응원 나온 남편과 친한 동생 덕에 영예의 진이 된 것 같다"며 "늘 젊게 생각하고 노년을 적극적으로 살아가도록 더 노력할 것"이라고 말했다.

전주대가 대학사회와 별로 상관없을 것 같은 실버미인축제를 공동 주최하게 된 배경에도 이 총장의 생각이 배어있었다. 이 총장은 선진국 노인들의 경우 특기 · 적성 · 봉사활동 등 노인의 역할이 있지만, 우리나라의 경우 고령화 사회에 접어들었음에도 불구하고 노인들의 역할이 미미한 점을 안타깝게 여겨왔던 것이다.

특히 전라북도의 경우 노인의 비율이 다른 지역에 비해 월등히 높은 것이 단점이 아니라 장점이라고 생각했다. 실버산업이 블루 오션blue ocean이 될 가능성을 감안했기 때문이다. 전주대가 대체의학 대학을 설립한 것도 초고령 사회에 접어든 사회적 분위기를 염두에 두었기 때문이다.

이 총장은 고령인구 증가와 함께 새로운 시장으로서 국가적인 관심의 대상이 되고 있는 실버산업에 대하여 적극적인 준비 및 대책을 마련하기 위해 전주대에 '2020 실버비전추진위원회'를 구성했다.

실버산업과 관련이 있는 학과 전공교수를 중심으로 구성된 추진위원회는 평생교육 프로그램을 운영하여 재취업의 기회 부여, 홈케어서비스, 요양시설, 노인전용 의료서비스산업, 케어하우징 운영사업, 헬스케어와 실버컬처 산업 등에 관련된 국책 사업의 성공적인 수행을 위한 노력을 기울일 예정이다.

JJ문화경영아카데미

전주대 최고경영자 과정 중에 개설되어 있는 JJ문화경영아카데미는 문화와 경영을 접목한 것으로 전북지역의 CEO 리더들이 반드시 거쳐 가야 하는 과정으로 자리매김 되고 있다.

'시대를 이끄는 문화지식 창조인 육성'이란 슬로건을 내건 이 과정은 2004년 시작된 이래 도지사, 시장, 군수, 국회의원, 도의원 등 정계인사를 비롯해 경제계, 언론계, 문화계 인사 등 수많은 리더들이 거쳐 갔다. 현재까지 1기 64명, 2기 21명, 3기 30명, 4기 51명 등 총 166명이 수료했다.

전주대는 전북지역의 리더들에게 문화경영에 관한 정책제언, 문화

환경 개선 등 다양한 의견을 교환할 수 있도록 장을 만들고, 회원 간 친목도모, 문화적 역량 제고에 많은 배려를 하며, 전북지역의 발전은 물론, 실질적인 문화서비스와 문화적 경쟁력을 제고시키는 것에 초점을 맞췄다.

JJ 문화경영아카데미는 전북지역 리더들에게 문화경영을 선보이는 한편 한국 최고 강사 초청 강연, 문화가 산업과 기업운영에 미치는 영향 등을 집중적으로 학습하는 기회를 갖도록 하고 있다.

주제 강의는 녹색성장과 전북발전, 전북의 문화예술정책, 지역음식문화의 세계, 한스타일의 세계화, 디자인 경영, 기업경영컨설팅, 문화마케팅, 창조도시 아트폴리스, 디자인의 위력, CEO경영철학, 예술문화탐방, 성공적 재테크 등이다.

그동안 JJ문화경영아카데미는 전북지역 최고경영자들에게 문화경영의 새로운 영역을 선보였으며, 문화가 산업과 기업운영에 미치는 영향을 집중적으로 학습하는 기회를 갖게 하여 전북지역의 문화계와 산업계에 큰 기여를 한 것으로 평가되고 있다.

국제영재아카데미

국제영재아카데미Global Prodigy Academy는 매년 수 만 명의 초중고 학생들이 해외로 유학을 가는 현실에 대한 대안교육과 장차 설립될 전주대 국제학부에 대한 밑거름을 만들기 위해 설립되었다.

국제화 교육을 위해 미국 중고등학교의 커리큘럼을 도입하여 모든 교과목을 원어민 교사가 100% 영어로 수업하며, 대학 내의 우수한 시설을 활용할 수 있다는 것이 특징이다. 2006년도 개교이후 약 100여명의 학생들이 교육을 받았으며, 재학생 대부분이 해외유학 경험자들로서 국제영재아카데미의 교육내용에 대해 높은 만족도를 나타내고 있다. 학부모들 또한 해외유학으로 인한 가족해체 및 자녀교육의 어려움을 예방하고 해결할 수 있어 매우 만족해하고 있다.

실제 우수한 교육내용은 졸업생 대학진학률로 나타나고 있다. 졸업생의 90%이상의 학생들이 국내외 우수대학에 입학하였다. 입학대학 현황을 보면 캐나다 명문대학인 토론토대학, 워털루대학, 호주 시드니대학, 미국 유명대학인 인디애나주립대학, 워싱턴대학, 오하이오주립대학, 펜실베니아주립대학등에 합격하였다. 이는 해외 유명대학들이 국제영재아카데미의 교육내용을 우수하게 평가하고 있다는 증거이기도하다.

향후 국제영재아카데미가 확대되었을 경우 전주대학 및 지역사회의 이미지 향상 및 경제적 영향은 매우 클 것으로 예상된다.

변화는 아름답다

학생이 만족하는 교육 제도

행사가 열린다. 진행은 개그맨 서경석 씨가 맡아 분위기를 고조시킨다. 가수 '2AM'과 B-boy 세계 대회 우승팀인 'Last for one'이 노래와 화려한 춤을 선보인다.

이런 얘기를 들으면 아마도 대형 쇼 프로그램을 연상할 것이다. 하지만 이것은 전주대가 2009학년도 입학식에서 선보인 일부 프로그램이다. 전주대 신입생들은 이외에도 재학생 선배들의 연기도 보고 교가제창과 더불어 총학생회의 환영인사를 받으며 즐거운 분위기 속에서 대학생활을 시작하게 된다.

이사장 및 총장의 근엄한 축사와 환영사 등으로 채워지던 틀에 박힌 입학식하고는 거리가 멀다. 그렇다고 해서 총장 인사말, 교무위원과의 상견례, 학사활동 안내, 신입생 대표 입학선서 등 주요 내용들이 빠지는 건 아니다.

입학식 풍경은 전주대의 변화와 혁신의 한 단면에 불과하다. 전주대는 그동안 교육수요자인 학생들의 만족에 가장 많은 비중을 두었다. 학생은 고객이고 고객이 만족하지 않으면 대학도 설 자리를 잃게 된다는 판단에서다.

2009년 9월 학처장 등 보직교수가 위원으로 참석하는 교무위원회에는 방사선학과 학생들이 'Catch the world' 프로그램을 통해 해외연수를 다녀온 후 아시아권 방사선학과 커리큘럼을 비교분석하는 프리젠테이션을 실시하면서 전주대의 커리큘럼 조정의 필요성을 제기했다.

이남식 총장은 즉석에서 학생들의 요구를 받아들였다. 학생 스스로 참여하는 학사운영을 통해 교수 · 직원 · 학생 모두가 대학 경영자로서 학교발전에 적극 동참하고 있는 전주대의 한 단면이라 할 것이다.

강좌평가제도 도입

전주대는 '2012년까지 학생 만족도 100% 달성'을 최대 핵심 목표의 하나로 정했다. 이를 실현하기 위한 일환으로 2008년 교육혁신처를 신설했다. 기존의 교무처를 대폭 손질한 것으로 업무와 기능은 상당히 다르다. 21세기 패러다임에 맞는 차별화된 교육을 구현할 수 있도록 하는데 초점이 맞춰져 있다.

교육전반에 대한 모니터링 · 평가 · 피드백은 비롯해 기업 및 사회의 요구사항을 반영한 커리큘럼 및 학습방법 구축, 학사체제의 디자인 및 전략적 조정, 교육의 질을 보증하기 위한 시스템 구축 등이 업무의 뼈대이다.

전주대는 다른 본부조직들과는 달리 교육혁신처에 부처장을 두 명 두어, 이러한 교육혁신과 평가가 쉽고 체계적으로 수행되도록 했다. 교육혁신에 대한 전주대의 의지를 엿볼 수 있는 대목이다.

또한 교육혁신처 산하에 강좌평가위원회를 두었다. 교육을 업그레이드시키기 위한 조치이다. 위원회는 매 학기 수강 학생들을 대상으로 수강 교과목 전체에 대해 강좌평가를 실시하고, 평가결과를 교수 본인 및 소속 단과대학장에게 통보해 교육업무 개선에 반영하도록 하고 있다.

건국대 동국대 한성대 등에서 개인별 교수평가 순위를 공개해서 언론의 주목을 받고 있지만, 전주대는 이보다 훨씬 앞선 2004년부터 강좌평가를 실시하고 학사운영에 적용해왔던 것이다. 강좌평가에서 하위권으로 평가된 교수들은 개선프로그램을 이수토록하고, 상위권으로 평가된 교수들은 개교기념행사장에서 '수퍼스타 교수상'을 수여해 격려하고 있다.

CA와 학사모니터제도

전국 대학 중 처음 실시된 학사지도사campus-life adviser : CA제도는 학생 만족에 주안점을 두고 있다. 단과대학과 인력개발센터 등 9곳에 배치된 CA는 학생의 진로상담과 관련된 기본 자료를 수집 분석, 관리하며 학생상담에 대한 주요 정보를 해당 교수와 공유하도록 하고 있다. 교수들이 학생지도와 상담업무를 보다 효과적이고 수월하게 수행하도록 하기 위한 장치이다.

전주대는 CA제도를 통해 인성 · 학업 · 진로에 문제에 관해 대면 상담을 하거나 전화, 홈페이지, 이메일 등을 통한 on-line상담을 하는 역할을 담당하고 있다. 신입생은 대학생활을 어떻게 할 것인지 함께 설계할 수 있고, 재학생들은 학업, 취업 및 아르바이트, 대학원 진학, 유학 등에 관한 정보를 제공받거나 상담받을 수 있다.

또한 2004년부터 학사모니터 제도를 도입해 운영하고 있다. 학사모니터 요원은 교육과정, 학사제도 등에 관심 있는 2학년 이상의 재학생을 각 단과대학 및 학부별로 5~6명 안팎으로 전체 50여 명을 선발하여 1년 동안 활동하게 된다.

학사모니터가 교수나 직원이 아닌 학생들로 구성된 만큼 모니터 요원은 물론 일반 학생들도 보다 자유스럽고 적극적으로 의견을 개진한다는 점에서 인기를 끌고 있다. 학사모니터들은 학사제도 운영 및 개선에 관계되는 제반사항에 대해 학생들의 의견을 수렴, 각종 프로젝트를 수행한다. 이들은 매 학기 진행되는 정기회의와 비정기 회의 및 특별 행사에 참가하도록 하고 있다.

특히 매 학기 2~3회 실시되는 정기회의에서 회의 안건에 대한 의견을 발표하게 되는데, 전주대는 이 제도는 유명무실해지지 않고 실질적이고 효율적으로 운영하기 위해 정기회의 때마다 총장이 직접 참석, 이들과 대담형식으로 진행한다.

학사모니터들에게 주어지는 특전은 StarT 프로그램의 CP Certification Point 점수(활동정도에 따라 20~40점)를 부여하고, 기준에 따라 사회봉사 학점 부여(1학점)하고 우수한 활동을 펼친 학생에 대해서는 총장 표창장을 수여한다.

이밖에 자기경영 아카데미 과정도 눈길을 끌고 있다. 2009년에 도입한 이 제도는 성공적인 대학생활을 원하는 학생들을 대상으로 자기관리와 학습관리에 대한 노하우를 제공하여 대학생활을 보다 의미 있고 보람 있게 보낼 수 있도록 하기 위한 프로그램이다.

학습력 제고 독창적 행사

대학에서는 다양한 행사들이 개최된다. 전주대에도 학술, 문화, 체육 행사들이 사시사철 펼쳐진다. 그런데 전주대만 개최하는 독특한 행사들이 있다. 이 총장에 의해 제안해서 실시되고 있는 '수업노트경진대회'와 '다시 듣고 싶은 명강의 공모전'이 그것이다.

수업노트경진대회는 학습력 제고와 면학분위기 조성을 위해 마련되었다. 이 총장은 수업노트를 정리하는 것이야말로 자신이 학습한 내용을 구조화 할 수 있는 고도의 학습전략이라고 판단하고 대회를

시작했다.

수업노트를 비롯해서 신문스크랩, 사진자료 등 다양한 학습자료를 제출하고 프리젠테이션을 통해 자신이 어떻게 공부했나를 설명하는 방식으로 진행된다. 학부생들은 누구나 개인 또는 팀을 이뤄 참여할 수 있는데, 우수한 평가를 받은 학생들에게는 장학금과 표창을 줌으로써 학습욕구를 증진시키고 있다.

대회에 참여한 학생들은 "우수 노트 사용자들의 노하우를 공개해 공유함으로써 학습 분위기를 조성하고, 학생들의 학습력을 높이는 바람직한 행사다"면서 매우 긍정적으로 받아들이고 있다.

'다시 듣고 싶은 명강의 공모전'은 강의내용을 공유하고, 실력향상에 도움이 되는 강의를 소개함으로써 교육의 질을 향상시키고 학습력을 증진시키기 위해 마련되었다.

학생들은 자신이 수강한 과목 중 하나를 선택해서 수업내용 및 강의기법이 충실하고 효과적인 강좌를 에세이 형태로 응모하는 방식으로 운영된다.

2009학년도의 경우 총 31편이 응모해 10편에 대해 시상했는데, 최동주 교수의 '외식산업론' 강의를 추천한 이여선(외식산업과 2학년) 학생이 대상을 차지했다. 최 교수의 강의는 학생들에게 전공수업에 지속적인 관심을 높이기 위해 신문 스크랩과 관련업계의 동영상자료 시청, 외식산업체 견학 등을 통해 취업에 대한 관심을 불어넣어 준 점이 높이 평가되었다.

'수퍼스타 교수 · 직원' 제도 운영

전주대는 2006년부터 우수한 강의를 통해 학생들의 학력신장에 기여한 경쟁력있는 교수들을 선발해 시상하고 격려하는 '수퍼스타 교수상'을 제정해 운영하고 있다. '교육 제일주의'라는 목표를 실현하기 위해서는 교수들에게도 동기 부여가 필요하다고 생각해서 이 총장이 만든 제도다.

'수퍼스타 교수상'은 직전 학년도 1학기와 2학기 강좌평가가 평균 80점 이상인 교원을 대상으로 신입생 유치와 학생지도 및 취업지도 활동 등 학교발전에 뛰어난 업적을 세운 교수들에게 주어진다.

이 상은 '수퍼스타 교수상'과 '수퍼스타 외래교수상'으로 나누어

인증서 수여식

시상한다. '수퍼스타 교수상' 수상자 11명에게는 1인당 100만원의 상금을 주어 격려하고, '수퍼스타 외래교수상' 수상자 18명에게는 상장과 기념품을 주고 있다.

'수퍼스타 교수상' 과는 별도로 연구기반 조성 및 연구 분위기 확산을 위해 연구 우수 교원에 대한 포상 제도도 운영하고 있다. 교내 연구업적이 뛰어난 교원과 교외 외부과제 수행 실적이 우수한 교원들을 대상으로 매년 인문계열 20명, 자연계열 20명씩을 선발하여 공로패와 상품을 시상하고 있는 것이다.

한편 전주대는 학교발전을 위해 기여한 직원들에게도 '수퍼스타 직원상' 도 제정해 운영하고 있다.

학위수여식 전야축제

2010년 2월 22일 전주대 스타빌 소망홀에서는 이례적인 행사가 개최되었다. 졸업생 대표와 대학 당국자들이 모여 대화를 나누는 '수퍼스타의 밤' 행사였다. 2009년에 처음 열었던 학위수여식 전야축제 President's Dinner의 명칭을 고쳐서 마련된 '수퍼스타의 밤'에는 이교성 신흥콘크리트 회장과 홍혜실 마임화장품 회장 등 명예박사 학위수여자, 석·박사학위 수여자 및 졸업생 대표, 주요 보직 교수 등 200여 명이 참석했다.

스탠딩 파티에 이어 진행된 '수퍼스타의 밤' 행사에서는 이 총장을 비롯한 주요 보직교수들과 졸업생들이 석별의 정을 나누고, 전주대 미래 비전을 공유하면서 졸업생들이 주인정신을 가지고 주체적으로 모교 발전에 참여할 수 있는 좋은 기회였다.

특히 학생대표들의 발표순서는 인상적이었다. 6명의 발표자 중 언어문화학부 영문과를 졸업하는 곽요셉 학생 회고담은 특히 박수갈채를 받았다.

"저는 2001년도에 입학해서 2010년에 드디어 졸업을 하게 되었습니다. 9년이라는 긴 시간 동안 대학에 다녀야했던 특별한 이유가 있었습니다. 솔직히 말씀드리면 좋은 대학으로 편입을 하고 싶었던 것입니다. 때문에 3학년 1학기까지 마친 후, 군대를 다녀오고 어학연수와 편입준비 등으로 시간을 보내며 6년 동안 휴학을 하게 되었습니다. 가고 싶었던 대학으로의 편입을 준비하면서 마음속으로는 전주대와 작별하고 있었습니다. 그런데 2009년 초 최종 면접에서 결국 떨어졌습니다. 저는 하나님께서 저를 향한 또 다른 계획하심이 있을 것이라고 기대하며 다시 복학해서 이제 졸업하게 된 것입니다.

2009년 봄 6년 만에 다시 전주로 향하는 차 속에서 마음이 조금 심란하고 복잡했습니다. 그런데 오랜만에 다시 찾은 전주대에 들어서면서 저는 너무 놀랐습니다. 전주대 주변과 진입로는 논과 밭 대신 신시가지로 멋지게 바뀌어 있었습니다. 새로운 정문이 세워졌고 구 정문에는 멋진 스타타워가 들어서 있었습니다.

우중충했던 캠퍼스는 산뜻하게 바뀌어 있었습니다. 강의동은 모두 리모델링되어 첨단교육시설이 갖춰져 있었습니다. 악취가 나서 들어가기 싫었던 화장실은 넓고 편안하게 바뀌어 있었고, 선풍기밖에 없었던 강의실에는 시스템 에어컨이 설치되어 있었습니다.

떠나고 싶었던 학교였는데 이러한 모든 것들이 하나님께서 저를 위로해주시기 위해서 주신 깜짝 선물처럼 느껴졌습니다. 감사한 마음으로 기도를 했습니다. 하나님께서 부르신 곳, 이곳 전주대에서 최선을 다하여 공부하고, 삶으로 예배드림으로서 다른 이들에게 영향력을 미치는 사람이 되고 싶다는 결단을 했습니다.

그렇게 결단한 이후, 지난 2009년 한 해 동안 하나님께서는 저에게 많은 축복들을 주시며 간증할 수 있는 사건들을 허락하셨습니다. 3학년 1학기 때까지의 성적은 3.89였지만, 지난 2학기 모두 올 A+를 받아서 이번에 조기졸업을 할 수 있게 되었습니다. 그리고 수석장학금과 토익 1등급 장학금도 받을 수 있었고, 인문학부 영어말하기대회에서 1등, 교양학부 영어말하기대회에서 2등을 할 수 있었습니다. 그리고 2010년 1월에는 학교의 전액지원을 받아서 UNDP와 UNESCO의 스폰서를 받아 한동대학교에서 주최하는 Global Entrepreneurship Training, GET이라는 프로그램을 수료하기 위해 캄보디아에도 다녀왔습니다. 얼마 전에는 6월에 케냐에서 열리는 프로그램에도 Volunteer로 참여해 주라는 제의를 받았습니다. (중략)
총장님, 그리고 교수님, 교직원 여러분들, 저희 학교가 진정 하나님의 대학으로 바로 서고, 학생들 모두가 비전을 품고 멋지게 쓰임 받을 수 있기를 저는 기도하겠습니다. 저 또한 앞으로 가는 길을 통해 전주대학교가 하나님의 대학이라는 것을 증명하도록 하겠습니다.(중략) 은혜와 감사 가운데 졸업할 수 있도록 해주신 하나님과 부모님, 총장님, 그리고 모든 분들께 정말로 감사드립니다."

'수퍼스타의 밤' 행사에서는 특별한 순서도 마련되었다. 다음날 졸업식에서 명예졸업장을 수여받게되는 고 이근우 학생에 대한 동영상 소개와 감사패 증정이었다. 이근우 학생은 2009년 12월 10일 불의의

2009학년도
수퍼스타의 밤
2010. 2. 22. 18:00 스타빌 소망홀
전주대학교

교통사고를 당하여 응급실에 실려 갔다가 뇌사판정을 받고 장기기증을 통해 큰 사랑을 실천했다. 졸업을 불과 2개월 남겨 놓은 시점이었다.

지도교수인 박소연 교수에 따르면 이근우 학생은 정말 성실하고 인성이 좋은 학생이었다. 화실에서 아르바이트를 하기 때문에 늘 시간에 쫓기면서도 항상 이웃과 주변을 챙기는 성실한 청년이었다. 음식점을 운영하는 부모님을 남다르게 생각하는 효자이기도 했다. 사고 당일도 서울 인사동에서 졸업 작품전을 준비하고 가는 길에 친구를 바래다주려 나갔다가 사고를 당했다. 애니메이션에 대한 열정도 뛰어나고 작품성도 매우 우수한 아까운 인재였다.

이근우 학생의 부모가 25년이란 짧은 생을 마감하게 된 아들의 장기기증을 통해 하나님의 사랑을 실천한 것에 감명받은 이 총장은 "이군이 하나님의 나라에서 편히 잠들고, 기독교대학에서 배운 것처럼 더 많은 선을 이루어 주기 바란다"고 명복을 빌었다.

시민이 찾는 시민의 대학

2010년 1월 8일 어둠이 짙게 깔린 전주대 구정문에서 본관까지 이어지는 도로에는 추운 날씨에도 불구하고 사진을 촬영하고 산보를 하는 시민들이 눈에 띄었다.

전주대가 캠퍼스에 LED조명, 크리스마스트리, 역발사광 등을 이용

하여 아름다운 야간 경관코스를 만들고 2009년 12월 21일부터 시민에게 개방한 이후 볼 수 있는 풍경이다. 신정문에서 본관까지, 구정문에서 본관까지 각각 800m와 본관 X-마스트리, 본관 역발사광, 본관에서 신동아학원까지 300m, 또한 비전대학에 까지 연결되는 캠퍼스 야간 경관코스는 새로운 명소로 각광을 받았다.

전주대는 전주시의 경관사업과 함께 아트폴리스건설 차원에서 캠퍼스를 아름다운 야간 경관 쉼터로 만들기로 하고, 조경은 물론 야간 LED 경관길을 만들어 산책, 드라이브 등 시민의 야간 여가와 볼거리를 제공했다. 특히 첨단고부가 기술인 LED발광시설을 캠퍼스에 전면 도입해 시민들의 비주얼 눈높이에 맞는 야간 쉼터로 만들어 큰 환영

을 받았다.

지역 발전을 위해 다양한 프로젝트를 수행하고 있는 전주대는 이처럼 시민이 찾는 대학, 시민의 삶을 한층 끌어올릴 수 있는데 관심을 기울이고 있다.

2007년 7월 순영관 3층에 'JJ체력증진센터'를 개관하고 학부모 및 지역주민들에게 개방한 것도 이 때문이다. 'JJ체력증진센터'는 495㎡ 면적에 5억 원을 투입해 최고 수준의 체력검진, 운동처방 기기를 갖추고 담당 교수 및 트레이너 등 10명이 근무하고 있다.

JJ체력증진센터는 체육학부의 원활한 학사운영과 대학 구성원은 물론 학부모, 지역주민의 효율적인 체육활동을 통해 건강 및 체력증진에 기여할 수 있도록 체육시설을 개방, 스포츠를 통해 지역사회 봉사와 양질의 서비스를 펼치고 있다.

이 센터는 지역주민을 위한 건강 패키지 보급, 각종 체력 검진 및 처방 실시하여 건강나이를 측정할 수 있도록 하는 등 개방형 운영을 통해 시민들의 건강을 지키는 파수꾼 노릇을 하고 있다. 특히, 전문 트레이너를 통한 1대1 레슨으로 효율적인 체력관리와 건강검진을 실시하고 있으며 시민들의 업무를 감안, 오전 9시부터 저녁 10시까지 운영하고 있다.

한편 전주대는 지난 2004년 12월 전주시 팔달로에 위치한 대한문고 3층에 552㎡ 규모의 평생교육 및 글로벌문화센터인 'JJ CAFE'를 개소해 시민들의 평생교육, 영어교육, 상담, 전시, 독서토론 등을 할 수 있는 문화공간을 마련해 호평을 받고 있다.

변화를 넘어선 대혁신

전주대를 방문하는 내방객이라면 반드시 옛 정문과 신 정문을 통과해야만 하다. 그런데 이들 두 정문을 들어서게 되면 우선 놀랄 수밖에 없다. 옛 정문 자리로 들어설 경우 조형미를 갖춘 초고층의 인텔리전트빌딩인 스타타워가 버티고 있기 때문이다. 또한 전주 신시가지 방향으로 들어선 새로운 정문 역시 웅장함에 눈에 휘둥그레진다. 건립

한지산업관
KP Research Center

지역혁신관
Hall for Regional Innovation

비만 10억 원이 들어간 정문이다.

그렇지만 두 곳은 전주대 발전을 상징적으로 보여주는 전주곡에 불과하다. 캠퍼스에 들어가면 갈수록 새롭게 변신한 건물과 새 건물들로 입을 다물지 못한다. 달라진 정도가 아니라 대혁신이다. 심지어 1년 만에 방문하는 외부인조차 바뀐 캠퍼스 모습에 어리둥절할 정도이다. 전주대가 1,500억 원을 투입해 교육환경을 획기적으로 개선한 탓이다.

캠퍼스 교육환경 개선 (2003-2010)

구분	신축		리모델링	
2003년	지역혁신관	47.5억원	학생회관	27억원
2004년	EM연구동 지역혁신센터 EM생활문화관	9억원 6.7억원 22억원	진리관, 자유관	28.5억원
2005년			예술관, 예술관실습동 천잠관, 미생물관, 공예관, 평화관	39억원 39억원 20억원
2006년	공학2관 한지산업관 순영관	48억원 3억원 23억원	믿음관 체육관	1억원 4억원
2007년	벤처창업관 창조관 인조잔디구장	33.5억원 2억원 10억원	공학1관 교수연구동세미나실	42억원 1.3억원
2008년	스타타워 인조잔디구장	200+30억원 8억원	생활관	43억원
2009년	정문	10억원		
2010년	스타센터	350억원		
합 계		825.7억원		244.8억원

최근 공사내역을 보면 학생회관 리모델링 24억 원, 진리관 및 자유관 리모델링 약 19억 원, 예술관 및 실습동 리모델링 약 27억 원, 천잠관 및 평화관 약 37억 원, 체육관 리모델링 약 4억 원, 교수연구동 세미나실 1억 원, 공학1관 33억 원, 제2캠퍼스 5억 원 등이다.

신축 건물로는 EM연구동 약 22 원, 지역혁신관 30억 원, EM생활문화관 약 18억 원, 창고동 약 8억 원, 오수처리시설 2억 원, EM생활관 증축공사 약 2억 원, 한지산업관 30억 원, 인조잔디공사 약 9억 원, 체육관별관 약 21억 원, 공학관 별관 약 42억 원, 신정문 약 10원, 창업보육센터 약 30억 원, 스타타워 180억 원, 스타센터 298억 원, HUNIC관 43억 원 등이다.

전주대가 이처럼 막대한 돈을 들여 대 혁신 차원에서 캠퍼스 맵 자체를 변화시키는 것은 경기성장이 둔화되고 침체기를 겪으며 대학들이 모든 재정 예산을 줄이는 점을 감안하면 의외로 받아들여진다. 하지만 이 총장은 위기가 기회라는 역발상으로 그동안 축적되었던 재원과 사학진흥기금 및 BTL 재원을 아낌없이 투자했다.

"세계 대학들과 교육의 질로 승부한다"는 확고한 신념을 바탕으로 수요자 중심의 대학을 운영함으로써 교육 경쟁력을 제고시키겠다는 이 총장의 생각은 결국 옳았다.

HUNIC
HUB UNIVERSITY
for INDUSTRIAL COLLABORATION
JEONJU UNIVERSITY

자랑스러운 이름 JJ

“평안을 너희에게 끼치노니 곧 나의 평안을 너희에게 주노라. 내가 너희에게 주는 것은 세상이 주는 것 같지 아니하니라. 너희는 마음에 근심도 말고 두려워하지도 말라.(요한복음 14:27)”

전주대의 태동

7인의 선발대를 닮다

전주대는 본래 기독교 학교로 출발했다. 1892년에 미국의 남장로 선교부에서 '7인의 선발대'를 전라도에 파견하면서 전라도의 개신교 전도가 시작되었다.

미국의 장로교는 본래 하나였으나 1858년 노예문제를 둘러싸고 북장로교와 남장로교로 갈라섰다. 북장로교는 1880년에 언더우드H. G. Underwood목사를 한국에 보내 서울과 이북지역의 선교를 시작했다.

한국에서 선교활동을 펼치던 언더우드 목사가 잠시 미국으로 돌아가 선교활동사항을 보고하고 다니게 되었다. 시카고의 메코믹Mecomick신학교에서 언더우드의 강연을 듣고 감동한 신학생 테이트I. B. Tate는 자신도 한국에 가서 전도하겠다는 결심을 하고, 함께 갈 동지들을 모아서 남장로교에 한국에 파송해 줄 것을 요청했다.

1892년 1월 남장로교는 테이트와 레이놀즈W. D. Reynolds, 전킨W. M. Junkin 등 남자 3명과, 전킨의 부인 메리 레이번Mary Laburn과 레

이놀즈의 부인 볼링Pasty Bolling, 테이트의 여동생인 매티Mattie S. Tate, 그리고 데이비스Linnie Davis양 등 4명의 여자 선교사를 한국의 전라도에 파견키로 결정한다.

이들 7인을 가리켜 한국교회사에서는 '7인의 선발대'라 부른다. 이들이 전주와 군산, 그리고 광주·목포·순천에 선교기지라 할 수 있는 스테이션station을 설치하면서 호남의 기독교가 시작되었다.

전주 서문밖 화산동에 선교기지를 설치한 남장로교 선교부는 전주 최초의 교회인 '서문밖교회'를 설립했고, 서문밖교회가 다시 남문교회를 설립했다.

남문교회의 강홍모 장로가 영생고등학교를 세우고 기독교정신 함양을 교육목표로 삼고 학원 선교 운동을 펼치게 된 것도 따지고 보면 미국 남장로교가 펼친 선교의 간접적인 수확이라 해도 좋을 것이다.

거위의 꿈

전주대의 전신은 전주영생대였다. 전주대의 역사는 한국전쟁 직후 부모를 잃고 꿈과 희망을 잃어버리고 방황하는 불우한 전쟁고아들을 위해 교회에서 복음과 함께 배움의 기회를 제공하는 야학으로 시작됐다.

1964년 1월 설립 인가를 받은 전주영생대는 대학졸업장을 필요로 하는 공무원 · 교사 · 군인 등 직장인들을 위해 만들어진 야간대학이었다. '진리 · 평화 · 자유'를 교시로 삼고 기독교대학으로 출발한 전주영생대는 대학 본연의 기능보다는 직장인 재교육 장으로서의 역할이 컸다. 만학도들을 위한 대학이었기 때문이다.

개교 초기 개설학과는 국어국문학과, 영어영문학과, 가정학과, 법학과, 상학과 등이었다. 1972년 상학과를 경영학과로 변경하고, 1973년 미술교육과와 음악교육과, 1974년에 한문학과를 신설했다. 전주영생대가 직장인을 위한 고등교육기관이라는 설립 취지는 이들 개설학과들의 면면에서도 잘 나타나고 있다.

전주대는 1978년부터는 주 · 야간 병행 체제로 대학의 위상이 한층 더 높이게 되자 1979년에는 교명을 전주영생대학에서 전주대학으로 변경했다. 1981년에는 현재의 위치인 전주시 효자동 3가 1200번지를 중심으로 천잠봉 일대 30만 평의 광활한 대학의 모습을 갖추게 되었고, 1983년에는 드디어 종합대학으로 승격되어 도약의 발판을 마련했다.

그러나 대학설립 20여년 만에 주간대학으로 전환하고, 효자동으로 캠퍼스를 이전하고, 전주대학교로 교명을 바꾸어도 멍에처럼 따라다니는 '지방 3류 대학'의 오명만은 떨쳐버리지 못한 것이 사실이다.

더구나 시련도 뒤따랐다. 전주시 완산구 남노송동에 소재해 있던 영생학원은 종합대학교로서의 면모를 다지기 위해 구 캠퍼스 부지 3만 평을 매각, 새로운 캠퍼스를 조성하는 과정에서 은행 채무가 발생함에 따라 위기를 맞게 된 것이다.

우여곡절을 겪은 끝에 1984년 대한생명을 주력 기업으로 하는 신동아그룹이 학교법인 신동아학원을 만들고 영생학원을 인수하게 되면서, 전주대는 서서히 비상의 나래를 펴게 되었다. 최순영 이사장은 '진리 · 평화 · 자유'의 기독교 정신을 바탕으로 전주대가 진리탐구를 통하여 상아탑의 역할을 수행해주길 바랐다.

대학 본연의 임무인 연구 활동과 교수활동 뿐만 아니라, 대학이 '하나님을 만나는 통로가 되고, 하나님의 꿈을 꾸고, 행동하며, 인내로 기다릴 줄 아는 인재를 배출하는 통로'가 되어 주길 기대한 것이다.

거위의 꿈, 전주대의 꿈

난, 난 꿈이 있었죠. 버려지고 찢겨 남루하여도
내 가슴 깊숙이 보물과 같이 간직했던 꿈.
혹 때론 누군가가 뜻 모를 비웃음 내 등 뒤에 흘릴 때도
난 참아야 했죠. 참을 수 있었죠. 그날을 위해.

늘 걱정하듯 말하죠.
헛된 꿈은 독이라고.
세상은 끝이 정해진 책처럼 이미 돌이킬 수 없는
현실이라고.

그래요. 난, 난 꿈이 있어요. 그 꿈을 믿어요. 나를 지켜봐요.
저 차갑게 서있는 운명이란 벽 앞에
당당히 마주칠 수 있어요.

언젠가 나 그 벽을 넘고서 저 하늘을 높이 날을 수 있어요.
이 무거운 세상도 나를 묶을순 없죠.
내 삶의 끝에서 나 웃을 그 날을 함께 해요.

늘 걱정하듯 말하죠.
헛된 꿈은 독이라고.
세상은 끝이 정해진 책처럼 이미 돌이킬 수 없는

현실이라고.

그래요. 난, 난 꿈이 있어요. 그 꿈을 믿어요. 나를 지켜봐요.
저 차갑게 서있는 운명이란 벽 앞에
당당히 마주칠 수 있어요.
언젠가 나 그 벽을 넘고서 저 하늘을 높이 날을 수 있어요.
이 무거운 세상도 나를 묶을순 없죠.
내 삶의 끝에서
나 웃을 그날을 함께해요.

인순이가 부른 '거위의 꿈'이다. 가사도 좋고, 곡도 좋지만, 인순이의 폭발적인 가창력으로 대중들의 사랑을 받은 노래다. 그런데 원래 '거위의 꿈'은 다른 사람의 노래였다. 작사를 했던 가수 이적과 작곡을 했던 가수 김동률이 '카니발'이라는 이름으로 1997년 10월에 만든 앨범에 들어 있는 곡이었다. 그러나 작사 · 작곡가가 직접 부른 거위의 꿈은 대중들에게 별로 인기를 끌지 못하고 사장되고 말았다.

묻혀버린 '거위의 꿈'을 다시 들춰낸 가수가 바로 인순이다. 인순이가 리메이크 해서 부른 '거위의 꿈'은 아이돌 가수들이 판치는 가요계에 놀라운 반향을 일으켰다. 인순이는 '거위의 꿈'으로 가수 데뷔 30년 만에 처음으로 2007년 11월 시청자 선호도 1위를 차지하는 기염을 토했다.

전주대의 변화도 놀라웠다. 과거의 재단에서 운영하던 전주대가 대학 본연의 기능보다는 직장인 재교육 장으로서의 역할을 담당했던 전주영생대 수준을 넘어서지 못하고 있다가, 학교법인 신동아학원이 인수하면서 전주대는 명문대학으로 발돋움을 하는 용트림을 시작한 것이다. 마치 카니발과 인순이가 불렀던 '거위의 꿈'처럼. 그러나 어찌 시련이 없었을 것인가. 전주대에 시련은 계속되었고 눈물겨운 극복 과정이 기다리고 있었다.

계속된 시련, 눈물겨운 극복

시련과 극복

학원 소요사데 발생

전주대를 인수한 최순영 이사장은 신동아그룹을 이끄는 기업인이었다. 또한 그는 할렐루야교회를 혼자의 힘으로 세워서 국내 유수의 교회로 성장시킨 독실한 기독교인이었다.

최순영 이사장이 전주대를 인수한 목적은 자신이 경제활동으로 번 돈을 사회에 환원시키는 방법의 일환으로 기독교학교를 운영하고자 함이었다. 즉 기독교적 품성을 지닌 인재를 배출하고, 그들의 노력으로 기독교의 빛을 강하게 발하는 나라가 되게 하고자하는 뜻이 있었다.

최순영 이사장은 이러한 목적을 달성할 수 있는 적임자인 이종윤 목사를 전주대 제2대 총장으로 선임했다. 그러나 이종윤 총장은 취임 직후부터 학내 소요사태에 직면해야 했다. 1985년 4월 4일 150명의 학생들이 기채 상환문제 등 17개항의 요구조건을 내걸고 시위를 벌이며 총장실에 집결하는 사태가 발생했다.

기채 상환문제는 전주대를 인수할 때 지니고 있던 총 420억 원의 부채 중 약 250억 원은 신동아학원이 갚기로 하고, 나머지 170억 원은 교비로 19년 동안 상환키로 한 것에 대한 반발이었다. 학생들의 의견은 교비로 상환키로 한 170억 원 역시 재단에서 갚아야한다는 것이었다.

총학생회 간부들이 이사장 면담과 기채상환 중지를 요구하며 단식 농성을 펼치기도 하고, 총장실 점거를 비롯한 학내 시위는 물론 학외 시위까지 벌어졌다. 요구사항이 관철되지 않자 학생들의 시위는 과격화?장기화되었다. 학생들의 감정은 극도로 악화되었고 학내 분위기에도 어두운 그림자가 드리웠다.

1985년부터 시작된 시위는 1986년과 1987년까지 끊이지 않고 이어졌다. 간헐적으로 이어오던 시위는 1987년 시국혼란에 따른 6월 항쟁기를 거치면서 더욱 악화되었다. 1987년 9월 15일부터는 학생들이 무기한 수업거부를 결의하여 83일 동안이나 수업이 마비되는 사태에 이르렀다.

학생들의 시위가 그칠 기미가 보이질 않고 수업은 계속 중단되어 있는 상태에 처해있는 것을 본 이종윤 총장은 더 이상의 불행한 사태가 와서는 곤란하다고 판단, 1987년 11월 12일 담화문을 발표하고 총장사퇴 의사를 표명했다.

최순영 이사장도 같은 날 담화문을 발표하고 전주대에서 일어나고 있는 학원사태에 대해 깊은 유감의 뜻을 표하고, 오해와 소요원인이 되어 온 170억 원의 교비상환 기채를 포함한 학원이 안고 있는 부채를 책임지고, 전주대 설립정신을 계승할 수 있는 사람이 나타날 경우 대학 발전을 위해 유감없이 학원을 인계할 것임을 밝혔다.

싹트기 시작한 주인의식

총장의 사퇴에 따라 김승규 총장 직무대리에 이어 엄영진 교수가 총장 에 선임되었다. 이를 계기로 신동아학원은 학내소요사태로 인해 표명했던 전주대 양도의사를 철회하고, 10억 원을 투자해 장학금과 시설확충 등 학생후생복지에 노력하겠다는 입장을 밝히고 나섰다.

이에 따라 학내분위기는 달라졌고 안정화되기 시작했다. 재단과 학교, 학교 당국과 교수·학생 사이에 빚어졌던 갈등은 조금씩 신뢰감을 회복하면서 대학 발전을 모색할 수 있는 단초가 마련되기 시작했다.

특히 1989년 5월 개교 25주년 기념행사는 학내 분위기를 반전시키는 계기가 되었다. 7,000여 학생과 교직원들이 단결해서 그동안 갈등을 빚어온 재단문제, 학생복지문제, 대학구성원간의 이질감 해소 등에 힘을 합치자는 의견이 도출되었던 것이다.

재원문제로 우여곡절을 겪던 학생회관이 1989년 9월 22일 준공되고, 하키장으로 사용될 잔디구장 설치, 장학재단 설립 추진 등이 본격화하면서 신뢰감이 조금씩 쌓여갔다. '참여의식과 주인의식'이 강조되기 시작했고, 모처럼 교수·직원·학생이 삼위일체가 되어 '우리'라는 공동체 정신을 발현하자는 목소리가 대두되었다.

이러한 시점에서 단과대학과 학과 증설이 이루어지면서 명실상부한 종합대학으로서의 면모도 다지게 된다. 1988학년도에 7개학과(270명)가 신설되었고 5개학과 70명이 증원되었다.

특히 21세기 고도 산업사회로의 진입과 공업화 등 새로운 산업사회에 적응할 수 있도록 이과대학을 이공대학으로 개편하였으며, 지방자치제 및 지방화 시대에 부응하여 전통적 농업사회로부터 산업사회로의 이행과 함께 도시·농촌·항만·해양·공업기지 등 변모하는 지역사회의 체계적인 개발인력을 양성하기 위하여 지역대학을 신설하였다.

또한 향토문화의 창달과 계승 발전을 위하여 예체능대학을 신설하여 7개 단과대학 32개 학과로 면모를 일신하게 되었다.

재연된 학내문제

엄영진 총장이 퇴임하자 황갑손 교수가 제4대 총장으로 선임되었다. 하지만 총장의 취임식을 저지하려는 학생회의 움직임에 따라 체육부 학생들의 호위 속에 치러지는 진통을 앓아야만 했다.

학생회는 "학생·교수·교직원들의 참여 속에 선출된 민선총장을 원한다"고 요구하며 취임식을 마치고 나오는 신임 총장과 몸싸움을 벌였고, 급기야 총장실을 점거 농성하는 사태로 비화되었다.

교수들은 '교수협의회 재건을 위한 준비위원회 교협재건위'를 구성해서 학사행정에 반발하기 시작했다. 교협재건위의 요구조건은 인사행정제도 개선, 교수 재임용제도 폐지, 직위 해제된 교수 징계 철회,

교수협의회 창립 제도적 보장 등이었다. 황 총장은 재임기간 동안 교수회의 반복되는 퇴임요구로 시달려야 했다.

황 총장의 임기가 만료되자 신동아학원은 전주대 제5대 총장에 이종익 박사를 선임했다. 이종익 총장은 의과대학 및 공과대학 설립과 기독교학과 설치, 교수확보와 실험실습기자재 확보, 기숙사 건립에 앞장 설 것을 약속하면서 교육의 질적 성장을 추구했다.

이 총장의 취임식에 참석한 최순영 이사장도 화답했다. 최 이사장은 "많은 관심을 갖지 못한 것에 대해 미안하게 생각한다"면서 "올해 순수 대학발전기금으로 15억 원을 지원하고, 향후에도 매년 10억 원씩 추가 지원하겠다"고 천명했다. 또한 졸업생들의 취업난 해소를 위해 신동아그룹 계열사에 전주대 출신 채용을 확대하겠다고 약속했다.

이 총장의 취임을 계기로 학내문제는 진정기미를 보이기 시작했다. 교수·직원·학생 등 대학 구성원들은 신임총장이 펼치는 행정에 대해 긍정적 평가를 내리면서 모처럼 화합의 분위기가 연출되기 시작했다.

대학이 안정되자 교육의 질적 발전도 이루어졌다. 교육대학원, 국제학대학원, 정보산업대학원, 선교신학대학원 등 4개의 특수대학원이 설치된 것이다.

이남식 총장 시대의 개막

이종익 총장이 퇴임하자 박성수 박사가 전주대 제7대 총장으로 취임했다. 박성수 총장은 1980년부터 20여 년 동안 서울대 교수를 역임한 교육학계의 역량있는 중견학자였다.

박 총장은 전주대 설립목적 중 하나인 기독교정신 구현을 위해 학원복음화운동에 매진하고, 명문대로 도약할 수 있는 발판을 마련한 총장으로 기록된다.

박 총장의 취임과 함께 전주대는 대학 특성화 전략에 나서면서 교육부의 대학평가에서 우수대학으로 선정되고, 대학원 종합평가에서도 우수한 성적을 이끌어 냈고, 교육개혁 추진 우수대학, 경영합리화 우수대학으로 선정되기도 했다.

이는 지방대의 생존이 특성화 전략에 있다고 판단한 박 총장이 이공분야 어문분야 기독교분야 휴먼서비스분야 사회과학 분야 학부 중 1-2개씩을 특성화 학부로 집중 육성하는 등 전주대에 차별화된 실용교육을 접목시켜나간 결과에 따른 것이었다.

박 총장은 전국 대학 최초로 생애개발지원처를 신설하고 평생동행교수제, 취업프로젝트, CA Campus life Adviser 제도를 도입하여 교육학자다운 모습으로 총장의 역할을 수행했다. 교육환경 개선 및 학생후생복지, 교수 연구지원에도 심혈을 기울였다.

국제상담대학원의 설치인가를 얻어냈을 뿐만 아니라 제2캠퍼스도

매입했다. 세계적 수준의 e-캠퍼스 구축, 전주대 최초로 유치한 국책 사업이었던 농기계부품 개발 · 생산 혁신센터TIC 개소, 대학발전기금 25억 원 돌파, 호남권 최초 학생 해외 현장학습 실시, 국내 최초 연구학기제 도입, 영국 맨체스터대학 등 10개국 26개 대학과 국제교류 협력을 이끌었다.

또한 장기 발전 계획 '비전 2010' 수립 등 놀라운 성과를 거두면서 전주대를 전국 상위권 대학으로 이끄는 조타수역할을 담당했다. 훗날 이남식 총장이 전주대의 변화와 발전을 이끌어낼 수 있도록 박 총장이 주춧돌을 놓았던 셈이다.

전주대 약진의 발판을 마련했던 박 총장이 퇴임하자, 정통 외교관으로 40년 외길인생을 걸어온 이시영 총장이 제8대 총장에 부임했으나 건강상의 이유로 1년 2개월 만에 물러나고 말았다. 이로써 전주대에는 이남식 총장 시대의 막이 열렸다.

받은 것보다 더 베풀자

7인의 선발대가 오늘의 전주대가 있게끔 만든 모태였다면, 오늘날 전주대는 캄보디아 고등교육의 모태 역할을 하고 있다.

이남식 총장은 원조를 받던 나라에서 OECD국가로 성장한 대한민국의 역할에 주목하고, 제3세계와 개발도상국들에 대한 선교와 후원이 하나님으로부터 부여받은 전주대의 큰 사명이라고 생각했다.

기독교대학으로서의 사명을 완수하기 위한 전주대 선교프로젝트는 현재 캄보디아 국립기술대학NPIC : National Polytechnic Institute of Cambodia 운영에서 빛을 발하고 있다. NPIC는 2001년 김대중 대통령이 훈센 총리에게 캄보디아의 교육 인적 자원 개발을 위해 대한민국 정부가 원조하겠다고 약속해서 설립한 대학이다.

학교가 완공되자 캄보디아 정부는 대학 운영에 대한 노하우 부재와 재정 문제 해결 때문에 큰 고민에 빠졌다. 고민을 거듭하던 훈센 총리는 전주대에 위탁 운영을 의뢰했다. 전주대가 2003년부터 캄보디아에서 선교봉사활동을 펼쳐온 인연이 가져온 결과였다.

이 총장은 훈센 총리의 제안을 망설이지 않고 받아들였다. 100여

년 전 7인의 선발대가 한국에 찾아와 하나님의 말씀을 전하고 정신적 재정적 지원을 아끼지 않았던 것처럼, 전주대 역시 대학경영을 통해 사랑의 정신을 실천해야하는 것이 숙명적 과제로 생각했기 때문이다.

NPIC에 대한 구체적 기술은 뒤에 다시 하겠지만, 19세기 말 한국에 찾아온 7인의 선발대들의 선교와 개척정신은 21세기 초 이 총장과 전주대에 의해 캄보디아에서 다시 빛을 발하고 있다.

이 총장은 전주대로 유학 온 외국 유학생들과 대화 나누기를 좋아한다. 특히 저개발국가 학생들에게 많은 관심을 보여주고 있다. 그는 유학생들에세 꿈과 희망을 잃지 말고 열심히 공부하도록 조언하곤 한다.

"대한민국도 110년 전에는 깜깜한 암흑기였습니다. 우선 먹고사는 것도 힘들었지만, 근대적 개념의 학교도 없었습니다. 그리고 일본에 점령되어 시련을 겪어야 했습니다.

다행히 광복이 되었지만 한국전쟁의 소용돌이에 휘말려야만 했습니다. 불과 60년 전이었던 1950년대의 한국은 폐허나 다름이 없었습니다. 전쟁미망인들과 고아들이 넘쳐났습니다. 오죽하면 당시 발행된 외국의 책들마다 한국을 전쟁과 고아, 미망인, 거지의 나라로 표현하였겠습니까? 미국의 원조가 아니었으면 연명하기 힘든 나날을 보내야했던 한국은 오늘날 다이나믹 코리아dynamic Korea로 불리면서 세계 10대 경제 대국이 되었습니다. 한국이 이처럼 성장할 수 있었던 것은 바로 교육의 힘입니다. 여러분들의 조국도 할 수 있습니다. 열심히 공부하십시오.

그래야 여러분들이 조국을 부강하게 만드는 주역이 될 수 있습니다."

유학생들은 이 총장의 이야기에 귀를 귀 기울이며 자신의 나라로 돌아가서 조국 발전을 위해 혼신의 힘을 기울이겠다는 각오를 다지는 강렬한 눈빛을 발산한다. 어렵게 보내야만 했던 유학생 시절을 떠올리면서, 이 총장은 저개발국 출신 유학생들에게 과감한 장학 혜택을 제공하고 있다. 그들이 고국으로 돌아가서 국가발전의 주역이 되면, 자신의 조국뿐만 아니라 장학혜택을 받으면서 공부할 수 있는 기회를 마련해 준 한국, 그리고 전주대를 위해서도 긍정적인 역할을 하게 될 것으로 믿기 때문이다.

Before 10 Years(2000~2009)

"전주대에 졌습니다."

2009년 10월 30일 전국 사립대학 총장 100여 명이 전주대를 방문했다. 1박2일 동안 개최되는 한국사립대총장협의회 세미나에 참석하기 위해서였다. 이 총장을 바롯한 교직원들은 개교 이래 최대 규모의 대학 총장들이 방문하는 행사 준비에 만전을 기했다.

이 총장은 참석자들의 영접에서부터 빈틈없는 행사 진행은 물론 식사와 숙박, 세미나 이후의 프로그램까지 세밀하게 점검했다. 한(韓)스타일로 마련된 리셉션과 음식의 본고장인 전주의 맛을 품격있게 갖춘 식사는 근엄한 총장들로 하여금 환호성을 자아내게 만들었다. 심지어 참석자들에게 나누어줄 선물은 아내에게 직접 포장토록 했다.

대부분 처음 전주대를 방문하게 된 총장들은 여러 차례 놀라면서 감탄했다. 첫째는 지방의 작은 대학인 것으로만 알았던 전주대의 위용에 깜짝 놀랄 수밖에 없었다. 전국 최대 규모의 기숙사인 스타타워는 물론, 첨단 인텔리전트 시설을 갖춘 캠퍼스를 돌아보며 전주대에

Korean Association of Private University Preside
제3회 한국사립대학 총장협의회
2009년 10월 30일(금) ~ 31일(토), 전주대학교 주최 : 한국사립대학총장협의회 주관 : 전
Korean Association of Private University Presidents
KPU
한국사립대학총장협의회

JEONJU UNIVERSITY
JEONJU UNIVERSITY
전주대학교
전주대학교
JEONJU UNIVERSITY
JEONJU UNIVERSITY

대한 인식이 새로워졌다. 하나같이 "이 정도 수준이니 전주대가 세미나를 개최하겠다고 자청하고 나섰구나"라는 말을 잊지 않았다.

두 번째 놀란 이유는 빈틈없는 행사진행이었다. 개회식은 물론 세미나와 문화탐방 행사 등은 물 흐르듯 매끄럽게 진행되었고, 의전도 완벽했기 때문이다. 이 총장을 비롯해서 전주대 교직원들은 봉사자를 자임하면서 동선 하나 하나까지 세밀하게 챙겨주었다. 특히 숙소에 놓아둔 간식에는 교직원들의 정성어린 편지까지 담겨있어 총장들로 하여금 감동을 일으키게 만들었다. 문화탐방에 나섰던 경기전과 금산사에는 추운 날씨를 감안, 긴이 찻집을 마련해서 차를 마실 수 있도록 하는 등 세심한 부분까지 신경을 썼다.

총장들은 돌아가는 길에서 다시 한 번 감동을 받았다. 대부분 이런 행사가 끝나면 주최대학에서 상징물이 담긴 기념품을 하나씩 주곤 하는데, 정작 가지고 돌아가면 별로 쓸모가 없는 것이 대부분이었다. 그런데 전주대에서 나누어준 기념품은 색달랐다. 개암죽염과 궁중약고추장, 무주머루와인, EM화장품을 비롯한 지역 특산품들로 구성된 선물보따리는 정성스레 포장되어 있었던 것이다.

오죽하면 사립대총장협의회를 개최한 경험이 있는 한동대 김영길 총장이 이남식 총장에게 "전주대에 졌습니다. 모든 것이 완벽했습니다" 라고 인사를 했겠는가. 그만큼 전주대는 모든 면에서 달라져 있었다.

앞서 이야기 한 성과들 외에도 전주대가 이룩한 성공적인 학사단위 구조조정, 전국 최고의 취업률, 동방불패의 신화를 낳은 국책사업 유치, 지역 혁신의 길잡이 역할, 호남권 산학협력의 중심 대학으로 발돋움, 학교기업의 선두주자라는 성과들은 우연이 아닌 필연이었던 것이다.

전주대는 신입생 모집에서 기대이상의 성과를 거두고 있고, 졸업생 취업률도 전국 상위권을 차지하고 있다. 비약적인 발전을 거듭하자 지역사회의 인식도 달라졌다. 기독교대학이라는 특성 때문에 지원을 아끼지 않았던 전북지역의 목회자들은 한때 전주대가 내홍에 휩싸이자 관심을 거두어들인 적도 있었다. 그러나 요즘에는 "전주대가 참 좋아졌다"면서 이 총장을 찾아오는 목회자들의 발길이 잦아졌다.

2010년 전주대가 주최한 신년하례회에서 스타센터 건립과 관련된 설명을 들었던 전북지역 원로인 김동건 목사는 갑작스레 이 총장을 찾아와서 "전주대의 발전이 자랑스럽다"면서 1,000만원을 내놓았다. 김목사는 "원로목사에게 1,000만원은 매우 큰돈이다"는 농담과 함께 전주대가 기독교대학으로 더욱 성장 발전하기를 기원했다.

성공적인 학사단위 구조조정

전체적인 학령인구 감소 추세에 따라 신입생 충원이 최우선적 과제로 부각된 상황에서 전주대는 입학전략연구팀을 운영하며 그동안 입시 충원에 주안점을 두어왔다. 고교방문 프로그램인 교직원을 통한

'123네트워크'를 비롯해 고교생 초청 현장체험학습, 고교 일일 개방대학 운영, 고교 담임교사 초청 입시설명회를 활발히 벌여왔다.

2008년도에는 교과부로부터 입학사정관제 시행학교로 선정돼 재정지원을 받음으로써 전주대에 적합한 입시전형방법의 개발 및 우수 신입생을 선발할 수 있는 기반을 구축했다. 이로 인해 전주대의 신입생 충원율은 2009학년도 100%, 2010학년도 100.1%를 달성했다.

전주대는 또 학사단위 구조조정을 성공적으로 이끌어 내 대학경쟁력을 강화했다. 대학환경 및 교육정책의 급격한 변화에 대응하여 기존 취약학과나 전공들을 과감히 통폐합하고 지역혁신에 직결되고 학교의 특성화 방향에도 부합되는 신성장동력을 갖춘 유망성장 학과나 전공을 신설하여 큰 성공을 거두었다.

특히 대체의학대학, 문화산업대학, 생산디자인공학과, 간호학과, 중등특수교육과, 작업치료학과를 비롯한 단과대학 및 학과 신설 등 2005년 이후 3년간 지속적인 대학 구조조정을 단행해 성공의 밑거름이 됐다.

전국 최고 수준의 취업률

종합적 진로취업 지도시스템

전주대의 학생중심형, 실무중심형 교육 프로그램의 진가는 전국 최상위권의 취업률에서 여실히 드러난다. 경기 둔화로 인한 고학력 실업난 시대에 전주대가 최근 3년 동안 기록한 취업률은 거의 기적에 가깝다.

교육과학기술부와 한국교육개발이 전국 376개 대학 및 142개 일반대학원을 대상으로 2007년 고등교육기관 졸업자 취업통계조사를 실시한 결과 전주대의 취업률은 84.4%로 졸업생 2,000명 이상 3,000명 미만 규모대학 중에서 전국 1위를 차지했다. 2008년의 취업률 조사에서는 84.7%로 2위를 기록했다.

전주대가 이처럼 내로라하는 대학들을 물리치고 전국 최상위권 취업률을 기록할 수 있었던 것은 자격증 취득지원, 인턴제, 현장실습, 취업박람회 등 다양한 취업지원 프로그램을 통해 가능했다.

특히 총장 직속의 'Job 슈퍼스타위원회'를 설치하고 취업지원시스템을 구축한 것을 비롯해 '3스타' StarT, StarNeT, StarTrack 프로그램 운영, 대학 취업지원 기능 확충사업, 여성부의 여성커리어 지원사업 등 정부가 지원하는 취업프로젝트 선정, 현장취업체험학습 및 전공취업체험학습, 인턴십 등 다양한 국내외 현장취업체험학습 프로그램이 한데 어우러지면서 높은 성과를 냈다.

전주대의 높은 취업률의 비밀은 취업을 극대화하기 위한 각종 제도에 있다. 맞춤형 인재양성 프로그램인 이른바 '3Star' 제도, 입학에서 졸업 후까지 자신의 진로를 설계하고 경력을 개발하는 독특한 프로그램이 있다.

즉 재학 중 체계적인 경력관리를 통해 학업과 진로 및 생활지도가 원활히 이뤄질 수 있도록 하는 개인경력관리프로그램PCMP이 대표적이다. 전주대가 자체 개발한 이 프로그램을 통해 교수들은 온라인상에서 학생 상담, 취업정보 제공, 취업 희망자 파악 및 취업업체 추천 등에 활용하고 있다. 명실상부한 종합적 진로취업 지도시스템으로 활용되고 있는 PCMP는 다른 대학의 벤치마킹 대상이 되고 있다.

또한 학생들의 취업을 돕기 위해 단과 대학마다 학사지도사CA를 둬, 적성 · 진로 등에 관한 자료를 분석하고 카운셀링을 해주고 있다. 취업관련기관인 인적자원개발센터와 여대생커리어개발센터 등에는 26명의 전문 인력을 배치해 취업지도를 전담하고 있다.

학과와 단과대학의 노력

전주대 취업률을 높인 견인차 역할은 대학본부가 맡았지만, 학과 및 단과대학들이 각각의 특성에 맞는 프로그램을 운영하고 자구책을 마련한 것도 주효했다. 외식산업학과와 경영대를 예로 들어보자.

2005년 신설된 외식산업학과는 2009년 첫 졸업생을 배출하면서 취업률 100%를 기록하는 신기원을 이루었다. 이들은 대부분 유명 외식업체의 관리직과 조리파트는 물론, 바리스타와 소믈리에 등 전문직, 외식관련 언론사 기자직으로 진출하는 등 다양했다.

신설학과임에도 불구하고 이처럼 좋은 성과를 나타낼 수 있었던 것은 재학생과 외식업체 관리자간의 산학멘토시스템이 결정적인 역할을 했다. 재학생들은 자신의 진출 희망분야에서 근무하고 있는 관리자와 공동 프로젝트를 통해 실무 감각을 익히고 이를 취업과 연계를 시키는 제도를 도입하여 시행하고 있다.

특히 각종 공모전과 경연대회를 통해 전주대 외식산업학과의 브랜드를 널리 홍보한 것도 이번 취업률에 큰 기여를 했다. 학생들은 지도교수들의 도움을 받아 재학 중에 국내 한국프랜차이즈협회와 한국외식경영학회, 한국와인소믈리에학회에서 주관하는 외식논문, 아이디어, 조리 등의 경진대회에서 우수한 성적으로 입상한바 있다.

금융보험부동산학부의 경우 여름과 겨울방학에 손해사정인 시험대비반을 운영함으로써 높은 전국 대학 최고의 합격률을 자랑하고 있다. 매년 300명 정도 선발하는 손해사정인 시험에서 전주대 학생들은 1차 시험 50여 명, 최종 15명 정도가 합격하는 우수한 성적을 거두어 온 것이다.

한편 경영대학은 2009년 하계방학을 이용하여 10명의 교수들이 전북도내 70개 기업을 방문했다. 학생들의 취업을 위해 취업경향은 물론 기업체의 실정에 맞는 맞춤형 취업을 시도하고, 각종 정보를 교류, CEO 및 인사담당자를 면담하기 위해서였다.

교수들의 홍보활동 과정에서 신입사원 추천 의뢰가 즉석에서 이뤄지기도 했으며, 향후 사원채용 시 전주대를 우선적으로 연락하겠다고 약속한 기업들도 적지 않았다.

취업을 위한 새로운 시도

영어를 잘하는 대학생도 정작 원어민 영어 면접에 부닥치기만 하면 입이 얼어붙는 경우가 적지 않다. 면접 상황에서 적용할 수 있는 실용적인 영어를 배운 경험이 드물기 때문이다.

전주대는 학생들의 이런 어려움을 해결하고자 2009년 2학기부터 영어 강의에 영어면접 교육 프로그램인 '실용영어 말하기' Pragmatic English Deliberation를 도입했다.

전주대와 민병철교육그룹이 공동으로 개발한 이 프로그램은 인터넷 강의를 통해 질문과 답변 유형을 익힌 다음 강의실에서 원어민 강사와 함께 실전에 대비하도록 한 것이다. 수준별 맞춤 학습은 물론 실제 면접에서 가장 흔하게 마주치는 14개 질문 유형을 반복 학습하는 데다 원어민과의 실전 훈련으로 효율성을 높였다.

한편 전주대 학생생애개발처는 2009년 9월 생애개발지원실에 학생들의 취업지원을 위해 셀프면접시스템인 무인면접기 'Wonder View'를 설치했다. Wonder View는 학생들이 언제든지 면접연습을 스스로 할 수 있으며 오전 9시부터 오후 5시까지 운영된다.

2,000여 개의 면접 질문과 대기업 및 공기업의 면접 기출문제 등을 토대로 본인이 희망하는 기업과 면접유형 등을 입력, 자신에 맞는 면접을 볼 수 있다. 녹화된 내용을 다운로드받아서 자신의 장단점을 파악할 수 있다.

또한 영어면접 기능도 함께 사용할 수 있어 기출문제를 토대로 연습하고 자신이 입력한 질문에 맞게 영어면접을 실전처럼 연습하여 녹화 파일로 저장하여 모니터링을 할 수 있도록 했다.

동방불패의 신화 '국책사업 유치'

2004년 6월 지방대학 혁신역량 강화사업NURI 선정 대학 발표 당시 가장 스포트라이트를 받은 대학은 전주대와 부산의 동서대였다. 각 지역의 쟁쟁한 국립 거점대학 등을 비롯해 수많은 대학들과의 경쟁을 물리치고 '대형' 과제로 선정되어 최다 지원금을 받을 수 있었기 때문이었다. 당시 교육계는 물론 언론에서 이변으로 받아들였다.

전주대는 '전통문화콘텐츠 X-edu사업' 대형이 선정되면서 2004년부터 5년 동안 단일 대학으로 최대 규모인 350억 원의 정부 지원금을 받았다. 전주대는 이어 한 달 뒤, 산학협력중심대학사업HUNIC에서 '첨단제조기술혁신AMTI 산학협력사업단'이 선정되면서 5년 동안 350억 원을 지원받게 됐다. 전북지역에서는 유일했다. 2004년 한 해 동안 맞은 겹경사였다. 전주대는 이후 각종 국책사업에서 승승장구했다.

"전주대는 국가기관에서 지원하는 공모사업에서 언제나 첫머리에 등장합니다"

이 총장이 자신 있게 말할 정도로 전주대는 동방불패의 신화를 이

주요 국책사업 유치 현황 (2004-2009)

사업명	사업금액(천원)	지원기관	사업기간	비고
지방대학혁신역량강화사업(X-edu)	30,099,000	교육부	04-09	단일대학 최대지원
지방대학혁신역량강화사업(e-Rest)	2,375,900	교육부	05-09	
지방대학혁신역량강화사업(RadEdu)	1,424,000	교육부	07-08	
산학협력중심대학육성사업	19,313,774	산자부 등	04-09	전북권 유일 선정
2단계 산학협력중심대학육성사업	17,309,000	산자부 등	09-13	
지역기술혁신센터	7,487,000	산자부	01-08	최우수기관 선정
창업보육센터 운영사업	4,145,479	중기청	99-09	지방대학 최초
지방대학육성사업(EM)	4,500,000	교육부	03-04	우수기관 선정
고창복분자RIS사업	116,230	산자부	07-08	
학교기업(궁중악고추장)	1,300,000	교과부	08-09	
에너지자원인력양성사업	410,000	교과부 등	08-09	
기술창업패키지사업	396,420	중기청	05-09	
미취업대졸생지원프로그램사업	638,000	노동부	06-09	
산학공동기술개발사업	3,379,523	중기청	03-09	
산학협력기업부설연구소설치지원사업	161,913	중기청	07-09	
산학협력실지원사업	356,700	중기청	05-09	
지역인재육성사업	488,000	교과부	09	
문화콘텐츠특성화교육기관지원사업	300,000	문광부	09	
문화관광해설사신규양성 및 정기보수교육위탁사업	120,000	문광부	09	
여대생커리어개발지원사업	221,000	여성가족부	06-09	
장애학생지원사업	102,637	교육부	05-09	
합계	94,644,576			※지방자치단체 대응자금 제외

어갔다. 지역기술혁신센터TIC 선정으로 산업자원부로부터 지원받는 80억 원을 비롯해 지방대 최초의 생산형 창업보육센터 선정 30억 원,

지방대육성사업EM연구개발단 45억 원, 한지 RIS, 학교기업궁중약고추장 5억 원, 입학사정관, 에너지인력양성 등 12억 원, 2단계 산학협력 중심대학 220억 원, 교육역량강화사업 36억 원 등 전주대의 질주는 쉼이 없었다. 이와 같이 거칠 것 없는 국책사업 유치로 전주대가 세계의 대학으로 비상할 수 있는 주춧돌을 마련한 것은 물론이다.

이처럼 놀라운 국책사업 유치의 쾌거를 이룬 데는 이 총장의 땀과 열정이 있었기에 가능했다. 중요성이 큰 국책사업일 경우 자신이 직접 프레젠테이션을 했다. 단장이나 처장 등이 프레젠테이션 하는 다른 대학과는 사뭇 다른 모습이다. 심지어 프레젠테이션을 위한 파워포인트의 글자 포인트와 글자체까지 신경을 쓸 정도로 사업 유치를 온 힘을 쏟아 부었다. 산학협력중심대학HUNIC 사업을 이끌었던 교수의 이야기를 들어보자.

2009년 봄, 전주대 본부 소회의실에서는 2단계 산학협력중심대학 공모사업 준비를 위한 회의가 개최되고 있었다. 회의는 전쟁으로 말하자면 임전무퇴의 상황이라는 인식아래 비장한 결의가 감도는 분위기 속에서 회의가 진행되었다.

많은 대학들은 거점대학선도사업과 산학협력중심대학 선정사업에 모두 응모해서 어느 것 하나라도 선택되면 좋겠다는 입장들을 가지고 있었다. 하지만 전주대는 선택과 집중이라는 측면에서 HUNIC사업 하나만 응모키로 결정했다. 자칫 하나도 선정되지 못하는 결과를 낳을 수도 있지만, 스스로 퇴로를 차단하고 최선을 다하자는 배수의 진을 치는 결정이었다.

HUNIC사업이 선정되지 못하면 지난 5년 동안 추진해온 X-edu사업과 HUNIC대학의 위상이 한꺼번에 무너져 내릴 수 있는 위기감이 닥쳐오게 되기 때문이다. 2단계 산학협력중심대학 공모사업 공모제안서에 관한 학내 프리젠테이션이 끝나자 이 총장이 마이크를 잡고 일갈했다. "당신들만이 아는 어려운 용어들로 치장된 보고서는 필요가 없습니다. 다시 만드세요."

이에 따라 실무를 담당했던 교수들과 교직원들은 다시 몇날 며칠 밤을 새며 공모제안서를 처음부터 다시 작성해야 하는 고충을 겪어야 했다. 그렇게 제안서는 상식적인 용어들로 새로 만들어졌다. 학내 프리젠테이션이 다시 개최되었고, 비로소 이 총장은 그때서야 흡족한 반응을 나타냈다.

이러한 진통을 겪은 끝에 제출된 2단계 산학협력중심대학 공모사업 공모제안서는 호남권역 1위, 전국 2위로 선정되는 영광을 안았다. 이러한 사실이 알려지자 전국 대학들로부터 전주대 제안서를 입수하려는 경쟁이 치열해지는 현상까지 빚어졌다.

이 총장은 남들은 거의 불가능하다는 것을 총장이 직접 제안서 작성을 지휘하고 프레젠테이션을 해서 큰 프로젝트를 유치함으로써 대학 구성원에게 자신감을 심어 주었다. 이러한 잇단 국책 사업 유치는 전주대 발전의 터닝 포인트가 되면서 세계적인 글로컬대학으로 한 걸음 다가가는 결과를 가져왔다.

지역혁신의 길잡이

지역혁신을 위한 전주대의 의지는 확고하다. 지역에 봉사하는 대학의 역할을 넘어 지역사회가 자립 기반을 조성하고 부가가치를 창출할 수 있도록 하는데 초점을 맞추고 있다. 특히 일부 교수나 기관이 참여하는 소극적 지원에서 벗어나 총장부터 교수에 이르기까지 전 대학 구성원이 발 벗고 나서고 있다.

전주대는 이러한 노력과 역량을 정부로부터 인정받았다. 전주대는 2004년 11월 부산 벡스코에서 열린 제1회 대한민국 지역혁신박람회에서 지역혁신 우수대학으로 교육인적자원부 장관상을 받았다.

전주대는 지역사회와 함께하는 특성화중심 교육개선을 위한 혁신적인 구조조정과 산학협력 전담 교수제, 맞춤형 인력양성 플랜을 구축하는 한편 지식산업연계 혁신역량강화사업NURI, 산학협력중심대학, TIC, 교육부특성화사업EM을 통해 전북지역 혁신클러스터 구축에 기여했다. 국내 지역혁신사례로 전주시 기계산업, 남원시 허브산업, 임실군 산림 및 한과산업, 순창군 장류산업, 장수군 사과산업 등과 연계된 교육혁신 및 산업기반 혁신사업을 수행했다. 특히 국제 공동 Joint Venture 및 기술개발과 교육사업을 통해 전주대가 추구하는 글로컬대학으로서의 역량을 발휘한 점을 인정받은 것이다.

호남권 산학협력의 중심

전주대는 지난 2004년 전북권에서는 유일하게 산학협력중심대학 HUNIC 지원 사업 대학으로 선정된 데 이어 2009년 6월 2단계 산학협력중심대학 지원사업에서도 전북지역 대학 중 유일하게 선정됨으로써 명실상부한 산학협력의 중심지로 떠올랐다.

전주대는 1단계 산학협력중심대학HUNIC 지원사업을 통해 산학협력체제 구축분야, 기술개발사업 분야, 인력양성사업 분야, 공용장비 구축사업 분야 등에 가시적인 성과를 내면서 지역산업단지의 혁신 클러스터 역할을 수행해 왔다.

또한 지난 5년 동안 기술개발지원 67건, 장비활용 3,278건, 애로기술지원 978회, 상품화지원 43건 등 지역 내 중소기업의 매출향상과 고용창출에 매진해 왔다. 특히 전주대는 지역전략산업과 연계한 특성화 분야육성을 위해 기계분야 제품의 제조기술과 고부가가치를 위한 제품디자인 기술을 접목한 2005년 생산디자인공학과를 신설했다.

한편 전주대는 2단계 산학협력중심대학 지원사업에 또 다시 선정되는 쾌거를 일구었다. 지식경제부와 교육과학기술부, 한국산업기술진흥원이 공동으로 지역 산학협력의 거점Hub 기능을 수행할 산학협력중심대학을 선정하는 사업에 전주대는 '친환경 기계, 자동차부품 클러스터 산학협력사업'을 신청했다.

2단계 산학협력중심대학사업은 전국 4년제 80개 대학이 신청하여 17개 대학만이 선정되었다. 전주대는 지식경제부와 교육과학기술부로부터 매년 40억 원 이상씩 5년 동안 지원받게 되었다. 전라북도, 전주시, 완주군 등 지방자치단체의 지원금을 포함하면 모두 220억 원의 사업비를 확보하게 된 것이다.

학교기업의 선두주자

창조섭리 빛내는 '착한 친구 EM'

전주대에는 '친환경 유용미생물사업'을 펼치는 EM연구개발단이라는 특별한 연구기관이 있다. 유용미생물effective microorganisms을 의미하는 EM은 자연계에 존재하는 미생물들 중에서 유용한 방향으로 이끌어 가는 여러 미생물광합성세균류, 유산균류, 효모균류 등 10속 80종을 복합시켜 배양한 미생물제재를 말한다.

전주대는 이러한 EM의 가치를 인식하고 연구의 수월성 확보와 지역사회 기여 부분에 초점을 맞추어 2001년 EM연구개발단을 설립해 환경정화사업, 친환경농업시범사업, 축사악취제거 사업 등을 성공적

HIMOBIL
[하이모빌]
D&M Technology

으로 수행했다. 이후 이듬해에는 교육인적자원부로부터 지방대학육성사업으로 선정되고, 2003년에는 최우수 사업추진대학으로 선정되기도 했다.

세계적 석학인 일본 류큐대학의 히가 테루오(比嘉照夫) 교수가 개발한 EM은 전주대 EM연구개발단에 의해 농업, 환경, 축산, 기능성 등 다양하게 활용분야를 확대해 왔다. 농업분야에서는 EM농법을 통해 무농약 · 무화학비료 영농이 가능하도록 만들어 맛과 생산성 증대 향상을 도모하고 있다.

환경 분야에서는 음식물 쓰레기의 퇴비화와 생활하수 · 축산폐수의 친환경적 처리가 용이토록 하고 있다. 축산분야에서는 가축의 성장률 증가와 육질 · 유질 · 난질을 개선하고, 축산분뇨의 악취를 제거하는 역할을 하고 있다. 기능성분야에서는 건강식품 및 이미용품 등 생활용품 및 친환경 건축자재로 활용되고 있다. 이러한 노력 덕분에 EM연구개발단은 전북지역에서 유일하게 친환경농산물 인증기관 및 분석기관으로 동시에 선정되어 친환경농업에 앞장서고 있다.

주식회사 에버미라클

전주대는 친환경 농자재 생산 및 판매, EM기술을 활용한 상품의 연구 개발 및 생산, EM농산물의 유통, 각종 환경 관련 시설의 컨설팅 및 처리 사업을 위해 2002년 3월 신동아학원이 출자해 주식회사 에버미라클을 설립했다. EM에 대한 이해를 돕기 위해 현재 에버미라클의 대표이사를 맡고 있는 강영중 신동아학원 전 상임이사의 이야기를 들어보자.

"EM을 최초로 개발한 일본 류큐대 히가 테루오 교수가 2001년 9월 전주대에서 강연할 때만 해도 EM의 효용성을 믿지 않았다. 그해 11월 오키나와에서 개최된 'EM 페스타'에 초청받았을 때도 '관광이나 하자'는 요량이었다. 그러나 히가 교수의 설명을 듣고 현장을 둘러본 뒤 EM을 보는 시각이 달라졌다. 그리고 귀국 후 재단법인 이사장인 하용조 온누리교회 목사에게 보고를 하러 갔을 때 하용조 목사가 먼저 EM 관련 책을 보여주며 사업을 권유하자 확신을 갖게 됐다. '하나님이 나에게 이 사업을 허락하셨구나.' 나는 곧바로 히가 교수와 EM 연구 · 개발 협약 및 한국 내 독점 사업권 계약을 맺었다."

독점계약을 했지만 우리나라에서는 EM의 효능에 대한 인지도가 적은 탓에 잘 활용되지 못했다. 이 총장은 환경운동 차원에서 여성이 관심을 가져야 한다고 판단했다. 그래서 전주YWCA 국영희 회장과 이명자 사무총장을 만나 EM이 얼마나 환경에 유용한 물질인지를 설명하고, 무료로 원액을 제공키로 하고 사용을 권유했다. 이 총장은 YWCA는 여성운동과 함께 환경운동을 지속적으로 펼쳐온 단체이므로 회원들이 사용해보고 효능을 깨닫게 되면 EM을 널리 확산시킬 수 있는 단체라고 여겼다.

주방 설거지, 청소와 소독, 화초 가꾸기 등 가정생활의 소소한 분야부터 EM을 사용해 본 전주YWCA회원들은 효능에 대한 확신을 얻게 되었다. 이에 따라 전주YWCA는 대한YWCA에 환경운동차원에서 EM활용을 활용토록 하자고 제안했고, 전국YWCA에 파급시켜나갔다.

YWCA는 화학물질의 대안으로서 EM을 우리 생활 속에 도입하고, 이로 인해 가족의 건강뿐 아니라 지속가능한 환경을 유지하고자 EM교실까지 개설하고 있다. EM교실에서는 EM을 활용해서 재활용비누, 화장수, 치약, 주방세제, 음식물 발효촉진제 만들기를 비롯해서 텃밭활용까지 다양한 교육프로그램을 운영하고 있다.

YWCA는 2006년 8월 열린 제36회 전국대회에서 EM제품과 강사지원 및 연구시설 개방으로 YWCA운동을 지원해준 이 총장에게 감사패를 전달했다.

이후 전주대는 EM사업을 본격화했다. 사업 첫해인 2003년 전북지역 90만평의 논에 EM 친환경 농법이 적용됐고 다음해 180만평, 그 다음해는 285만평의 논에 EM이 투입됐다. 순창군을 시작으로 전국각지의 가축 사육장에도 EM이 들어갔다. 에버미라클은 2004년부터 주문자상표부착OEM 방식으로 EM 비누 샴푸 치약 화장품 세제류 및 청량음료까지 제품군을 확대했다.

EM화장품에 얽힌 일화가 있다. 유명대학 여성총장인 L총장은 피부가 약해 화장품 사용을 자제해왔다. 2009년 전주대에서 열린 전국

사립대총장세미나에 참석했다가 EM화장품을 선물로 받게 되어 살짝 발라보았다. EM제품이 친 환경, 친 웰빙 제품이라는 이야기를 이미 들은 바 있었지만 직접 사용해보니 효과가 놀라웠다.

이후 L총장은 "EM화장품만 쓰겠다"고 선언했다. 실제로 EM화장품과 EM비누 등은 아토피 피부와 각질 피부를 지닌 사람들에게 아주 효과적이라고 한다.

이러한 사실이 입소문을 통해 번져나가자 매년 30% 이상씩 매출이 늘었다. 전주대 EM연구개발단은 EM 메커니즘을 연구하고 농업, 축산, 환경 및 이미용과 식품 관련 기능성 제품 개발과 자료 구축 등을 담당하며 뒤를 받쳤다.

날로 확산되는 EM

현재 에버미라클은 새로운 도약을 준비 중이다. 기술보증기금에 벤처기업 등록을 마쳤고, 한국표준협회로부터 로하스LOHAS 인증도 획득하는 등 기반도 탄탄히 다졌다. 특히 정부의 저탄소 녹색성장 정책과 EM 사업의 정신이 잘 맞아떨어질 것으로 에버미라클은 기대하고 있다.

EM은 병원이나 요양시설에서도 석유화학 제품을 대신하는 '자연의 청소부'로 관심을 모으고 있다. 서울 홍익동 시립 동부노인전문요양센터는 EM 활성액을 쓰고 있다. 화장실이나 주방 바닥 청소를 할 때 기존의 락스 대신 EM 활성액을 물과 희석해 사용한다.

노인들의 이불과 침대 시트, 옷을 세탁할 때도 세제를 줄이고 EM을 쓰고 있으며, 물리치료 기구 역시 EM으로 닦는다. 에버미라클로부터 EM 활성액 20ℓ 짜리 용기를 택배로 받는데, 매월 2~3통씩 들어간다고 했다. 효과는 대만족이다. "검증이 안됐다"며 당초 EM 사용에 반대했던 직원들도 최근에는 "집에서도 사용해야겠다"고 할 정도로 반응이 좋다.

무엇보다 노인요양시설 특유의 냄새가 사라졌다. 동부요양센터에는 상주 300명, 주간 보호 50명 등 350명의 중증 치매 · 중풍 노인들이 머무르고 있다. 대소변 등 각종 분비물이 만들어내는 냄새는 어느 노인요양시설과 마찬가지로 큰 골칫거리였다. 락스 등 화학제품으로 매일 청소를 해도 한계가 있었다.

그런데 EM을 사용하면서부터 냄새가 확연히 사라졌다고 한다. 조항진 동부요양센터 원장은 "EM을 쓰면서부터 락스 등 화학제품은 대부분 치웠다"며 "면역력이 약한 노인들 피부에 좋고, 친환경적이라 모두들 만족하고 있다"고 말했다. 동부요양센터를 서울시에서 위탁받아 운영하고 있는 온누리복지재단은 산하 시설 전체로 EM 사용을 확대하고 있다.

부산 영도구청은 EM을 가장 적극적으로 활용하고 있는 지방자치단체 중 하나다. 영도구는 매년 남항동 물양장에 EM 발효액 500통과 이를 건소시켜 만든 흙 공 1만5,000여 개를 투입하는 '수질정화의 날' 행사를 펼치고 있다.

EM 발효액은 에버미라클로부터 원액을 공급 받은 뒤 쌀뜨물을 활용해 발효시킨 것이다. 흙 공은 영도구가 지난해 4월 건립한 '친환경 EM연구센터'에서 진행한 EM 흙 공 만들기 교실에 참가한 시민들이 직접 만들었다.

영도구는 이미 동삼해수천에 흙 공 7,500여 개를 투입, 주변 지역의 악취가 줄어들고 수질이 개선되는 효과를 보기도 했다. 구청은 주민들에게 무료로 EM 발효액을 나눠주고 있으며, 관할 재래시장 및 공중화장실, 주민센터 등의 악취 저감 사업에도 EM을 적용할 계획이다. 또 영도 연안에 오염된 대평동 · 봉래동 물량장, 하리선착장 등을 대상으로 국내 최초의 바다 수질 개선 사업을 추진하고 있다.

이 밖에 서울 일부 특급호텔에서 정화조 시절에 EM을 쓰고 있고,

에버미라클 사업분야

우리나라의 모든 강과 바다, 산과 들, 논과 밭에 EM이 사용되어 질 때, 우리나라는 살기 좋은 쾌적한 환경으로 변화될 것입니다.

주식회사 에버미라클은 EM의 개발자인 일본 류우큐우대학의 히가테루오 교수와 협약 체결을 통해 한국내 EM기술 보급의 주관 기관으로의 역할을 다한다. 특히 히가교수의 EM을 통한 지구환경복원과 친환경 사회 건설이라는 기본정신을 계승하는 공익적 기업으로의 사명을 다한다.

나아가 에버미라클은 존립기반 붕괴위기에 처해있는 농촌을 지키고 환경공해의 오염으로 고통받고 있는 국민의 건강을 보호하는데 최선을 다한다. 주식회사 에버미라클은 전주대학교 법인인 신동아학원의 출자회사로써 전주대학교, 전주대학교 EM연구단과의 유기적인 협력체제를 구축, EM의 국내 보급과 연구에 함께 노력하고 있습니다.

에버미라클 설립목적

몇몇 군부대도 시설 청소 등에 활용하고 있다. 한국 교계는 이미 EM을 통해 사람을 살리고 환경을 살리자는 운동을 지속적으로 전개하는 중이다.

궁중 藥고추장 학교기업

대학들이 수익사업에 뛰어든다는 것을 요즘은 크게 의아하게 생각할 일이 아니다. 한국사학진흥재단 자료에 따르면 2009년 말 현재 우리나라 사립대학법인의 수익사업체는 총 189개나 된다. 전문대학과 4년제 대학이 모두 400여 개인 점을 감안하면 거의 절반에 가까운 대학들이 수익사업에 나서고 있음을 의미한다.

아예 기업을 세운 대학들도 많다. 한국학교기업협회에 따르면 2009년 12월 현재 우리나라 대학이 세운 학교 기업 수는 73개다. 이 중 20여 곳은 사업성을 인정받아 한국산업기술진흥원의 지원을 받고 있다. 자체 연구개발의 결과물로 수익사업까지 펼치는 대학들은 어느 곳일까.

서강대는 지방 함량을 줄인 '서강라면(가칭)'을 2010년 하반기에 출시하기로 했다. 기존 제품보다 지방 함유량을 70% 이상 줄이고, 염분 함량도 절반 수준으로 낮췄다. 기름기를 줄이면서 열량도 낮아졌다. 보통 라면의 열량은 500Kcal를 쉽게 넘지만, 이 라면의 열량은 400Kcal대다. 서강대는 연간 2,000만개를 판매해 100억 원 가량의 수익을 올릴 수 있을 것으로 기대하고 있다.

상품개발을 넘어 아예 기업 설립에까지 나선 대학들도 있다. 한국기술센터 자료에 따르면 현재 국내에는 15개 대학들이 특성을 살린 학교기업 20여 개를 운영 중이다. 업종은 제조업부터 서비스업까지 다양하다. 제조업의 대표주자는 '궁중 藥고추장 학교기업'을 운영하는 전주대다.

이 학교기업은 2008년 전주국제발효식품엑스포IFFE에서 '허브굴비고추장 및 이를 이용한 굴비장아찌'를 출품하여 우수발효식품으로 지정받아 농림수산식품부장관상을 받았다.

'허브고추장 및 굴비장아찌'는 고추장과 바질, 정향, 레몬즙, 청주로 만든 허브향신즙과 마늘, 양파, 생강, 백후추와 청주를 갈아 만든 양파마늘생강즙, 사과즙, 사이다와 물엿으로 혼합해 만든 특허 제품으로 허브고추장에 굴비를 첨가한 굴비장아찌이다. 허브고추장의 독특한 향과 맛으로 굴비의 비릿한 맛을 없애고 저장성이 용이하며 굴비장아찌의 맛과 향을 풍부하게 느낄 수 있다.

궁중 약고추장은 '고추장은 맵다'는 소비자들의 일반적인 인식을 바꿔놓았다. 부드러운 맛이 일품이어서 어린이들도 잘 먹기 때문에, 우리 고유의 음식을 싫어하는 어린이들에게 바람직한 음식습관을 만들어주는 역할도 해주고 있다. 전주대를 위해 협력해준 분들에게 명절선물로 보내면 궁중 약고추장의 맛에 반해 대부분 마니아층이 되어 단골구매자가 되고 만다고 한다.

'궁중 藥고추장 학교기업'의 굴비장아찌와 궁중약고추장 및 여행

용 세트 등을 포함해 2004년 학교기업 설립 후 현재까지 15억5,000만 원의 적지 않은 매출을 올렸다. 특히 2009년 추석 명절 직전에는 보름 동안 2억원 가량의 매출을 기록한 것으로 알려졌다. 이에 힘입어 전주대는 서울 코엑스에서 열린 '명절 선물산업전'에 참가해 상품을 선보이는 등 새로운 시장을 개척하는 데도 적극 나서고 있다.

사업성이 유망하고 우수 인재 양성에 기여하는 기업으로 인정받은 '궁중 藥고추장 학교기업'은 교육과학기술부지원 제3기 학교기업 지원 대상으로 선정되어 장비구축비와 운영비 명목으로 2008년 4억 5,000만 원, 2009년 4억 원의 지원을 받았고, 2010년부터 5년 동안 지속적인 지원 대상으로 선정되었다.

이 총장은 다양한 시너지효과를 기대하면서 '궁중 藥고추장 학교기업'을 설립 결정을 내렸다. 학생들의 현장실습과 교수들의 연구능력을 발전시켜 산업체로 기술 이전 등 산업협력 활성화를 추구는 물론, 실제 상황의 기업운영 활동과 학교 교육과정을 연계함으로써 학생들의 창업능력 향상 등 현장 지향적 교육이 가능하리라고 판단한 것이다. 또한 학교기업에서 수익이 창출될 경우 교육활동에 재투자하고, 학교기업 활성화로 신규 일자리 창출 및 지역경제 활성화에도 기여할 것으로 보고 있다.

영화교육의 요람 '한국영화교육원'

학교법인 신동아학원은 서울 충무로의 한국영화교육원KFAI : Korea Film Arts Institute을 인수해 2010년 2월 26일 개원했다. 이에 따라 전주대는 영화영상전공을 비롯한 문화산업관련 분야 학과들이 내실을 기할 수 있는 계기와 함께 서울 진출 교두보를 마련하게 되었다. 15년 전통의 영화전문교육기관인 KFAI도 전주대의 경영 참여로 재도약의 계기를 맞이했다.

전주대는 전주국제영화제 등 영상산업분야에서 필요한 전문 인력을 본격적으로 양성해 이 분야의 발전을 주도할 수 있게 됐으며, 영화인 양성의 거점인 서울 충무로에서 대학의 이미지를 제고 할 것으로 보인다. 게다가 학점은행제 등 다양한 학사제도를 활용할 수 있어 많은 학생들에게 교육기회를 확대하고 이를 활용한 전문인력을 양산할

할 수 있을 것으로 기대된다.

전주대가 경영을 맡아 새롭게 탄생하는 한국영화교육원 개원식에는 이남식 총장을 비롯해서, 지명혁 영상물등급위원장, 민병록 전주국제영화제 집행위원장, 조정민 CGN TV사장, 강영중 에버미라클 대표이사, 김규태 교육과학기술부 평생직업교육국장, 정동일 서울 중구 구청장과 수많은 영화기획사 대표들과 국내 주요 영화제 관계자들, 그리고 유명 영화감독들이 대거 참석했다.

이 총장은 인사에서 "한국영화교육원은 줄리어드 스쿨, 파리 에스모드, 파슨스 디자인학교와 같이 서구 스타일의 도심형 명문 예술학교로, 영화연출, 제작, 배우 지망생들에게 국내 최고 수준의 교육 환경을 제공할 것"이라고 말하고 "외국 명문 예술학교와도 교류 협력을 추진할 것"이라고 밝혔다.

계속되는 공모사업 선정

호남권 유일 고전번역 거점연구소 선정

전주대 인문과학종합연구소와 (사)한국고전문화연구원 컨소시엄이 호남권 고전번역 거점연구소로 지정되어 1단계 10년 동안 총 25억 원 번역연구비를 지원 받아 한국고전번역원과 함께 협동 번역사업에 선정되었다.

30년의 장기계획으로 추진하는 고전 번역사업은 산적한 미번역 한문고전을 조기에 번역하고 지역의 한문 번역 인재를 양성하는 사업을 펼치게 된다. 인문과학종합연구소는 10년 동안 각고의 노력을 기울여 2009년 '국역 여지도서(輿地圖書)' 총 50권을 출간한 바 있다. 2012년에는 모두 100여권에 달하는 '국역 추안급국안(推案及鞫案)'을 간행할 계획이다.

또한 향후 10년 동안 호남지역의 대표적인 시인과 유학자들의 문집 10종을 대상으로 번역 사업을 진행할 계획인데 양곡 소세양, 유헌 정황, 현곡 조위한, 제호 양경우, 현주 조찬한, 월주 소두산 등 임진왜란을 전후한 호남의 대표적인 시인들의 문집과, 여암 신경준, 이재 황윤

석, 간재 전우 등의 유학자 문집을 번역할 예정이다.

2010년 6월에는 한문고전 번역의 전문성을 확보하고 전국적인 경쟁력을 갖출 수 있도록 전문연구기관인 한국고전학연구소(소장 변주승 교수)를 설립했다. 한국고전학연구소는 지역의 고전번역 인력양성 선순환 구조를 갖추어 지역의 인재를 키우는 인큐베이터의 역할을 수행하게 된다. 또한 고전강독 콜로키움을 통해 양성된 인력을 거점연구소의 협동 번역 사업에 참여시키고, 번역대상 고전 자료를 중심으로 하는 학술대회와 문화강좌, 현지조사 등을 하여 호남권 고전 번역의 선두 역할을 담당하게 된다.

특히 향후 3년간 호남의 대표적 실학자 위백규, 조선후기 대표적인 정치가 김수항, 민정중, 이건명의 문집을 번역할 계획인데 이들 문집이 번역되면 조선후기 사상사와 정치사 연구에 중요한 자료가 될 것으로 전망된다.

중소기업형 계약학과사업 전북 유일 선정

전주대는 중소기업청에서 주관한 중소기업형 계약학과사업에 탄소나노부품소재공학과가 선정되어 2010년 2학기부터 석사과정 20명을 모집했다.

전라북도 내에 중소기업에서 3년 이상 재직자를 대상으로 선발(5년 이상 재직자는 우선 선발 대상)된 학생들의 등록금 70%는 중소기업청에서 국비지원하게 된다.

탄소나노부품소재공학과 석사과정에서는 2년 동안 탄소소재, 탄소성형, 탄소가공, 탄소나노계측, 탄소경량화 등의 커리큘럼을 바탕으로 탄소관련기업에서 실질적으로 필요로 하는 실무형 R&D 기반교육을 통해 기업의 애로사항 등을 해결할 수 있는 우수한 석사급 고급 전문인력을 배출해나가게 된다.

전라북도가 추진하는 미래 탄소소재산업 육성전략에 발맞춰 2009년 교과부가 실시한 지역인재육성사업에 '탄소경량화 소재/부품/제품 설계 및 신뢰성 평가 전문가 육성' 분야로 응모해 전국 1위로 선정된 전주대는 미취업자를 교육해 120명의 전문인력을 배출한 바 있다. 전주대는 지역인재육성사업 평가에서 전국 1위를 차지함으로써 2010년에도 계속사업으로 선정되어 탄소산업관련 전문 인력을 지속적으로 배출할 수 있게 되었다.

이로써 전주대는 전라북도의 핵심 전략산업인 탄소산업의 인력수급에 핵심적인 기여를 할 것으로 기대되며, 탄소산업 전문인력 양성기관으로 도약하는 기반을 마련하게 되었다.

광역권 문화기술 공동연구센터 공모사업 선정

전주대는 문화체육관광부가 광역경제권별 문화기술 공동 연구개발 및 산학연 협력 강화를 통한 콘텐츠 산업 연구개발 활성화를 도모하기 위해 실시한 광역권 문화기술공동연구센터 공모사업에 응모하여 전국에서 2개 기관을 선발하는 큰 그림의 프로젝트에 선정되었다.

2010년부터 2014년까지 4년 간 국비 50억 원, 지방비 및 기타 51억 원 등 모두 101억 원의 지원금을 받게 되는 쾌거를 올렸다.

전주대가 주도하게 되는 'UX기반의 다중실감 영상 및 공간 구현 연구센터'에는 전북대와 원광대를 비롯한 대학들 외에도 전라북도와 전주시, 전라남도문화사업진흥원, 전주정보영상진흥원, 전북디지털산업진흥원 등 호남권 지자체와 유관기관 및 KT를 비롯한 9개 기업들도 참여하게 된다.

'UX기반의 다중실감 영상 및 공간 구현 연구센터'는 스마트폰 환경 하에 SMART 공간 구현을 목표로 UX기반의 차세대 영상기술을 활용하여 Smart Virtual World 클러스터를 구축하고, 나아가 Glocal Global+Local 콘텐츠 산업 기지로써의 역할을 수행할 것으로 망된다.

특히 한옥마을, 소리문화의전당, 한스타일진흥원, 아태무형문화의전당, 아시아문화의전당, 여수Expo, 낙안읍성, 익산미륵사지 등 호남권의 풍부한 문화자원들을 차세대 영상기술 VR, AR, SNS, 홀로그램 등과 접목시켜 새로운 가상공간 Smart Virtual World 으로 구축해나가게 된다.

구축된 가상공간은 개인들이 시간과 장소에 구애받지 않고 현실감 있고, 자유롭게 이용할 수 있으며, 센터는 최적의 환경을 제공하기 위해 다양한 콘텐츠와 기술들을 개발한다.

문화기술공동연구센터 선정으로 전주대학교는 전통문화 콘텐츠 분야의 특성화를 완성하게 되었다. 기존의 X-edu사업이 인재양성의 교육 분야에 초점을 맞췄다면 이번 사업은 기술개발, 상용화, 사업화에 중심을 둠으로써 이전 사업으로 양성된 인재들이 지속가능한 수익을 창출할 수 있게 되었다.

또한 인력양성, 산업화 지원, 네트워크구축 등의 사업을 연계 추진하여 관련기업의 동반 발전과 매년 문화콘텐츠 1인 창조기업 20개, 매출 200억 원, 고용인력 200여명 정도가 신규 창출될 것으로 예상되고 있다. 연간 매출액 증가로 1,000억 원 이상 수익과 1,000여명의 신규 고용효과가 창출되고, 석·박사급 연구 인력이 집중화됨으로써 지역 경제 활성화 및 지역 내 젊은 일자리 창출에 큰 기여를 할 것으로 예상되고 있다.

한식조리특성화 대학 한식조리학과 선정

문화관광대학 한식조리학과는 2010년 6월 농림수산식품부가 주관한 '한식조리특성화대학 지원 사업'에 선정되어 매년 6억씩 4년 동안 모두 24억 원을 지원 받게 되었다. 한식에 대한 전문지식과 글로벌 경쟁력을 갖춘 한식 전문인력 양성을 위한 체계적인 인재 양성 시스템을 구축하기 위해 실시하는 한식조리특성화대학 지원 사업에는 전주대와 우송대가 선정되었다.

한식조리특성화대학으로 선정된 전주대는 우수인재 확보를 위한 학부 과정생 장학금, 참여교수의 한식 관련 연구보조금, 학부생 국내

외 인턴십 지원비, 해외 교환학생 지원비, 현장 견학 및 실습비, 교수 인력 확충비, 교육인프라 구축비 등 한식 세계화에 필요한 인력을 양성할 수 있는 교육비를 지원받게 된다.

전주대는 HANSIK Build-upH-한식의 우수성 규명, A-전통음식문화 계승 교육, N-국내외 네트워크 구축, S-한식표준화 연구, I-한식의 세계화 추진 5대 전략에 맞는 커리큘럼 모델을 개발하고 한식관련 교과목을 개설함으로써 한식 프로 셰프chef 및 전문가로써 필요한 전문 지식, 조리 기술, 어학 및 식문화 소양을 고루 갖춘 인재를 양성하게 된다.

한식조리특성화 대학으로 선정됨에 따라 전주대는 앞으로 국제조리학교로서 발전할 수 있는 기틀을 마련하게 되었다. 특히 학교기업 '궁중 약고추장' 과의 연계를 통해 수익모델 구현, 현장 실습, 기업 마인드를 함양하고, 도내 향토음식을 상품화 할 수 있는 다양한 프로젝트 협력사업도 진행할 예정이다.

전북 유일 지역경제교육센타

전주대학교는 2009년 2월 기획재정부가 주관하는 지역경제 교육센터사업에 호남권역 중 전북에서 유일 선정되었다. 지자체, 교육청, 지역소재 연구기관, 금융기관, 상공기관, 시민단체 등과 연계하여 지역경제교육의 실효성을 제고하고 지역인의 경제 마인드를 제고하기 위하여 대상별 맞춤형 경제교육을 추진하고 있다.

지역발전연구원이 주도하는 지역경제교육 사업을 추진하고 있는 타 지역과는 달리 전북에서는 전주대가 주관하게 되었다. 전주대가 지역경제교육을 주관한 이후 기획재정부를 비롯한 한국은행, KDI, 한국경제교육협회, 경제교육담당기관 등으로부터 주목을 받고 있다.

전주대는 초등학생에 찾아가는 어린이 경제교실, 중학생에 엄마와 함께하는 재래시장체험 경제 교실, 고등학생에 환황해권 글로벌 호연지기 경제 교육, 대학생과 청년에 창업경영 아카데미 과정, 교원 경제교육 직무연수, 공무원에 신활력사업 Aim-High 경제 교육, 여론주도층에 천년비상 새만금경제 핵심리더 과정, 농어촌주민에 농촌관광비즈니스 실습교육 등 계층별로 다양한 교육프로그램을 준비 중에 있어 전북지역 경제교육의 중심기관으로 우뚝 서게 될 것으로 보인다.

특히 2010년 7월 12일에 열렸던 전국 경제교육협의회에서 전주대학교 산학협력단 전북경제교육센터의 교육사례가 우수 사례로 발표되는 등 한국경제교육협회, 한국은행, 한국경제원, 타 지역 경제교육센터 등 여러 지역경제교육기관들의 벤치마킹 대상이 되고 있는 실정이다.

지속적으로 초등 방문 경제교실, 초·중·고등학생, 학부모 및 교사 등을 대상으로 한 어린이 경제캠프, 다문화가정을 대상으로 경제적 문제, 문화적 편견, 자녀 교육, 의료 행위 등 생활의 어려움을 조금이나마 해결할 수 있는 경제교육을 실시하여 지역 경제를 살아나게 만들어 지역 사회에 봉사하는 지역경제교육의 중심기관으로 전주대학교는 우뚝 서고 있다.

Next 10 Years (2010~2020)

이남식 총장은 자신이 꿈꾸는 대학을 이렇게 설파한 바 있다.

"이제 대학교육은 고등교육보다는 일반교육으로써 강의(teaching) 중심에서 학습(learning) 중심으로 변화해야 합니다. 지식의 반감기가 급감하고 평생학습의 시대로 변화되고 있습니다. 그렇기 때문에 지식 그 자체보다 지식에 어떻게 접근하고 획득하고, 소화하여 활용하는가가 더욱 중요한 시대입니다. 이제는 '아는 것이 힘인 시대를 지나 '아는 것이 돈이고 부가가치인 시대'가 되었습니다.

크리에이티빙(creativing)과 함께 커뮤니케이션(communication)은 매우 중요합니다. 언어능력은 의사표현의 기본이며, 리더십과 수행능력으로 연결되는 근간입니다. 이와 함께 인류에 헌신(commitment)도 중요합니다. 따라서 철학이나 인문학을 배우고, 국어와 한자, 또한 글로벌 시대를 위한 외국어를 중요하게 여기는 것입니다. 여기에 우리는 예수그리스도를 바르게 알고 그분을 닮아가도록 지도하는 것입니다.

지역의 지식기반센터로써 역할을 하기 위해 산학협력 중심대학이 되고, 이 지역의 씽크탱크(think-tank) 역할을 하기 위해 지역혁신지원단을 구성하였습니다. 지역이 잘 살게 되어야 지역대학이 활로를 열 수 있다는 단순한 명제 하에 우리는 지역의 일을 대학의 일이라 생각하는 것입니다."

–「대학교육」 2007년 09 · 10월호, 대학교육협의회

대학의 위기, 전주대의 기회

한국경제신문이 발간한 『2010대한민국트렌드』에는 모자라는 신입생으로 대학들이 망하는 세상이 도래했음을 경고하고 있다. 대학통폐합이나 구조조정 등의 얘기는 있었지만, 대한민국 사회에서 대학은 언제나 요지부동이었고, 교수는 언제나 '철밥통'이란 인식이 팽배해 왔다.

그러나 학생 수의 절대 감소는 우리나라 대학들이 오랫동안 누려왔던 안정된 분위기를 위기로 몰아넣었다. 2000년도만 해도 대입 응시자 수는 약 87만 명으로 정원인 71만 명을 훨씬 웃돌았다. 그러나 2002년도에 접어들면서 상황은 역전되었다. 정원에 비해 학생 수가 모자라기 시작한 것이다. 2001년 대학들의 정원 미달률은 1%대였으나 2003년에는 4년제 대학의 경우 9%, 2년제 대학의 경우 18%대에 이르렀다.

당연히 대학에는 비상이 걸렸다. 대학이 건실하게 발전하기 위해서는 등록금을 낼 신입생을 최대한 많이 확보해야 하는데, 안정적으로 공급되던 학생 수가 현저하게 줄어들었으니 비상이 걸리지 않을 수 없었다. 더구나 세계 최저의 출산율을 보이고 있는 우리나라의 인구 추이를 감안하면, 학생 수 감소 현상은 더욱 심각해질 것으로 전망되었다.

상황이 이렇게 전개되자 지방대학들은 혼란에 빠졌다. 일부 대학들에서는 신입생 충원율이 50%에도 미치지 못하는 경우도 생겨났다. 이에 따라 입시성적과 관계없이 무조건 입학자격을 주는 '묻지 마 입시'도 나타났다. 이쯤 되고 보니 '학생 선발'이라는 말은 옛말이 되었다. 대학이 학생을 뽑는 대학입시에서, 학생이 대학을 고르는 대학선택의 시대가 되었다. '학생유치전쟁'이 본격적으로 전개된 것이다.

이러한 위기는 사실 대학들이 자초한 책임이 크다. 1990년대 중반 이후 학생 수가 줄어가고 있는 상황에서도 오히려 대학 수는 늘어났기 때문이다. 1996년 우리나라에는 280여 개 대학이 있었으나 2004년에는 350여 개로 늘어났다. '망하지 않는 장사가 교육사업'이라는 고정관념이 작용한 탓에 말로는 구조조정의 필요성 외치면서도 대학 수는 계속 증가하는 기현상을 빚었던 것이다.

급기야 정부는 2004년 '대학 구조조정 개혁안'을 발표하게 된다. 개혁안의 골자는 '선택과 집중'이었다. 그동안 정부는 대학규모에 맞춰 각 대학에 지원금을 분배하는 정책을 펴왔지만, 향후에는 경쟁력을 갖춘 대학들을 골라 집중적으로 지원하고 나머지 대학들은 도태하게 만들겠다고 천명하고 나선 것이다. 더 이상 '나눠 먹기식'은 없다는 선언이었다.

'나눠 먹기식' 대학지원이 사라지자 가장 혜택을 보게 된 대학 중 하나가 바로 전주대였다. 대학이 지닌 경쟁력 평가해서 집중적으로 지원하겠다는 정부의 의지를 가장 먼저 실현하고 있었던 대학이었기 때문이다. 지방대학혁신역량강화사업NURI과 산학협력중심대학사업HUNIC 등에 선정되어 1,000억 원 이상의 지원금을 유치하면서 전주대는 명실공히 명문대학 진입의 기틀을 다지게 되었다.

다른 대학들이 망할지도 모른다는 위기감을 느끼고 있을 때, 전주대가 도약대에 발돋움힐 수 있었던 것은 이남식 총장이 짧은 시간에 구조조정과 특성화를 통해 환골탈태시킨 덕분이었다. 이제 전주대는 더 이상 수많은 지방대학 중 하나가 아니다. 글로벌을 지향하는 글로컬대학의 선두주자로 자리매김했다.

꿈은 끝나지 않았다

이제 전주대에는 "명문대학은 서울로부터 거리의 제곱에 반비례한다"는 공식이 통하지 않는다. 전주대의 미래는 밝아졌다. 무엇보다 자신감으로 똘똘 뭉쳐있기 때문이다.

전주대는 2007년 대학 최초로 지속가능경영대상 중 창조경영을 받았다. 전주대가 창조경영상을 받게 이유는 분명하다. 대체의학대학 전국 최초 신설, 문화산업대학 전국 최초 신설, 생산디자인공학과 신설 등 신성장 분야의 학사단위를 신설한 것만으로도 충분히 수상자격을 갖추었다. 또한 입학사정관제 도입, 학교기업으로 운영하고 있는 약고추장 사업 등도 우수 사례로 평가되었다.

앞으로도 전주대의 변화는 놀랍게 진행될 예정이다. 지속적인 교육 혁신과 학사제도의 변화를 통해 세계적인 지역대학인 '글로컬대학'을 만들겠다는 꿈은 이제 더 이상 허상이 아닌 현실이 되었다. 이 총장은 전주대를 전국 20위권 대학으로 발돋움시켜나갈 복안 마련에 심혈을 기울이고 있다. 그는 전주대가 글로컬대학으로 발돋움할 수 있다는 자신감을 이렇게 피력하고 있다.

"전통문화에 강한 우리 전북이 전통문화의 원형을 찾아내고 계발해서 문화의 힘을 키운다면 블루오션을 만들 수 있다. 전주대가 전통문화콘텐츠를 디지털화하는 것처럼 글로벌 수준에 맞는 부가가치를 만들어낸다면 글로벌 경쟁력이 충분히 있다. 또한 우리 전주대가 이러한 전북의 성장동력을 만들고 선도하면서 글로컬대학으로 발전시켜 나갈 것이다. 예를 들어 전주의 비빔밥은 대표적인 지역 음식이면서 동시에 전 세계적 인기를 얻고 있는 우리의 전통음식이다. 이처럼 맛 산업, 또는 식문화를 이 지역에 기반을 둔 전주대가 선도해 나가면 지역발전의 선도는 물론, 이 분야의 세계적인 대학이 되는 것은 순간이다."

대학 안팎으로부터 전주대의 발전과 변화가 놀랍다는 찬사가 이어지고 있지만 꿈은 끝나지 않았다. 이 총장은 지난 7년의 변화와 앞으로의 변화에 대해 이렇게 이야기하곤 한다.

"앞으로 나아가는 길이 푸른 초원인 줄 알고 달려왔다. 그런데 되돌아보니 천길 낭떠러지였다. 전주대는 앞으로도 10년 100년 비전을 가지고 그렇게 달려나갈 것이다."

대학의 위기를 기회로 삼고 전주대를 변화시킨 이 총장은 섬기는 리더십을 실천하는 겸손한 리더이다. 상전벽해를 이룬 전주대의 변화의 주역이 자신이라는 사실에 조금은 우쭐해도 괜찮을 것 같지만, 이 총장은 '청지기론'을 펼치면서 모든 공을 하나님과 대학 구성원들의 몫으로 돌리기를 수저하시 않는다.

자신은 부여받은 임무를 수행하는 청지기 역할을 담당했을 뿐, 하나님의 가르침과 교수·교직원·학생, 그리고 지역사회와 국가의 지원이 전주대의 밝은 미래를 약속해줬다는 것이다. 카리스마와 겸손을 겸비한 리더를 만나기는 쉬운 일이 아니다.

최초로 세 번째 총장 직책을 수행하게 된 이 총장은 여전히 몸과 마음이 분주하기만 하다. 앞으로 새만금개발사업에 EM활용방안, 국가식품산업클러스터에 외식산업과 식문화체험관 Epicurium 운영, 대학캠퍼스활용 계획 진행 등 추진해 나가야할 일이 태산이라고 생각한다. 그러한 계획들은 전주대의 새로운 장기발전계획인 'Just Super Star 2020'에 담겨있다.

Just Super Star 2020

'JJ Vision 2010'(2004-2010)의 매듭 연도가 가까워지고 이남식 총장의 두 번째 임기가 마무리되어 가는 등 대내적 환경변화와, 국가경쟁력 제고를 위한 정부의 요구와 경쟁체제가 심화되는 대학사회의 분위기, 그리고 컨버전스Convergence 현상의 가속화 등 대외적 환경 변화에 따라 새로운 장기발전계획의 필요성이 대두되었다.

다행히 'JJ Vision 2010'은 기대이상의 성공을 거두고 있지만, 이 총장은 만족하지 않았다. 최소한 10년 앞을 내다볼 수 있는 밑그림을 그려야 한다고 생각했다. 이 총장은 새로운 장기발전계획에 지역사회의 발전 여망과 국가의 교육정책 변화 및 세계 변화추이 등을 담아내기로 마음먹었다.

이 총장은 'JJ Vision 2010'이 끝나는 2010년을 앞두고 'Just Super Star 2020'으로 명명된 새로운 장기발전계획을 수립했다. 여기에는 21세기의 기독교적 지도자 양성, 지역 최고 수준의 고등교육기관, 전통문화 콘텐츠 및 대체의학분야 등 특성화 중심 대학, 산학협력 중심대학이라는 전주대의 새로운 비전이 담겨있다. 지역과 사회에 공헌하고 환황해권 최고의 신화창조 대학이라는 발전 목표도 제시되어 있다.

단과대학들마다 지향하는 캐치프레이즈도 만들어졌다. 인문대학은 '언어로 세계를 느끼다', 사회과학대학은 '사회 속에 인간을 더 높이', 경영대학은 '글로벌 라인에 서다', 대체의학대학은 '건강한 웃음을 이끄는 전문가', 공과대학은 '한계가 없는 멀티 플레이어', 예체능대학은, '예술미로 세계를 넘나들다', 문화관광대학은 '문화를 만드는 프로페셔널', 사범대학은 '헌신적인 교사양성의 요람', 문화산업대학은 '글로벌 콘텐츠 크리에이터'로 정했다. 어느 하나 예사롭지가 않다.

'전주대 장기발전 2020계획'에 따르면 오는 2020년까지 환황해권 20위 대학에 진입하고 이른 시간 안에 적어도 3~4개의 분야에서만큼은 세계적인 시역대힉이 되겠다는 구상이다.

이 총장은 Vision 2020을 통해 '특성화된 유일한 대학Only One University'을 지향하는 다섯 가지의 방향을 제시하고 있다. 건강한 대학문화 조성, 지속 가능한 대학구조의 합리화, 학생만족도 최우수대학, 환경적응 및 대외관계 강화, 핵심 특성화 등이 그것이다.

건강한 대학문화 조성

건강한 대학문화 조성을 위한 첫 번째 과제는 영성 강화를 통한 정체성 확립이다. 기독교대학으로서의 정체성을 확립하기 위해 교수, 교직원, 학생 등 대학 구성원들의 영성강화를 통해 정직하고 유능한 인재양성에 주력해나가겠다는 것이다. 두 번째로는 사회적 자본을 중시하는 새로운 대학문화를 구축하고, 신뢰 · 상생 · 협력의 문화와 자기 주도적 변화 분위기 조성함으로써 자기 혁신적 대학문화를 고양을 강조한다. 세 번째로는 신뢰를 기본으로 한 상호 협력적 협치, 자율성과 책임성의 조화, 참여와 투명한 의사결정 문화를 바탕으로 하는 협력적 뉴 거버넌스New-governance를 정착시키겠다는 생각이다.

지속 가능한 대학 구조의 합리화

지속 가능한 대학 구조의 합리화를 위해서는 건전재정의 강화, 행정효율의 극대화, 체계적 성과관리를 목표로 제시했다. 건전재정의 강화는 재정수입의 다각화와 장기적 재정 안정화, 예산절차 및 운용의 합리화, 적자예산 편성을 지양하고 균형예산을 편성하는 것을 목표로 삼고 있다. 행정효율의 극대화는 고객지향의 행정을 통한 고품격 서비스 제공, 효율적이고 유연한 행정단위 구조 개편을 과제로 제시했다. 또한 체계적 성과관리에 있어서는 성과중심 예산제도를 도입하고 중장기적 목표관리 체계를 구축해나갈 계획이다.

교육·학생만족도 최우수대학 실현

Vision 2020에 담고 있는 교육만족도 최고의 대학 실현을 위해 이 총장은 4가지 방안을 제시하고 있다. 소프트웨어software 중심의 교육투자를 가속화하고, 교수경쟁력 강화를 위한 업적평가 제도를 개선하며, 통섭적 기초역량 강화와 교양대학 신설 하는 등 교육의 수월성을 제고하고, 지속가능한 학사구조를 구축하겠다는 것이다.

또한 학생만족도가 최고인 대학으로 만들기 위해서는 재학시절의

학업 수행과정에서 느끼는 만족도도 중요하지만, 졸업 후 진로 설정에서 얻게 되는 만족도가 매우 중요하다. '취업 잘하는 대학=명문대학' 이라는 등식이 우리나라 대학의 현실임을 감안, 학생들의 취업을 위해 보다 많은 노력을 기울여 나갈 계획이다.

특히 입학 전부터 졸업 후까지 대학이 책임을 지는 '생애개발 책임수행', 실용적 취업교육 강화 등 맞춤형 단계별 교육프로그램 운영, 정규직 취업률 70% 이상을 달성함으로써 전주대를 '취업 잘하는 대학' 으로 탈바꿈 시켜 나갈 계획이다.

환경적응 및 대외관계 강화

우리나라 대학들은 오랫동안 환경변화에 둔감한 반응을 보였던 것이 사실이다. 그러나 이 총장은 21세기의 대학은 변화를 선도하는 대학으로 변모해야만 존재가치를 찾을 수 있다고 생각하고 있다. Vision 2020에 환경적응 및 대외협력 강화를 주요 과제로 제시한 것도 대학과 교육분야의 환경변화에 적극적으로 대응키 위함이다.

이 총장은 연구 장려제도의 획기적 개편을 통해 교수들의 연구 역량을 강화하고, 산학협력에 노력을 기울여 외부연구비 수주 500억 원, R&D자금 수주 500억 원의 목표를 위해 발 벗고 나설 생각이다.

또한 지적재산권의 사업화를 지원하는 Star Net 프로그램을 확산시켜서 전주대가 지적재산권의 보고가 되도록 만들고, 실험실 창업 등을 적극 지원함으로써 전주대의 연구와 산학협력 역량을 극대화시

켜나갈 계획이다.

핵심 특성화 추진

대체의학대학 신설로 좋은 성과를 거두었듯이 Vision 2020에도 '특성화된 유일한 대학Only One University'을 지향하는 핵심 특성화 추진계획이 담겨있다.

이미 누리사업을 통해 탄탄한 연구역량을 지닌 교수들이 확보되어 있는 문화산업대학과 문화관광대학을 중심으로 전개될 '지역문화자원 특성화' 는 전주와 전라북도, 그리고 대한민국의 문화자원 콘텐츠화를 통해 세계화를 시켜나가는 방식으로 전개될 예정이다.

'세계화지향 특성화' 는 새만금사업지역에 국제화 캠퍼스를 조성해 경영대학과 공과대학을 이전시키는 방안을 고려하고 있다.

또 하나의 특성화 계획은 대체의학대학과 사회복지 및 상담학 전공을 중심으로 '고령사회 복지지향 특성화Silver Vision 2020' 를 전개함으로써 전주대를 실버산업 연구분야 특성화대학으로 발돋움시켜나갈 방침이다.

하용조 목사

전주대에 빛이 있으라!

"그러므로 너희는 가서 모든 민족을 제자로 삼아 아버지와 아들과 성령의 이름으로 세례를 베풀고 내가 너희에게 분부한 모든 것을 가르쳐 지키게 하라. 볼찌어다. 내가 세상 끝날까지 너희와 항상 함께 있으리라 하시니라.(마태복음 28:19-20)"

전주대를 변화시켜온 이남식 총장은 지역사회와 대학사회에서 쏟아지는 스포트라이트에 대해 겸손함을 잃지 않는다. 이 총장은 **"전주대가 비전을 향해 끊임없이 전진해 나갈 수 있도록 하용조 이사장이 나침반 역할을 해주셨기에 가능한 일이었다"**고 말한다.

하용조 이사장의 리더십

사실 전주대가 걸어온 변화의 과정을 지켜보면 하용조 이사장이 담임목사로 시무하는 온누리교회가 걸어온 길과 사뭇 닮은 점이 많다는 것을 느끼게 된다. 의식적이든 무의식적이든 이남식 총장은 하용조 이사장의 리더십의 영향을 받은 것이 사실이다. 취임 이후 학내 구성원들과 지역사회에 신선한 인상을 안겨준 파격적 행보들을 살펴보면 하용조 이사장의 리더십과 온누리교회의 분위기가 이남식 총장과 전주대의 롤 모델이었음을 쉽게 읽어낼 수 있다.

예를 들어보자. 온누리교회에서는 '교회는 엄숙한 곳'이라는 고정관념을 깨는 장면이 자주 연출되곤 한다. 웬만한 클래식 공연이나 가요 콘서트를 빰치는 찬양과 율동이 동원되기도 한다. 매주 목요일 저녁에는 '경배와 찬양'이라는 이름으로 3,000여명이 모여 찬양집회를 가진다. 비신자나 초보신자를 겨냥한 '열린 예배'에서는 국악, 패션쇼, 발레, 워십 댄스worship dance 등 다양한 행사가 벌어진다. 하용조 목사는 그럴 때 캐주얼 차림으로 설교단에 선다. 예배당 안에서 기타 연주조차 부담스러워 하는 전통적 교회에서 보면 매우 파격적인 모습이 연출되는 것이다.

하용조 이사장은 온누리교회를 운영하면서 '원칙있는 변화'를 주창해왔다. "교회의 핵심 가치, 즉 '예수 그리스도를 통한 구원'이라는 명제는 절대 타협할 수 없지요. 하지만 본질과 목적이 아닌 주변과 수단은 철저하게 바꾸고 있습니다. 변해도 되는 건 모조리 바꾼다는 생각입니다"는 말에서 하용조 이사장의 목회 철학을 읽어낼 수 있다.

하용조 이사장은 이러한 목회철학을 말로만 주장하는 것이 아니라 직접 실천에 옮기는 목사로 잘 알려져 있다. 온누리교회의 전도방법과 하용조 목사의 설교스타일을 살펴보면 '원칙있는 변화'를 어떻게 실천하고 있는지 잘 나타난다.

온누리교회는 어린이부터 노인까지 모두 모아놓고 하는 부흥회 방식의 전도방법에서 탈피했다. 세대별, 직업별로 감수성에 맞고 문화적 향기가 느껴지는 형태로 바꾼 것이다. 가정 화목을 위해 '아버지학교'나 '어머니 학교' 같은 프로그램을 열기도 했다. 연령대별로도 40대를 위한 '비상구 전도집회', 50대를 위한 '브라보 전도집회', 60대를 위한 '앙코르 전도집회'를 개최했다. 또한 44~55세 여성을 대상으로 한 '4455 드라마 클라이막스' 행사도 열었다. 그때마다 예배당을 호텔 뷔페 못지않은 분위기로 만들었다.

창의력과 상상력을 바탕으로 전도방법을 바꾸자 신자들의 열띤 호응이 뒤따랐음은 두말할 나위가 없다. "똑같은 일도 약간만 바꾸거나 뒤집어서 하면 굉장히 재미가 있다"는 하용조 목사의 생각은 설교 스타일도 차별화시켰다. 하 목사는 어떤 주제든 어렵게 설명하지 않는다. 문어체보다 구어체를 사용하여 아무리 어려운 내용도 쉽게 풀어서 내놓는다. 전통적으로 위압감을 주는 설교 스타일이 아니라, 믿음이 적고 죄 짓기 쉽고 상처받기 쉬운 일반 신자 입장에서 바로 옆에서 속삭이듯 조곤조곤 부드럽게 설명한다.

하용조 목사가 '원칙있는 변화'를 통해 '사도행전적 바로 그 교회'로 일구어낸 온누리교회는 개신교계의 벤치마킹 대상으로 꼽히고 있다. 1985년 10월에 출범한 온누리교회는 대부분의 교회들이 '자기 몸집 불리기'에 초점을 맞추는데 반해 '선교·전도, 교육, 봉사, 구제'로 요약되는 교회 목적을 달성하기 위해 기획력과 순발력으로 세상을 파고드는 전략을 통해 한국의 대표적 교회로 성장했기 때문이다.

사실 개신교 목회자의 리더십을 얘기할 때는 조심스런 점이 많다. 정통 신앙관으로 볼 때 '교회의 부흥'은 '성령(聖靈)의 역할'이지 사람목회자의 역할이 아니기 때문이다. 그럼에도 불구하고 온누리교회의 담임목사로서 전주대의 재단 이사장으로서 하용조 목사가 보여준 리더십을 외면할 수는 없다. 하용조 목사의 특징적인 리더십 중 하나가 바로 평등리더십이라 할 수 있다.

온누리교회에는 장애인부터 외국인 근로자, 대학생, 국회의원, 회사원, 연예인, 교수 등 4만여 명에 이르는 각계각층의 사람이 출석하고 있지만 교회 안으로 들어오면 모두 '온누리 컬러'로 통일된다고 한다. 교회 안에서 누구나 평등한 것이다.

이러한 하 목사의 평등리더십은 한국대학생선교회CCC의 김준곤 목사, 장로회신학대 대학원장을 지냈던 주선애 교수, 가나안농군학교 김용기 장로, 외국인으론 복음주의 신학자인 데니스 레인Denis J. V. Lane 목사와 존 스토트John R.W. Stott 목사의 영향을 많이 받았다고 한다.

'원칙있는 변화'를 강조하면서 평등리더십을 보여준 하용조 이사장을 롤 모델role model로 삼은 이남식 총장은 정체를 거듭하던 전주대를 불과 7년만에 '비전을 가지고 꿈꾸는 대학'으로 변화시켰다. 전주대가 끊임없이 비전을 제시하고 변화를 일으킨 저변에는 하용조 이사장이 온누리교회에서 보여준 리더십이 있었던 것이다.

평등리더십 뿐만 아니었다. 하용조 이사장이 지닌 디지털 리더십 역시 이남식 총장에게 많은 영향을 주었고, 전주대가 첨단 디지털 대학으로 거듭날 수 있는 원동력으로서의 역할을 했다고 해도 과언이 아니다. 하용조 목사가 온누리교회에서 멀티 태스킹multi-tasking을 실천하는 '디지털 리더십'은 이 총장에 의해 전주대에도 접목되었다.

대학경영의 사표 師表

이남식 총장은 워크홀릭workholic · 일중독 환자이다. 총장실은 물론 대학 캠퍼스 곳곳은 물론, 이동하는 차량 속에서도 끊임없이 일을 한다. 이 총장이 쉼 없이 일하고 있다는 것은 교직원들의 결재서류에서 잘 나타나고 있다. 온라인으로 진행되는 결재가 새벽부터 늦은 밤까지 이루어지고, 시간을 가리지 않고 전화와 이메일 등을 통해 끊임없이 토론하고 협의하는 자세를 몸소 실천하고 있기 때문이다.

하용조 목사는 워크홀릭으로서도 이남식 총장의 사표(師表)가 되고 있다. 이 총장이 생면부지의 전주로 내려와 지역사회와 관련된 다양한 활동을 펼치고 있는 것도 하 목사로부터 영향받은 바가 크다. 하 목사는 온누리교회의 목회활동은 물론, 온누리교회에서 운영하는 출판사인 두란노서원과 해외 한인 선교사들과 한인동포를 위한 선교전문방송인 CGNTV 경영 등 일인다역(一人多役)을 마다하지 않고 있다. 이남식 총장은 워크홀릭인 하용조 목사를 따라 배우려 노력한다. 총장 직무 외에도 한지문화축제조직위원장을 비롯한 지역사회가 요구하는 20여개의 직책을 성실히 수행하면서 동분서주 하는 것도 이 때문이다.

이남식 총장은 하용조 목사가 보여주는 '멀티 태스킹' 능력도 본받고자 노력한다. 예를 들어 온누리교회에서는 언제나 세미나, 불우이웃 방문, 기도회 등 200여개가 넘는 사역활동이 동시에 펼쳐진다. 뛰어난 능력의 소유자라도 혀를 내두를 정도로 교회 전체가 빡빡하게 돌아가는 것이다. 그러나 하용조 목사가 지닌 '멀티 태스킹' 능력은 동시다발적으로 진행되는 사역활동들이 빈틈없이 진행될 수 있도록 만들고 있다.

"수십 개의 우물을 동시다발적으로 팔 수 있는 것은 '매트릭스matrix 사고'와 '플러그인plug-in 리더십'이라는 원칙 덕분이다. '매트릭스 사고'란 한 교인이 마치 거미줄 같은 망을 통해 선교에도 참여했다가 봉사에도 개입하는 방식이다. 한 팀에서 다른 팀으로 신속하게 전환하는 시스템이다. 전제 조건은 정보의 공유이다. 그러자면 교회가 모든 영역에서 투명해야 한다. 재정과 조직 운용이 투명하여 누구나 훤하게 들여다보도록 하고 있다."

"'플러그인 리더십'은 '배터리battery 리더십'의 반대 개념이다. 배터리는 시간이 지나면 소모되지만 하나님과 교회라는 전원(電源)과 연결되어 있는 '플러그인 리더십'은 계속 생명력을 지니고 활기가 넘친다는 의미다. 그래서 온누리교회는 교인의 거주 지역별로 '순'이라는 소규모 공동체를 만들어 매주 정기적인 만남을 갖고 있다. 이같은 네트워크를 제대로 이루자면 권한위임이 필수적이다. 혼자서 하면 하나밖에 못하는데 일을 나누어주니까 결과가 30배, 60배, 100배로 커지게 된다."

이남식 총장은 온누리교회에서 보여주는 하용조 목사의 '매트릭스 사고'와 '플러그인 리더십'을 전주대에 접목하려고 노력한다. 교수와 직원, 학생들로 하여금 전주대의 변화와 발전을 위해서 매트릭스 사고를 바탕으로 일인다역을 펼칠 수 있도록 요구하면서, 스스로 솔선수범하려고 애를 쓴다.

꿈꾸는 '휴니버시티'
Huniversity

하용조 이사장과 이남식 총장의 콤비플레이에 의해 펼쳐지는 전주대의 미래청사진은 한계가 없다. 재단과 총장, 대학구성원이 삼위일체가 되어 전주대는 끊임없이 새로운 꿈을 실현하기 위한 노력들을 지펴나가고 있다. 2020년이 되면 전주대는 '휴니버시티Huniversity'로 변모되어 있을 것이다.

Humanity University 전주대, High University 전주대, Heart University 전주대, Hot University 전주대!

섬김과 나눔의 리더십을 바탕으로, 인류발전을 위해 열정적으로 학문을 탐구하고, 자유 · 정의 · 진리라는 대학의 숭고한 이상을 실현시키기 위해 노력하며, 국가와 사회를 위해 용기를 가지고 봉사하고, 맹렬한 기상으로 꿈과 희망을 실현시키는 자랑스러운 이름 JJ, 전주대에 빛이 있으라!

전주대학교

정상권(丁相權)

전북대를 졸업하고 한양대와 전주대에서 광고홍보를 전공해서 석사와 박사학위를 취득했다. 한국대학신문 편집장과 (주)유니콥 광고사업본부장을 거쳐 전주세계소리축제조직위원회 홍보사업부장, 전주대 객원교수, 변산서중학교 교장을 역임했다. 현재는 전주경실련 공동대표로 활동하고 있다.
'맛과 멋, 소리의 고장 전라북도', '푸른 학교, 바른 교육' 이라는 카피와 '대기업 PR광고의 표현전략에 관한 연구', '기업광고에 의해 형성된 기업이미지가 광고태도에 미치는 영향', '홍보활동을 통한 지역문화축제 활성화 방안' 등의 논문을 쓴 홍보전문가이자, '정상권의 전주문화읽기', '맛있는 전주' 등 지역문화와 관련된 글을 쓴 칼럼니스트다.

이남식 총장의
디자인경영 리더십

1판 1쇄 발행일 2010년 9월 15일

지은이 | 정상권

발행인 | 백영곤
발행처 | 도서출판 장서가 출판등록 | 제313-2007-000211호
주소 | 서울시 강서구 내발산동 750-6 신성프라자 502호
전화 | 02) 2667-8300 전송 | 02) 2667-8301

ISBN 978-89-8448-141-1 03320